제3판

행정학입문

Introduction to Public Administration

박영수 · 김영옥 · 배향자 · 이종수 · 정은선

DY DAE YOUNG CO 도서출판 대영문화사

제3판 머리말

『행정학입문』을 출간한 지 벌써 11년이 지났다. 그동안 행정환경도 많은 변화가 있었다. 특히 민관협력에 의한 뉴거버넌스 행정을 비롯하여 빅데이터와 인공지능(AI)은 우리 사회를 급속하게 변화시키고 있다. 이러한 환경변화에 부응하여 일부 내용들을 쉽게 이해할 수 있도록 보완하였다.

제3판의 주요 내용을 소개하면 다음과 같다.

먼저 제1장 '행정의 이해'에서는 뉴거버넌스로서의 행정을 통해 시장과 시민사회의 역할 증대를 강조하였고, 제2장 '행정학의 접근 방법과 이론'에서는 정치-행정 간의 이원론과 일원론에 대한 토론문제를 팁(tip)으로 제시하고 연습문제를 추가하여 복습효과를 증대시켰다. 제4장 '정책의 형성과 집행'에서는 정책형성의 절차를 [그림 4-1]로 제시하고 연습문제를 추가하였다. 제5장 '조직관리'에서는 조직구조 설계를 [그림 5-1]로 제시하고, [그림 5-2]에서는 미국의 심리학자 머슬로의 욕구계층이론을 통해 하위 욕구에서 5단계의 상위 욕구로 이동하는 단계를 그림으로 표기하여 욕구계층이론에 대한 이해도를 높였다. 제7장 '예산과 재정의 관리'에서는 예산 과정을 [그림 7-1]로 표기하여 예산 편성부터 결산까지의 과정을 쉽게 그림으로 설명하였다. 제8장 '지방자치'에서는 중앙정부와 지방자치단체 간의 관계 유형을 [그림 8-1]로 표기하여 이해도를 높였으며, 제10장 '미래 행정의 도색'에서는 빅데이터와 인공지능(AI)이 인사 관리의 중요한 의사결정을 지원한다는 내용과 지속가능한 디지털 행정 실현을 위한 노력을 필요로 함을 강조하는 팁(tip)을 제시하는 등 본 제3판에서는 전체적으로 표와 그림, 그리고 연습문제 등을 활용하여 학생들에게 행정학에 대한 이해도를 높이는 데 중점을 두었다.

그럼에도 불구하고 미흡한 점에 대한 선·후배 학자들의 질정(叱正)을 바란다. 아울러 이 책의 출간을 허락하여 주신 대영문화사 임춘환 사장님과 영업부 임현준 부장님 등 관계자 선생님들에게 깊은 감사를 드린다.

2025년 1월 동국대학교 법학관에서

저자 일동

개정판 머리말

『행정학입문』을 출간한 지 벌써 5년이 지났다. 그동안 행정환경도 많은 변화가 있었다. 따라서 미래의 행정은 어떤 가치를 추구해야 하는가에 대하여 행정이 추구하는 공공가치의 본질은 사회 정의의 실현과 형평성의 추구이다. 의사결정 과정에서 시민의 참여를 보장해 정부의 투명성을 높이고 정책의 집행은 사회적 약자를 보호하고 분배의 정의를 실현하는 데에 초점을 맞추어야 하는 등의 미래 행정에 맞는 새로운 내용들을 일부 보완하였다.

개정판의 주요 내용을 소개하면 다음과 같다.

먼저, 제1장 행정의 이해 부분에서 행정 이념과 문화, 그리고 현대 행정의 기능과 특성을 추가하였고, 제2장 행정학의 접근 방법과 이론에서 행정환경의 변화를 추가하였으며, 제4장 정책의 형성과 집행에서 정책 유형과 정책이론, 그리고 정책 과정의 단계를 추가하였으며, 제5장 조직관리에서 조직구조의 설계를 추가하였고, 제7장 예산과 재정의 관리에서 재무행정의 법적 근거를 살펴보았으며, 제8장 지방자치에서 지방자치단체의 사무를 추가하였고, 제10장 미래 행정의 모색에서 미래 행정의 과제로 미래의 행정가치, 미래의 정책, 미래의 조직, 미래의 인사행정, 미래의 재정, 미래의 지방자치, 미래의 공기업 등을 추가하였다.

아무쪼록 본서가 행정학을 처음 접하는 학생뿐만 아니라 비전공자에게도 행정의 기초 이론과 미래 행정의 실질적인 지식을 습득하는 데 도움이 되었으면 좋겠다.

미흡한 점에 대한 선·후배 학자들의 질정(叱正)을 기대한다. 아울러 본서의 출간을 허락하여 주신 대영문화사 임춘환 사장님과 편집부 장선옥님 등 관계자 여러분께 깊은 감사를 드린다.

2019년 8월 세명대학교 학술관에서

저자 일동

초판 머리말

이 책은 현대 행정학의 이론과 한국 행정의 현실을 좀 더 간략하게 소개하는 데 주목적을 두고 있다. 이 책은 지방행정연수원에서 지난 몇 년 간 발행해 온 행정학 공통 교재의 내용을 수정·보완한 것임을 밝혀 둔다.

모두 10장으로 구성된 이 책의 제1장에서는 행정의 의의와 공공성의 문제를 다루고, 제2장에서는 행정학의 접근 방법과 이론, 제3장에서는 행정윤리와 행정통제를 다뤘다. 그리고 제4장 이하에서는 행정학의 각론을 이루는 정책의 형성과 집행, 조직관리, 인적 자원의 관리, 예산과 재정의 관리, 지방자치, 행정개혁 등의 주제를 다뤘다.

이 책은 다음과 같은 몇 가지 특징을 지니고 있다. 우선 급격하게 변하고 있는 행정학의 새로운 경향과 제도 변화를 충실히 소개하고자 했다. 그러나 기존의 교재에서 아예 소개되지 않거나 소홀히 다뤄지고 있는 행정학의 고전적 내용도 놓치지 않으려고 힘썼다. 또한 각 장의 끝 부분에는 〈생각해 보기〉란을 두어 우리나라의 행정 현실을, 이론과 결부시켜 이해하는 데 도움을 주고자 했다.

미흡한 점에 대한 선·후배 학자들의 질정(叱正)을 기대한다. 아울러 이 책이 출간되도록 후원해 준 대영문화사 임춘환 사장님과 임직원 여러분께 깊은 감사를 드린다.

2014년 정초
저자 일동

차례

CHAPTER 09 행정개혁 245

CHAPTER 10 미래 행정의 모색 259

Chapter 01

행정의 이해

제1절 행정의 의의
제2절 공공성과 공공문제
제3절 행정 이념과 문화
제4절 현대 행정의 기능과 특성

제1절 행정의 의의

1 행정의 개념

행정(public administration, Verwaltung)은 "공익을 증진시키고 공공문제를 해결하기 위해 공공정책을 형성하고 집행하는 공공부문의 활동"으로 정의될 수 있다(이종수, 2013c).

행정의 개념은 적용 범위와 관련하여 광의(廣義)의 행정과 협의(狹義)의 행정으로 나눌 수 있다. 광의의 행정은 조직 일반에 적용할 수 있는 협동의 측면에 초점을 맞추는 개념이다. 이 경우 행정은 "고도의 합리성을 수반한 협동적 인간 노력의 한 형태"로 정의될 수 있다.

협의의 행정은 정부관료제를 중심으로 이뤄지는 활동을 의미한다. 행정을 국가목적을 실현하기 위한 사람과 물자의 관리로 보거나, 또는 행정을 정책결정과 집행을 중심으로 하는 정치 과정의 일부로 보는 견해가 여기에 속한다.

최근의 행정 개념은 공공문제의 해결과 이를 위한 공사(公私) 조직의 연결망을 강조하는 경향이 있다. 이러한 행정 개념은 "거버넌스(governance)[1]로서의 행정"을 의미한다. 거버넌스의 주창자들은 오늘날의 복잡한 공공문제를 해결하기 위해서는 과거와 같이 공공서비스가 국가에 의해 일방적으로 제공될 것이 아니라 시장과 시민사회 등 민간부문과의 협력에 의해 제공되어야 한다는 입장에서, 행정 현상을 정부와 시민사회의 파트너십이라는 관점에서 이해하고자 한다.

행정 현상은 정치와 밀접하게 연관되어 있다. 행정은 우선 정치 권력을 배경으로 하여 정책을 형성하고 집행한다는 점에서 정치와 관련된다. 그러나 정치학이 정치 권력의 형성 및 유지를 주로 다루는 데 비해, 행정학은 정책의 형성과 집행을 다

---

1) 거버넌스라는 용어가 우리나라에서 협치(協治), 공치(共治), 국정관리(國政管理), 지배구조(支配構造) 등으로 다양하게 번역되듯이, 개념상의 혼란이 있는 것이 사실이다. 여기서는 공공문제 해결 기제로서 정부와 시민사회 간의 파트너십 및 네트워크를 강조하는 관점을 가리키는 말로 사용하고자 한다.

룬다는 점에서 양자의 차이가 있다. 19세기 미국 헌정학의 건학자들은 행정의 본질을 '관리'로 파악하여 '정치 · 행정이원론'을 주창했다. 단순화하여 설명하면 정치는 '정책을 형성'하는 일과 관련되며 행정은 '정책을 집행'하는 것이기에 양자는 서로 다른 바, 행정을 정치로부터 독립시켜야 한다는 논리를 편 것이다. 그러나 행정공무원들이 실제로 수행하는 일을 보니 정책집행뿐만 아니라 정책형성 기능까지 수행하더라는 관점에서 20세기 초에는 정치와 행정이 하나라는 '정치 · 행정일원론'이 대두되었다. 실제로 행정공무원들이 수행하는 기능 가운데 법률안을 기초하고, 시행령과 규칙 · 규정을 제정하는 일 등은 정책형성의 범주에 속한다.

미국의 초기 행정학자들이 행정의 본질적 기능을 '관리,' 즉 '정책집행'으로 파악한데서 알 수 있듯이 행정의 관리 방식은 경영과 유사한 측면이 많다. 행정과 경영은 우선 인적 · 물적 자원을 동원하고 활용하는 관리기술을 다룬다는 측면에서 유사하다. 그리고 대규모 조직(large organization)은 공사 조직을 막론하고 계층제, 전문화, 분업 등 관료제적 성격을 띤다는 점에서도 양자는 유사하다. 또한 행정과 경영은 조직 목표 달성을 위한 조직구성원들의 협동 행위를 다룬다는 점에서 유사하다.

다른 한편으로 행정과 경영은 추구하는 목적, 법적 규제의 강도, 정치 권력적 성격, 평등 규범의 요구, 독점성, 관할 및 영향의 범위 면에서 차이점을 보인다. 행정이 공익을 추구하는 데 반해, 경영은 사익의 극대화를 목적으로 삼는다는 점에서 서로 다르며, 행정은 경영보다 엄격한 법적 규제를 받는다는 점, 그리고 행정은 본질적으로 정치적 성격을 갖고 있으며 공권력을 배경으로 한다는 점에서 서로 다르다. 또한 행정에서는 경영에서보다 평등 규범이 강하게 작용하고, 독점성이 강하며, 관할 영역 및 영향의 범위가 경영에서보다 넓고 크다는 점에서 양자는 차이를 보인다.

여러 학자가 다양하게 제시한 행정의 개념 정의 속에는 다음과 같은 속성 개념이 들어 있다.

첫째, 행정은 공익을 증진시키고 공공문제를 해결하기 위한 활동이다. 국가안보와 치안 질서를 유지하고, 시장의 공정거래 질서를 유지시키며, 환경오염을 감시하고, 도로 · 항만의 건설과 같은 사회간접자본을 확충하며, 각종 복지정책을 펴는 정부의 여러 활동은 공익을 보호 · 증진하고 공공문제를 해결하는 데 근본 목적이 있다. 이와 같은 의미에서 공직자의 공적 책무(public obligation)는 기본적으로 공익을 수호·증진하는 데 있다고 할 것이다.

둘째, 행정은 공공정책을 형성하고 집행하는 활동이다. 행정학의 발달 과정을 보면 19세기 말 정치·행정이원론(politics-administration dichotomy)에서는 행정의 '집행' 기능에 초점을 두어, 행정을 정책의 집행을 위한 '관리(管理, administration)활동'으로 정의했으나(행정관리설), 1930년대 이후 대두된 정치·행정일원론에서는 행정을 정책집행뿐만 아니라 정책형성 기능까지를 함께 수행하는 통치 과정의 일부로 보고 있다.

셋째, 행정은 공공부문에서 이뤄지는 활동이다. 국가사회는 공공부문과 민간부문으로 크게 나눌 수 있는 바, 행정은 공공부문에서 공공재와 공공서비스를 생산하여 소비자로서의 국민에게 제공하는 일을 주로 수행한다. 이러한 공공부문에는 정부부처와 정부기업 등 정부부문과, 공기업 등 준정부 부문이 포함된다. 행정의 개념을 좁게 정의할 경우 정부부문의 활동에만 국한할 수도 있을 것이나, 민·관 공동생산(coproduction) 등의 형태로 민간부문도 공공서비스 생산에 참여한다는 관점에서, 최근에는 공공부문과 민간부문의 영역을 엄격하게 구분하지 않는 뉴거버넌스(new governance)적 관점이 강조되기도 한다.

2 행정의 과정

행정이 구체적으로 이뤄지는 과정은 논자에 따라 다양하게 제시되고 있다. 행정과정은 정책의 형성과 집행에 초점을 두어 '정책형성-정책집행'으로 단순화할 수 있다.

또한 귤릭(Luther Gulick)이 제시한 최고관리층의 관리 기능으로서의 POSDCoRB를 행정 과정으로 이해할 수도 있을 것이다. 귤릭은 '행정관리에 관한 대통령위원회'(일명 브라운로위원회)에서 제출한 보고서에서 조직의 최고관리층이 담당해야 할 총괄관리 기능으로 기획(planning), 조직화(organizing), 인사(staffing), 지휘(directing), 조정(coordinating), 보고(reporting), 예산(budgeting)의 7대 기능을 제시하고, 이들 기능을 나타내는 단어의 첫 글자를 따서 POSDCoRB라는 약어를 만들었다.

그러나 가장 일반적으로 받아들여지고 있는 행정 과정은 허시와 블랜차드(Hersey & Blanchard, 1972: 5)가 제시한 관리의 4대 과정이다. 이들은 관리의 과정을 기획(planning), 조직화(organizing), 동작화(motivating), 통제(controlling)의 4단계로 다음과 같이 나눴다.

허시(Paul Hersey)와 블랜차드(K. H. Blanchard)가 제시한 관리의 4대 과정은 [그림 1-1]과 같이 설명할 수 있다. 즉, 행정은 특정한 공공문제가 발생하거나 새로운 행정 수요가 대두될 때 공공문제를 해소하고 행정 수요에 부응하기 위해 필요한 공공서비스를 생산・공급하기 위한 정책을 형성하고(planning), 그러한 정책을 수행하기 위해 필요한 조직을 짜고 인력을 충원・배치하며(organizing), 조직구성원들이 열심히 일하도록 유인(incentive)을 제공하고 동기를 부여하며(motivating), 조직구성원들이 게으름을 피우거나 규범을 일탈하는 행위를 하지 않도록 통제(controlling)하는 과정이라고 할 수 있다.

[그림 1-1] 허시와 블랜차드가 제시한 관리의 4대 과정

3 정부의 기능

1) 정부의 기본적 기능

정부의 기능이란 정부가 담당하는 행정사무를 의미한다. 즉, 정부가 '하는 일'이라고 볼 수 있다. 정부의 '하는 일'은 국민 개개인의 생활 모든 국면에 두루 영향을 미친다. 정부는 국민 일반(public at large)의 생명과 재산을 보호하기 위해, 그리고 국민의 자유로운 생활을 보장하기 위해 범죄, 공해 발생과 같은 개인과 기업의 활동을 규제하기도 하며, 복지서비스를 제공하기도 한다.

정부 기능은 '활동 영역별'로 나눠 볼 수도 있고, '활동 과정의 성질별'로 나눠 볼 수 있다.

정부의 주요 기능을 '활동 영역별'로 살펴보면 법과 질서 유지 기능, 국방 및 외교 기능, 재정·경제적 기능, 사회복지 기능, 교육·문화 기능 등으로 나눠 볼 수 있다.

법과 질서 유지 기능은 공동체 생활의 유지를 위해 필수불가결한 공공서비스로 정부의 제1차적 기능이라고 할 수 있다. 또한 국민의 생명과 재산을 외국의 침략으로부터 보호하고 외국과의 외교 관계를 유지하기 위해서는 국방 및 외교 기능이 필요하다. 국방 및 외교 기능은 법과 질서 유지 기능과 함께 주권적 기능에 해당한다. 이러한 기능을 담당하는 정부기관으로는 외교부, 국방부, 행정안전부, 법무부 등을 들 수 있다.

정부는 또한 국민들이 더 나은 경제적 삶을 영위할 수 있도록 경제적 기능을 수행한다. 기업 및 소비자의 경제활동을 보장하고 사회간접자본 및 과학기술·정보 분야 등에 대한 투자 등이 경제적 기능에 속한다. 경제적 기능을 수행하는 정부기관으로는 과학기술정보통신부, 기획재정부, 산업통상자원부, 농림축산식품부 등을 들 수 있다.

정부는 한편 사회적 약자를 보호하고 사회 갈등을 해소하는 사회적 기능과 함께 교육·문화적 기능도 아울러 수행한다. 이러한 기능을 담당하는 행정기관으로는 교육부, 문화체육관광부, 보건복지부 등을 들 수 있다.

정부 기능은 다른 한편으로 '활동 과정의 성질별'로 분류해 볼 수 있다. 정부 기능을 성질별로 분류하는 방법은 다시 둘로 나눌 수 있다. 그 하나는 정책형성 기능과 집행 기능으로 분류하는 것이며, 다른 하나는 규제 기능, 조장 및 지원 기능, 중재 및 조정 기능으로 나누는 방법이다.

정부 기능을 정책 과정의 측면에서 보면 크게 '정책형성' 기능과 '집행' 기능으로 분류할 수 있다. 정책형성 기능은 정부 정책을 짜는 정책결정 또는 기획 기능을 말하며, 집행 기능은 이미 결정된 정책을 집행하기 위한 기능을 의미한다.

정부 기능은 또한 '활동 과정의 성질'을 기준으로 '규제', '조장', '중재 및 조정' 기능으로 나눠 볼 수 있다. '규제 기능'은 국민들의 생활을 금지하거나 제한하는 기능이다. 규제 기능은 다시 경제적 규제와 사회적 규제로 나눌 수 있다. 경제적 규제의 예로는 경쟁을 촉진하기 위한 공정 거래 조치, 각종 경제활동에 대한 인허가, 부동산 투기 억제 조치 등을 들 수 있다. 사회적 규제의 예로는 노동자의 안전 및 환경에 대한 규제와 소비자 보호를 목적으로 한 규제 등이 있다.

'조장' 기능은 특정 분야의 산업이나 활동을 조장하거나 지원하는 기능을 말한다. 특정 분야의 산업을 활성화하기 위해 재정 및 금융상의 지원을 하고 기술을 지원하는 등의 경우가 여기에 해당된다.

'중재 및 조정' 기능은 사회 내에서 이해 당사자들 간에 분쟁이 발생했을 때 정부가 그 사이에 서서 이해관계를 조정하고 양측의 합의를 이끌어 내는 기능을 말한다. 노동 분규의 중재, 이익집단 간의 이해 조정, 환경 분쟁에서의 갈등의 조정 등이 그러한 예에 속한다. 민주화가 진행되는 과정에서 각종 이익집단의 이익 표출과 갈등이 심해질 때 특히 요구되는 기능이다.

2) 변화하는 행정환경과 정부 기능의 변화

정부를 둘러싸고 있는 환경은 크게 정치·경제·사회적 환경으로 나눠 볼 수 있다. 행정 또는 정부는 그 존재 맥락을 제공하는 사회의 지배적인 형태와 특성에 의해 영향을 받는 '사회적 구성물'이라고 할 수 있다 Farmer, 1995: 24). 정부 기능은 이와 같은 환경의 변화에 크게 영향을 받는다. 예를 들어, 정치가 민주화되고, 나라 간의 경제적 경쟁이 치열해지며, 노령 인구의 비율이 증대하는 등 인구구조가 변하고 복지 수요가 증대되면 그에 따라 정책 기조의 우선순위도 달라질 수밖에 없다.

정부 기능은 우선 공공부문(정부)과 민간부문의 관계 변화에 따라 크게 변한다. 민간부문은 '경제적 시민사회', 즉 '시장'과 '비경제적 시민사회'로 나눌 수 있다. 정부 기능의 범위는, 경제적 측면에 초점을 맞추자면, 정부가 얼마만큼 민간의 경제활동에 간섭(intervention)하느냐 또는 자유롭게 방임하느냐에 따라 달라진다.

역사적으로 살펴보면, 자유주의 이념이 추구되던 19세기까지는 정부 기능이 국방·외교 및 법과 질서 유지 기능에 한정되고 경제생활의 자유가 강조되었다. 즉, 자유방임주의 국가 이념이 추구되던 이른바 값싼 정부(cheap government)로 불리는 야경국가관이 지배적이었다. 20세기 들어 사회적 강자에 의한 독점과 착취 등 시장실패(market failure) 현상이 대두되고, 자본주의 사회의 어두운 측면이 드러나자 시장에 대한 정부 개입의 필요성이 강조되면서 복지국가의 이념이 추구되었다.

그러나 1980년대 이후에는 방만한 복지정책과 '큰 정부(big government)'에 따르는 재정 부담을 완화하고 정부실패(government failure)를 교정하기 위한 필요에서 '작은 정부(small government)'를 강조하는 신자유주의의 이념이 확산되었다. 신자유주의 이념에 따라 각국 정부는 정부의 기능과 규모를 축소하고 민간경제에 대한 규제를 완화하는 시장 지향적 정부혁신을 추구하게 되었다.

1990년대 이후에는 시장 우위적 신자유주의 이념이 다시 중대한 도전에 직면하게 되었다. 기든스(Anthony Giddens), 바버(Benjamin Barber)와 같은 사상가들은 국가와 시장의 실패를 바로잡는 새로운 접근, 즉 '제3의 길(the third way)'을 주창하기에 이르렀다. 제3의 길에 대한 아이디어는 1980년대 미국 및 영국의 중도 좌파적 재사고(centre-left rethinking)에서 나왔다. 여기서 제1의 길은 1970년대 이전 유럽의 구(舊)사회민주주의를 말하며, 제2의 길은 1980년대를 전후하여 영국과 미국 등에서 추구된 신자유주의를 말한다(Martell, 2004: 92). 이와 같은 관점에서 볼 때, 제3의 길은 사회민주주의와 신자유주의의 변증법적 통합이라고 할 수 있다. 제3의 길에서는 우파적 정책 기조와 좌파적 정책 기조, 즉 '경제 성장'과 '사회 정의' 간의 우선순위가 비슷한 비중으로 함께 고려되어야 한다고 주장한다(이종수, 2010: 291-297).

행정 기능의 변화는 '경제' 이외에 정치·사회적 환경의 변화와도 밀접한 관련을 맺고 있다. 즉, 행정의 내용은 다양한 행정환경과 역동적으로 상호작용한다. 행정은 우선 국가 안에 형성된 정치제도의 영향을 크게 받는다. 정치 권력은 행정의 모든 수준에 작용하는 바, 특히 정치제도가 요구하는 이념적 교의는 행정의 내용에 많은 영향을 미친다. 그리고 정치가 민주화되면 그에 부응하여 정부의 기능도 달라질 수

밖에 없다.

행정과 사회의 관계는 각국의 사정에 따라 각기 다르다. 공산주의 사회와 자본주의 사회의 행정이 서로 다르고, 전근대사회 또는 봉건사회와 산업사회의 정부 기능이 서로 다르다. 이것은 사회가 그 유형에 따라 특유한 방식으로 행정 체제에 영향을 미친다는 것을 뜻하며, 또한 행정 체제 역시 각 사회의 특성에 대응해서 독특한 방식으로 운영된다는 것을 의미한다. 행정 체제는 필요한 인적 자원을 사회의 여러 집단으로부터 충원하기 때문에 사회집단의 가치를 반영하게 된다. 또한 행정은 사회의 요구에 부응해야 하기 때문에, 그리고 사회의 폭넓은 지지를 필요로 하기 때문에 사회의 이념과 규범을 따르게 된다. 따라서 행정이란 그 환경을 이루는 사회에 의존적일 수밖에 없다.

오늘날 우리나라 행정에 중요한 영향을 미치는 행정환경의 변화 양상으로는 민주화 · 정보화 · 세계화 · 분권화 등을 들 수 있다.

우리나라는 1987년 6월 항쟁 이후 민주화의 큰 변혁을 겪게 되었다. 전반적인 사회민주화 과정 속에서 관료적 권위주의 체제(bureaucratic authoritarianism)가 해체되고, 대통령직선제가 도입되는 등 광범한 정치 · 사회적 민주화가 추진되었다. 1987년 10월 29일 공포된 제6공화국 헌법에는 입법부의 국정감사권이 부활되고, 대통령의 국회해산권과 비상조치권이 삭제되는 등 권위주의 체제를 해체하고 민주화를 촉진하기 위한 여러 내용들이 포함되었다. 1991년의 지방자치제 도입과 1997년의 헌정사상 최초의 여야 간 정권 교체는 정치 권력의 시녀로서의 한국 관료제의 성격을 탈피하게 만들었다.

우리 사회 변화의 한 특징으로는 또한 1980년대 말 전반적인 사회 민주화의 흐름 속에서 대두된 시민사회의 활성화와 시민 참여의 확대를 들 수 있다. 시민사회(civil society)의 개념은 시대적 · 사상적 배경에 따라 다양하게 규정된다. 여기서는 시민사회를 "사적 시민들이 국가의 통제를 받지 않고 스스로 다양한 조직을 창출하여 상호작용하는 사회적 생활의 영역"으로 규정하고자 한다. 시민사회의 활성화 및 참여의 증대는 행정의 민주성, 합리성, 투명성을 높이고 질 높은 행정서비스를 확보하는 데 크게 기여했다. 그러나 부분적으로는 참여 과잉에 따른 사회적 부작용이 초래된 것도 사실이다. 즉, 민주화의 속도에 미치지 못한 시민의식의 미성숙과 참여의 과잉으로 인해, 사회집단 간에 끊임없는 갈등이 야기되고, 공권력에 대한 도전이 일상화됨으로써 행정권의 행사에 큰 장애가 초래된 것도 사실이다.

그리고 20세기 후반 들어 산업사회가 정보사회(또는 탈산업사회)로 급격하게 변화하면서 행정의 양상이 크게 바뀌고 있다. 즉, 산업사회에서의 생활방식, 사고방식, 가치관, 의식구조 등이 바뀌게 되면서 행정구조와 일처리 방식뿐만 아니라 행정문화까지 변화되고 있다.

정보사회에서의 사회시스템은 다양한 쌍방향 미디어의 출현으로 산업사회의 일방적·집권적 시스템으로부터 분산적·네트워크적 시스템으로 이행된다. 산업사회의 대량생산 체제에서는 관료제 조직이 효율적이었으나, 정보사회의 다품종 소량생산 체제에서는 분권화된 네트워크 조직이 더 효율적이다.

정부의 일하는 방식과 관련하여 가장 큰 변화는 전자적 방식으로 업무를 처리하고 정보를 관리하며, 행정서비스를 제공하는 전자정부의 등장이다. 그리고 최근에는 지식기반사회의 개념이 등장하면서, 지식사회를 설계하고 지식을 창출·형식화·전파·활용하는 등 지식관리를 통해 새로운 가치를 창출하고 극대화하는 지식행정의 개념이 강조되고 있다.

정보사회의 행정적 함의는 쌍방향 정보통신기술의 발달로 인한 참여민주주의의 구현, 정부 기능의 축소와 분권화, 전자적 행정서비스의 제공, 행정관리의 전자화·효율화, 지식행정의 구현, 수평화된 네트워크형 조직구조, 사명감과 가치 창조를 강조하는 동기부여 등으로 나눠 볼 수 있다(이종수, 2010: 254-260).

그리고 1980년대 이후 신자유주의 이념의 등장에 따라 추진된 세계화가 행정에 큰 영향을 미치고 있다. 세계화는 일반적으로 자본주의적 생산 및 교환의 기본 단위가 되는 기업 조직과 경영의 공간적 범위가 전 지구적으로 확대되는 것을 의미하는 경제적 측면의 세계화를 지칭한다. 세계화가 확산되면서 국가 간의 전통적인 경계는 느슨해지고 국민국가가 독점해 왔던 국민에 대한 장악력도 상대적으로 약화된다. 특히 세계화의 확산에 따라 환경오염, 인권, 군비통제 등 범지구적인 문제를 해결하기 위해 국제기구 또는 국제협약에 의해 국가의 고유한 주권이 제약받고 있다. 이로 인해 개별 국가의 정책결정 권한이 축소되어 관련 국제기구의 요구를 수용해야 하고, 이들과의 공조 체제 하에서 정책을 결정해야 하는 상황이 전개되고 있다(이종수 외, 2012).

지방분권화 또한 우리나라 행정에 큰 영향을 미치고 있다. 특히 1991년의 지방자치제 도입과 2002년의 참여정부 등장으로 지방분권화가 가속화되었다. 지방분권화는 지방이 독자적인 정치 · 경제 · 사회 · 문화적 공동체로서 적극적인 역할을 수행해 나가도록 하는 데 근본 목적이 있다. 이를 위하서는 중앙정부에서 지방정부로의 권한 이양과 중앙정부의 지방정부에 대한 관여의 폭을 축소시켜 지방정부의 자기결정권을 확대해야 할 것이다.

Tip

정부의 기능은 시대와 환경에 따라 변화하며, 국민의 생명과 재산 보호를 넘어 다양한 공공서비스를 제공한다. 현대 사회에서는 법과 질서 유지, 국방 및 외교, 경제적 안정, 사회복지, 환경보호와 같은 전통적인 기능에 더해 민간과의 협력을 통한 뉴거버넌스(new governance)가 강조된다. 예를 들어, 정부는 민간기업 및 시민사회와의 협력을 통해 공공문제를 해결하고, 사회적 효율성을 증대시킨다. 뉴거버넌스 접근법은 시장과 시민사회와의 파트너십을 통해 기후변화, 글로벌화 등 국제적인 문제를 포함한 보다 복합적인 공공문제를 해결하고자 정부 기능의 범위 확대를 촉진하고 있다.

제2절 공공성과 공공문제

1 공공성의 의의

1) 공공의 개념

공공문제(public problems)를 다루는 행정에서는 공공(public)[2]과 공공성(publicness)

의 개념이 핵심을 이룬다. 그러나 철학, 정치학, 경제학, 사회학 등 다양한 학문 분야에서 발전되어 온 공공 및 공공성의 개념에 대한 합의된 정의를 찾아보기는 쉽지 않다(이종수, 2013b).

『메리암-웹스터 사전(*Merriam Webster Dictionary*)』 등에서 규정한 형용사 '공공(public)'의 의미는, "국가의 모든 영역 또는 모든 사람과 관련된", "정부와 관련된", "공동체 또는 국가의 서비스와 관련된" 것을 의미하거나, "개인의 '사적' 일과 반대되는 '공동체'의 일 또는 이익과 관련된" 것을 뜻한다.

공공의 개념에는 어원적으로 볼 때, 이기적 관심 또는 사적 이익(self-interest)을 넘어 타인의 이익까지 고려하는 '성숙(maturity)'의 개념에 더해, '공동(common)'과 '배려(care with)'의 의미가 부가되어 있다. 국가사회라는 공동체를 함께 이루고 유지하기 위해서는 사적 이익을 넘어 타인의 이익까지 배려하는 구성원들의 관계가 중요한 의미를 지닌다.

프레데릭슨(Frederickson, 1989: 2-3)은 '공공(public)'의 의미가 어원적으로 두 출처에 뿌리를 두고 있다고 주장한다. 그 하나는 그리스어 'pubes'로, 성숙(maturity)을 뜻한다. 그리스어에서 성숙은 신체적, 정서적 또는 지적 성숙을 의미하며, 그 속에는 이기적 관심 또는 사적 이익(self-interest)으로부터 자기 자신을 넘어 타인의 이익을 배려하는 것도 포함된다. 그것은 개인의 행위가 타인에게 미치는 결과를 이해하는 '능력'을 의미한다. '공공'은 어른의 상태로 성장하는 것을 의미하는 동시에, 개인과 타인과의 관계를 이해하며, 그 관계를 보는 능력을 의미한다.

'공공' 개념의 또 하나의 근원은 그리스어 'koinon'으로, 그에서 영어의 '공동(common)'이라는 어휘가 파생되었다. 그리스어 'koinon'은 또 다른 그리스어 'Kommois'에서 파생되었으며, 그것은 '배려(care with)'의 의미를 지닌다. '공동'과 '배려'는 둘 다 '관계(relationship)'의 중요성을 나타낸 것이다.

'성숙'이라는 개념에 '공동'과 '배려'라는 의미가 부가되면, '공공'이라는 개념은 타

2) public은 형용사로 '공공의'라는 뜻을 지니나, 명사로는 '공동체'의 의미를 지니기도 하며, '대중(mass)'과 대비하여 '공민(公民)' 또는 '공중(公衆)'으로 번역되기도 한다. 이때 공민은 국가 혹은 지방공공단체의 정치에 참여할 자격을 갖는 국민을 의미한다.

인과 함께 일한다는 것을 의미할 뿐만 아니라, 타인을 돌본다(looking out for others)는 의미까지 덧붙여져 훨씬 강한 뜻을 지니게 된다.

학자들은 그러나 '공공'의 개념을 국가나 정부와 동의어로 간주하고 있지는 않다. 오히려 공공의 개념을 정치공동체(political community), 즉 그리스어의 'polis'와 관련된 것으로 이해하고 있다.

매튜스(Mathews, 1988: 52)에 의하면, '공공'은 다음의 특징을 지닌다. (1) 공동체와 국가의 방향을 정한다. (2) 정부활동에 필요한 공동 기반을 마련함으로써 정부에 정당성을 부여한다. (3) 주요 이슈의 조치에 필요한 정치적 의지(political will)를 형성한다. (4) 사적 개인을 공민 또는 시민으로 전환시킨다.

이와 같은 관점에서 볼 때 '공공'이라고 하는 것은, 사회적 · 정치적 이슈와 공동체의 실질적 상호의존성을 이해하려고 하는, 그리고 정부 정책의 윤리적 함의에 대해 비판적 관점을 유지하는 시민공동체(community of citizens)라고 할 수 있다. 정치공동체가 형성 · 유지되기 위해서는 '사적 개인'이 공공성을 지닌 '공민(public)'으로서의 정체성을 지녀야 한다. 듀이(John Dewey)는 현대 사회에서의 가장 심각한 정치적 위기는 '공민의 상실(the eclipse of the public)'임을 지적하고 있다(Dewey, 1927; 김세균 외, 2005: 21).

2) 공공성 개념의 구성 요소와 속성 개념

'공공성'의 의미는 공공성 개념의 구성 요소와 속성 개념을 통해 명료하게 이해될 수 있다.

공공성의 구성 요소에 대해 학자들은 다양한 의견을 제시한다. 백완기(2007: 1-22)는 공공성의 개념과 내용이 너무 광대하고 복잡해서 한 마디로 정의하기 어렵다고 하면서, 그 구성 요소가 무엇인가를 추적하여 공공성의 개념과 내용을 탐색할 수밖에 없다고 주장한다. 그는 공공성 개념의 구성 요소로 (1) 정부에 관계되는 것들(governmental), (2) 정치성(political), (3) 공개성(open), (4) 공익성(public interest), (5) 공유성(publicly shared), (6) 공정성(fairness), (7) 인권(human rights)의 일곱 가지를 들고 있다.

한편 소영진(2003: 6-8)은 공공의 구성 요소를 다음과 같이 다섯 가지로 제시한다. (1) 전체나 다수에 관한 일(public as group affairs), (2) 권위(public as authority), (3) 정부 (public as government), (4) 전유불가능성(public as non-exclusiveness), (5) 이타성 (public as altruistic interest).

공공성의 개념은 또한 그 속성 개념을 통해 이해될 수 있다. 김태룡(2012: 122-135)은 공공성의 '하위 가치'라는 용어를 사용하여, 공공성의 속성 개념으로 (1) 공익, (2) 정의, (3) 평등의 세 가지를 제시한다.

3) 공공성 개념의 접근 관점

'공공성'의 개념에 접근하는 기본적 관점은 공동체중심주의와 개인중심주의의 두 가지로 나눠 볼 수 있다. 첫 번째 관점은 형이상학적 전체주의(metaphysical holism)의 입장에서 정부를 하나의 유기체적 실체(unitary being)로 보는 관점이며, 두 번째 관점은 방법론적 개체주의(methodological individualism)의 입장에서 정부를 정치적 과정에 참여하는 개인들의 집합체로 파악하는 관점이다.

아리스토텔레스(Aristoteles)와 마르크스(Karl Marx)의 전통을 따르는 공동체중심주의자들은 형이상학적 전체주의의 입장에서 공공성의 개념을 파악한다. 즉, 공동체론자들은 사회구성원 개개인의 개별성보다는 개인을 둘러싸고 있는 사회적·역사적 환경을 더 중시하고 그 결과 개인을 공동체의 문화와 역사의 산물로 파악한다.

이에 반해 개인들의 사적 이익이 모여 공적 이익, 즉 공공성이 형성되는 것으로 본 로크(John Locke)는 공공성의 개념을 개인의 자연적 권리를 보호하는 것이라 주장한다. 즉, 로크에게서 공공성의 중심적인 속성 개념은 개인의 개별성이다. 스미스(Adam Smith)는 그의 저서 『국부론(*An Inquiry into the Nature and Causes of the Wealth of Nations*)』(1776)에서 자본주의 체제에서는 개인의 사적 이익의 추구가 공동체의 선, 즉 공익을 증대하게 되는 것(in a capitalist system an individual acting on his own good tends also to promote the good of his community)이라고 주장한다. 근대 유럽에서 형성된 이러한 개인 중심의 공공성 개념은 자유주의(liberalism)의 이념으로 정착되어 오늘날까지 이어지고 있다.

그러나 모든 개인은 결국 공동체의 구성원으로 존재하고 개인의 자유도 상호의존적인 공동체의 틀을 벗어나서 주장될 수는 없으며 공동체 또한 구성원들의 일정한 기여와 헌신이 없이는 유지될 수 없다는 점에서, 이 두 관점은 정도의 차이는 있을지언정 상호배타적인 것으로 이해되어서는 안 될 것이다.

'공공성'에 대한 이 두 관점은 결국 '전체주의적 국가관-복지국가론-적극정부론-개입주의적 국가관' 대 '개인주의적 국가관-시장중심주의 국가론-정부기능제한론-자유방임주의적 국가관'과 각각 연결된다(이종수, 2013b).

2 공공문제

행정은 공공문제(public problems)를 다룬다. 공공문제는 사적 문제와는 달리 사회구성원 다수의 이해관계가 관련된 사회적 관심사로, 사적으로는 충족될 수 없는 인간 욕구들을 의미한다(Jones, 1977: 15). 일반적으로 사회적 문제(social problem) 또는 공공문제는 사회구성원 다수의 이익과 관련된다는 점에서 공공성을 지닌다.

인간의 욕구는 사회구성원의 사적 관계를 통해 충족될 수도 있으나, 일부 욕구는 공적 관계를 통해서만 충족될 수 있다. 국방·외교 및 치안 질서의 유지와 같은 주권적 기능은 주로 정부의 공적 활동에 의해 충족되는 대표적인 공공문제다. 물론 국방 기능과 치안 기능 가운데 일부는 사적 보안 회사들에 의해 제공될 수는 있으나, 그러한 사적 서비스는 어디까지나 정부의 공적 기능을 보완하는 데 한정된다.

공공문제는 사회구성원들의 집합적 노력에 의해 해결이 시도된다. 일반적으로 공공문제는 국가 개입(state intervention), 즉 공공정책을 통해 해결이 시도된다. 다시 말하면, 공공문제는 정부의 직접적인 재정 지출에 의해 해결이 시도되거나 또는 정부의 조세와 보조금 등을 통해 가격신호를 수정함으로써 간접적으로 민간 행위자들의 행동에 영향을 미쳐 해결하고자 한다. 아파트 가격 앙등과 같은 사회적 문제를 해결하기 위해, 정부는 임대주택 건설을 늘리고, 보유세와 양도세를 강화하며 이자율을 높이고 주택자금 융자를 억제하는 등의 정책을 펴게 된다.

그러나 공공문제의 개념 규정과 그 해결을 위한 국가의 역할은 시대에 따라 다르다. 20세기의 복지국가에서는 19세기의 자유방임주의 국가에서 사적 문제로 도외시했던 빈곤의 문제를 공공의 영역으로 끌어들여 공공부조를 통해 해결하고자 했다. 즉, 복지국가 시대에는 공공문제의 범위가 넓게 규정되었을 뿐만 아니라, 해결이 국가에 의해 주도적으로 이뤄졌다. 그러나 20세기 말의 세계화 추세 속에서 신자유주의 이념을 추구한 대부분의 국가에서는 공적 기능의 축소를 지향, 공공문제를 해결하는 과정에서 국가 역할의 비중 감소와 그 대신 시장과 시민사회의 역할 증대가 강조되었다. 민관 협력에 의한 공공서비스의 생산 및 전달을 강조하는 뉴거버넌스로서의 행정이 대표적인 예에 속한다. 극단적인 시장주의자들은 1930년대의 대공황도 차라리 미국 정부가 뉴딜정책을 통해 시장에 개입하지 않았다면 훨씬 빨리 수습되었을 것이라고 주장하기도 한다(이종수, 2013b).

Tip

공공문제는 개인이 단독으로 해결할 수 없는 문제로, 사회구성원 다수의 관련가 얽혀 있는 복잡한 이슈를 포함한다. 대표적인 공공문제는 대기오염, 교통체증, 빈곤, 교육 불평등 등이 있다. 이와 같은 문제는 시대적, 사회적 맥락에 따라 다르게 정의된다. 예를 들어, 과거의 야경국가에서는 치안이, 근대국가에서는 경제부흥과 산업육성이, 현대 복지국가에서는 빈곤이 중요한 공공문제로 여겨졌다. 최근에는 공공문제 해결 과정에서 시장과 시민사회의 역할도 강조되고 있으며, 정부는 공공문제를 해결하기 위해 공공정책을 수립하고 이를 실행하며, 사회적 자원을 동원해 지속 가능한 대안을 마련하고자 노력하고 있다.

제3절 행정 이념과 문화

1 행정 이념

행정 이념이란 행정 업무를 처리하는 데 지침이 되는 일련의 기준으로 일반적으로 '행정이 어떠해야 된다' 또는 '바람직한 행정은 어떠한 것이다'와 같이 이상적으로 제시되는 기준을 말한다. 행정 이념은 행정 체제가 특별히 추구하는 이데올로기나 목표의 성격을 띠고 있지 않다는 측면에서 행정 운영상의 길잡이일 뿐이지 특별히 추구되는 목적은 아니다(백완기, 2007).

1) 행정 이념의 유형

행정의 최고가치, 이상적인 미래상, 행정철학 또는 행정의 지도정신을 의미하는 행정 이념은 그 내용이 시대나 장소에 따라 강조되는 점이 다양하다. 따라서 이러한 행정 이념으로 대표적인 것으로는 합법성, 민주성, 능률성, 효과성, 중립성, 형평성 등이 있다.

(1) 합법성

합법성이란 행정의 모든 활동이 합법적으로 제정된 법령, 조례, 규칙 등에 따라야 하는 법치행정을 의미한다. 즉, 합법성은 행정의 자의적인 활동을 규제하는 법에 의한 행정을 의미한다. 행정국가가 등장하기 전에 입법국가에서 행정권이 자의적인 활동을 법적으로 억제함으로써 행정의 합법성은 국민의 자유와 권리를 보장하고 법적 안정성을 확보하려는 규범이었다. 그러나 행정국가에서 합법성의 지나친 강조는 행정의 합목적성, 기술성, 전문성을 저하시킬 우려가 있다. 그 외에도 행정이 법규만능주의로 흘러 형식만을 강조하는 행정으로 유도되어 오히려 국민의 권익을 그르치는 역할을 할 수도 있다.

(2) 민주성

민주성은 국민의 의사를 최대한으로 행정에 반영하여 국민을 위한 행정을 운영하자는 것이다. 이러한 민주성에는 국민에 대한 책임성과 대응성을 확보하려는 조직 외적 민주성과 조직 내 구성원의 의견을 조직 운영에 최대한 반영하려는 조직 내적 민주성이 있다. 제갈돈 외(2002)에 따르면, 조직 외적 민주성을 확보하는 방안으로는 행정책임 · 행정통제, 행정윤리, 주민 참여, 행정의 공개, 대표관료제, 옴부즈맨제도, 공평한 대우 등이 있고, 조직 내적 민주성을 확보하기 위해서는 권한위임, 비공식적 조직, 분권화, 인간적 관리, 참여관리, MBO, 조직의 평면성, 집단토론 등의 방안을 강구할 수 있다. 백완기(2007)는 행정에의 주민 참여, 행정의 공개성, 행정 과정의 민주화, 행정의 공익성, 공평한 대우 등을 행정의 민주성에 포함되는 속성으로 간주하였다.

(3) 능률성

능률성이란 행정의 투입에 대한 산출의 비율 또는 비용 대비 효과를 말한다. 즉, 행정활동에 최소한의 인적 · 물적 자원을 투자하여 최대의 성과를 성취해야 한다는 것이다. 행정국가의 등장과 함께 급격한 예산 팽창과 그에 대한 납세자의 부담 증가로 인하여 예산 낭비를 줄이고 보다 많은 편익을 국민들에게 제공한다는 취지에서 행정의 능률성은 중요한 행정 규범으로 인식되기 시작하였다. 그렇지만 행정의 능률성을 확보하는 것이 민간부문의 경영에서처럼 그렇지만 행정의 능률성을 확보하는 것이 민간부문의 경영에서처럼 용이하지 않다. 그 이유는 행정이 추구하는 효과를 화폐가치로 환산하기가 어려울 뿐만 아니라 행정의 목표를 가시적으로 측정하기 어려운 경우가 많기 때문이다.

(4) 효과성

효과성이란 투입과 산출의 비율에 관계없이 주어진 목표의 달성 정도를 의미한다. 효과성은 정태적이고 기계적인 능률성과는 달리 동태적이고 합목적적인 개념이라 할 수 있다. 1960년대에 들어오면서 행정은 전통적인 보호, 규제, 봉사 등과 같은 목표뿐만 아니라 변화와 발전을 주도하기 위하여 사업성을 띤 목표도 설정하여 그 것을 달성하기 위해 많은 노력을 기울이기도 하였다. 그러한 측면에서 볼 때 효과성은 발전도상국이나 또는 후진국 등에서 강조하는 중요한 개념이기도 하였다. 그럼에도 불구하고 효과성은 발전도상국이나 후진국에서 강조하는 중요한 개념이기도 하였다. 따라서 효과성은 선진국에서는 등한시되는 개념은 아니며, 새로운 정책 목표의 달성 여부를 평가하는 매우 중요한 개념이다.

(5) 중립성

중립성이란 행정의 정치적 중립성으로, 정치적 변동에 대한 행정의 안정성(stability)을 의미하기도 한다. 행정이 정치적 중립성을 지킴으로 인하여 정치적 변동에도 흔들리지 않고 행정이 고유한 자기 영역을 지킬 수 있으며, 행정의 계속성, 안정성, 합리성, 능률성 등도 확보할 수 있다. 이처럼 행정이 정치적 중립성과 안정성을 확보하기 위해서는 공무원의 신분 보장, 전문화, 실적주의 등이 확보되어야 한다(백완기, 2007).

(6) 형평성

형평성은 형식적인 자유와 평등의 이념을 넘어서 실제적인 평등을 강조하는 것을 의미한다. 가치중립적인 능률 위주의 행정 운영으로 인해 그동안 상대적으로 사회・경제적 불평등을 받았던 계층에 대한 사회적 형평성을 실현한다는 취지에서 행정은 그들에게 보다 나은 서비스를 제공해 주어야 한다. 행정의 형평성은 그 동안 소외되었던 계층에 대한 사회 정의의 실현과 인간다운 삶의 질적 향상을 주장한 신행정학이 1968년부터 발전하면서 새로운 행정 이념으로 크게 관심을 받기 시작하였다.

Tip

합법성은 모든 행정이 법적 근거에 따라 수행되어야 함을 의미한다. 예로는 환경 규제를 법적으로 강화하여 산업활동을 관리하는 사례를 들 수 있다. 민주성은 국민의 참여와 의견이 정책에 반영되는 것을 강조하며, 주민 참여를 통한 지역 개발 계획 수립이 포함된다. 능률성은 자원을 최소화하면서 최대의 산출을 추구하는 데 중점을 두며, 전자정부 도입, 온라인 민원 처리 시스템 도입이 이에 해당된다. 효과성은 목표 달성의 실질적 정도를 측정하는 것으로, 복지정책의 실질적 수혜율 향상을 관리하는 정책평가 프로세스 도입이 대표적 사례이다. 중립성은 특정 정치적 이념이나 정당에 치우치지 않는 행정을 의미하며, 선거 기간 중립적 행정 운영을 들 수 있다. 형평성은 사회적 약자를 보호하고 자원 분배의 공정을 보장하며, 예를 들어 저소득층을 위한 공공주택 지원 프로그램 등이 이에 포함된다.

2 행정문화

1) 행정문화의 개념

행정문화란 특정 국가의 행정 체제를 구성하는 사람들, 즉 행정 관료들이 공유하고 있는 의식구조・가치관・태도와 일반 국민의 행정에 대한 가치의식 또는 행동양식의 총체를 의미한다. 행정문화는 행정 체제라는 집합체에 특수한 것이기 때문에 일반 문화에 대한 하위 문화의 성격을 띠고 있으며, 일반 문화가 변하면 행정문화도 변화한다. 비록 행정문화는 그 나름대로의 독특한 특성을 지니고 있기는 하지만 일반 문화는 행정문화의 내용을 결정하는 중요한 환경적 요인으로서의 역할을 수행하게 된다(백완기, 2007).

2) 행정문화의 특성

행정문화의 주요 특성은 사고와 행동의 결정 요인, 학습의 대상, 역사적 산물, 집합체적 특성, 통합성, 안정성, 고유성과 공통성 등이 있다(오석홍, 2007).

첫째, 인간은 문화의 영향을 받기 때문에 행정문화는 행정가들의 사고와 행동을 결정하는 요인이 된다.

둘째, 문화는 본질적으로 인간이 만든 것이기 때문에 행정문화는 사람들이 이를 학습하고 공유한다.

셋째, 행정문화는 현재를 과거와 미래를 연결시키는 역사적 산물이며, 그러한 문화는 후속세대에 전수된다.

넷째, 비록 개인들이 문화를 표현하지만 문화라는 것은 인간의 집합체인 제도나 체제의 승인을 받는 것이기 때문에 집합체적 특성을 지닌다.

다섯째, 행정문화는 정체성을 지닌 통합성을 유지하고 있으며, 다양한 하위 문화를 포용하고 있다.

여섯째, 행정문화는 변화에 저항하는 성격을 지니고 있다 하더라도 기본적으로는 안정성을 유지하면서 계속적으로 변화한다.

일곱째, 행정문화는 행정이 지니고 있는 고유한 특성을 지니고 있으며, 행정 체제들 사이에 어느 정도 공통의 문화적 특성을 지니고 있다.

3) 선진국과 한국의 행정문화

(1) 선진국의 행정문화

선진국의 행정문화를 살펴보면 일반적으로 합리주의, 성취주의, 상대주의, 모험주의, 사실정향주의, 중립주의 등을 들 수 있다(백완기, 2007).

첫째, 행정에 있어서 합리주의는 모든 동원 가능한 객관적 지식을 활용하여 최선의 정책결정을 추구하려는 태도를 말한다. 따라서 합리주의 행정문화 속에서는 주관의 객관화를 통해 감정과 편견이 정책결정에 끼치는 영향이 적으며, 다양한 의견들 중에서 최선의 대안을 선택하는 정책결정이 이뤄진다고 본다.

둘째, 성취주의는 출신 성분이나 종교, 출신 지역 등과 같은 선천적이고 귀속적인 요인에 기초하여 인간의 능력을 평가하는 것이 아니라 그 사람의 실적과 자격, 업적 등과 같은 객관화된 요인에 기초하여 평가하는 것을 의미한다. 성취주의 행정문화 속에서는 인사행정상의 불공평이 일어나는 경우가 상대적으로 적다.

셋째, 상대주의는 영속성, 불변성, 고정성을 띤 가치는 존재할 수 없고, 어떠한 가치라도 유동적이며 상대적임을 의미한다. 이러한 상대주의는 변화에 대한 적응력이 강하고 정책결정 과정에서도 점증주의적인 성격을 지니게 된다.

넷째, 모험주의는 항상 보다 나은 것을 추구하기 위해 시행착오를 두려워하지 않고 새로운 어떤 것을 시도하는 것을 말한다. 즉, 모험주의는 시행착오를 통한 교훈은 새로운 문제 해결을 위한 실마리를 제공해준다고 가정한다.

다섯째, 사실정향주의는 사실을 가치판단을 위한 최고의 기준으로 삼고 정책결정상의 객관적인 사실을 최우선으로 삼는 것이다.

여섯째, 중립주의는 행정이 특정 정당이나 입후보자의 편을 들어서는 안 된다는 것을 의미한다. 즉, 행정이 정치 영역을 침해해서는 안 되며, 가치를 집행하는 데 초점을 두어야 함을 의미한다.

(2) 한국의 행정문화

한국의 행정문화로는 권위주의, 가족주의, 연고주의, 형식주의, 정적 인간주의, 운명주의, 일반능력자주의, 관인지배주의 등을 들 수 있다(오석홍, 2008).

첫째, 권위주의는 유교문화의 영향에 의한 소산으로 인간관계를 평등하고 수평적인 관점에서 보기보다는 불평등한 수직적인 관점에서 보려는 의식구조를 의미한다. 조직에 있어서 상·하 간의 위계 질서를 강조하고, 관과 민의 관계를 지배복종의 관계로 보려는 행태를 말하며, 주로 나이, 직업, 계급, 신분 등으로 상대방을 지배하고 억압하려는 의식을 말한다(제갈돈 외, 2002).

둘째, 가족주의는 행정 단위를 하나의 가족 단위로 생각하여 혈연적 유대관계를 우선적으로 내세우는 의식구조를 의미한다. 이는 행정과 같은 공적인 사회도 가족의 일로 생각하려는 의식구조를 의미한다.

셋째, 연고주의는 혈연, 지연, 학연 등 배타적이면서도 특수한 관계를 강조하여 일차집단적 유대를 다른 사회적 관계보다 더 중요시하는 행동양식을 의미한다. 연고주의는 가족주의에 뿌리를 두고 있으며, 사인주의(personalism)라고도 한다(오석홍, 2008).

넷째, 형식주의는 내실보다는 외형과 형식에 더 치중하는 것을 말한다. 일종의 의식주의(ritualism)도 여기에 포함되는데, 이것은 내용보다 선례, 의식, 절차, 형식 등에 지나치게 집착하는 태도를 의미하나 형식주의와 동일한 개념은 아니다.

다섯째, 정적 인간주의(또는 온정주의)는 인간관계를 이해타산이나 직무관계로 보지 않고 정적인 유대관계로 보려는 성향을 의미하는데, 주로 인정, 우정, 의리, 상호 신뢰 등과 같은 감성적인 유대관계를 중시한다. 정적 인간주의가 보편적인 사회에서는 객관적인 사실보다는 주관적인 감정 또는 편견에 따라 정책결정이 이뤄지는 경우가 많이 나타난다.

여섯째, 운명주의는 성공이나 실패가 인간 이외의 초자연적이고 신비한 힘에 달려 있다고 믿는 것을 의미한다. 따라서 합리적인 사고를 가지는 지도자보다 카리스마적인 지도자가 환영을 받으며, 창의적이고 혁신적인 업무 처리를 기피하는 현상이 나타나기도 한다. 일종의 순응주의도 운명주의와 밀접한 관련성이 있다.

일곱째, 일반능력자주의는 전문가주의와는 구별되는 개념이며, 자기 혼자 모든 것을 다할 수 있고, 전지전능하다고 생각하는 의식구조이다. 일반능력자주의는 행정이 단순하고 생활관계가 미분화되었던 시대의 유산이며, 유교적 전통에서 비롯된 것이라 할 수 있다. 이러한 행정문화 풍토 속에서는 직업적 전문주의, 권한의 위임, 행정의 전문화가 이뤄지기가 곤란하며, 기술직이나 전문직보다 일반 행정직을 더 우대하는 경향이 있다.

여덟째, 관인지배주의는 관직을 직업으로 생각하지 않고, 출세와 이권의 수단으로 생각하는 의식구조이다. 관료들 간의 이권 개입 및 치부(致富) 등으로 인해 국민에 대한 봉사의식이 결여되기가 쉽다.

그런데 앞으로 언급한 한국의 행정문화를 자세히 살려보면 자칫 부정적인 측면만 부각된다. 그렇지만 한국의 행정에 있어 긍정적인 측면의 행정문화도 많다. 즉, 민본주의에 입각한 위민(爲民)사상, 선비존중의 가치관 및 학문숭상의 가치관, 충효사상, 개인보다 전체를 중시하는 집합주의, 정신적 가치를 중시하고 도덕성과 예절을 강조한 문화유산, 근면성과 근검 절약 및 청백리 존중 가치관 등도 바람직한 행정문화라고 볼 수 있다. 그러나 부정적인 문화가 긍정적인 측면을 압도해 우수한 행정문화를 살리지 못했다는 점을 감안하여 앞으로 강화되어야 할 행정문화를 생각한다면, 국민중심주의, 인간주의, 임무중심주의, 보편주의, 적응성과 장기적 안목, 협동주의 정직성과 청렴성, 과학주의 등이 현대 행정문화에 반드시 필요하다고 볼 수 있다.

〈표 1-1〉 선진국과 한국의 행정문화 비교

<table>
<tr><th>선진국</th><th colspan="2">한국</th></tr>
<tr><td rowspan="2">합리주의
성취주의
상대주의
모험주의
사실정향주의
중립주의</td><td>권위주의
가족주의
연고주의
형식주의</td><td>정적 인간주의
운명주의
일반능력자주의
관인지배주의</td></tr>
<tr><td>위민사상
선비존중 가치관
학문숭상의 가치관
충효사상
집합주의</td><td>정신적 가치 중시
도덕성과 예절 강조
근면성과 근검 절약
청백리 존중 가치관</td></tr>
</table>

자료: 제갈돈 외(2017).

제4절 현대 행정의 기능과 특성

1 현대 행정의 기능

현대 행정은 간단히 이야기하면 현대 행정국가 하에서의 행정을 말하며, 현대 행정의 기능이란 바로 현대 행정국가의 정부가 '하는 일'이라고 볼 수 있다(제갈돈 외, 2002). 과거에는 정부가 국방이나 치안 및 질서 유지 등과 같은 소극적인 기능을 담당하였으나 현대 사회로 오면서 정부는 사회 변동을 촉진하고 환경에 적응하는 보다 적극적인 기능을 수행하고 있다. 이처럼 기존의 전통적인 행정의 기능과 더불어 현대 행정의 주요 기능들을 살펴보면 다음과 같이 사회안정화 기능, 국민형성 기능, 경제관리 기능, 사회복지 기능, 환경 및 인구통제 기능 등이 있다.

첫째, 사회안정화 기능은 전통적인 기능으로써 사회 질서와 제도를 유지·안정화시키는 것이다. 주로 법과 질서의 유지, 공공사업, 과세, 외교활동, 국방 등이 이에 속한다.

둘째, 국민형성 기능은 국민적 일체감을 갖게 하고 지역정책보다는 국가정책을 우선하는 것을 의미한다. 국민형성 기능은 국민의 통일성을 촉진하고, 국민의 사회화, 공정한 배분, 국민생활의 실질적 향상 등에 기여한다.

셋째, 경제관리 기능은 정부가 국민경제 변화에 대하여 지도하고 관리하는 책임을 지는 것을 의미한다. 정부는 민간 영역에 보조금이나 기술을 제공하고, 각종 원조 등을 제공하는 지원적인 업무뿐만 아니라 국민경제를 규제・관리하고, 공기업을 통한 공익사업 운영 등과 같은 기능 수행을 담당한다.

넷째, 사회복지 기능은 정부가 모든 국민들이 빈곤을 느끼지 않고 편안하고 안락하게 살 수 있도록 해주는 것을 의미한다. 주로 보건후생시설의 확충, 국민복지서비스 제공, 보험, 연금, 주택 등 사회복지서비스를 제공하는 것이 이러한 기능에 해당하며, 정부는 이러한 복지해택이 국민들에게 골고루 돌아갈 수 있도록 노력해야 한다.

다섯째, 환경 및 인구통제 기능은 정부가 산업의 고도화, 도시화 등으로 인해 야기된 환경문제가 국민생활의 질을 떨어뜨리지 않도록 환경보호 기능을 수행하는 것을 말하며, 또한 인구의 증가와 감소가 적절히 조절될 수 있도록 통제하는 역할을 수행하는 것이다.

[그림 1-2] 현대 행정의 기능

2 현대 행정의 특성

행정권이 강화되고 행정 관료들의 자유재량권이 확대된 현대 행정의 특징은 양적인 측면에서의 팽창과 질적인 측면에서의 증대를 들 수 있다.

먼저 양적인 측면에서는 행정기구의 증설, 공무원의 증가, 재정 규모의 팽창이 대표적인 특징들이다.[3] 국민에게 양질의 서비스를 제공하고 행정환경에 적응하기 위해 행정부서(조직)를 많이 만들면, 조직구성원인 공무원도 그만큼 늘어나는 것이 당연하며, 정부가 많은 인력으로 다양한 일을 하다 보면 예산도 크게 증가하기 마련이다. 그러나 공무원 수는 "업무량과 관계없이 증가한다"는 주장과 예산 증가도 "관료들이 자기이익을 극대화시키기 위해서 엄청나게 팽창된다"는 주장이 제기되었다. 이는 파킨슨 법칙(Parkinson's Law)과 니스카넨의 예산극대화 모형이론(Niskanen's Model Budgeting Maximization)이 잘 설명하고 있다.

파킨슨 법칙을 한마디로 정의하면 "공무원 수는 수행할 업무의 경중이나 유무에 관계없이 일정한 비율로 증가한다"는 것이다. 이에 대해 파킨슨은 두 가지 이유를 제시하고 있는데, 제1공리인 '부하배증의 법칙(部下倍增의 法則)'과 제2공리인 '업무배증의 법칙(業務倍增의 法則)'으로 설명한다. 전자는 A라는 공무원의 업무가 가중하게 될 때 동료인 B를 보충받아 업무를 나누지 않고 그를 보조해 줄 부하 C를 보충받기를 원한다는 것이다. 후자는 A가 원하는 대로 부하 C를 보충받고 부하가 증가하게 되면 부하에게 지시, 보고, 승인, 감독 등 파생업무가 창출되어 본질적 업무의 증가 없이 업무량이 그만큼 증가하는 현상이 나타난다는 것이다. 따라서 업무량 증가 → 부하 증가 → 업무량 증가의 순환 과정을 거침으로써 정부 규모는 팽창된다는 것이다.

---

3) 한국의 경우 1948년에 12부 4처였던 조직이 2001년에는 여성부(1실 3국 4과)의 신설로 18부 4처 16청이었으며, 2013년 말 2원 17부 3처 18청 5실 5위원회로 변화를 거듭하였다. 공무원 수가 1960년에 20만 명, 1980년에는 53만 명, 1990년에는 818,121명, 2000년에는 877,720명, 2009년에는 970,690명, 2012년에는 988,755명(행정부 공무원은 906,779명, 이 중 국가공무원은 622,424명, 지방공무원은 284,355명)으로 많은 수의 증가를 보였다. 한국의 경우 세출예산이 1949년에 9천만 원이었는데, 1992년에는 33조 원, 1993년에는 38조 원, 1999년에는 884,850억 원, 2001년에는 94조 원, 2008년에는 263조 원, 2010년에는 293조 원, 2012년에는 325조 원으로 재정 규모가 확대되었다(행정안전부, 『통계연보』 각 연도).

니스카넨(W. Niskanen)은 관료들의 자기이익 극대화 가정을 도입하여 승진, 명성, 업적 등의 자기이익 극대화를 위해서 관료들이 예산을 극대화한다고 보았다.

다음으로 질적인 측면에서는 행정 이념과 철학의 변화, 행정 분야의 전문화·기술화 현상, 임시조치·동태적 조직 활용 경향 증가, 기획 기능의 충실화, 다양한 예산관리 기법의 개발·추진 등을 들 수 있다(제갈돈 외, 2002).

첫째, 행정 이념과 철학의 변화를 들 수 있다. 과거에 합법성, 능률성 이념을 우선시 하였으나 최근에는 민주성, 형평성, 대응성 등의 이념을 강조하게 되었다.

둘째, 행정 분야에서의 전문화·기술화 현상이 광범위하게 나타나고 있다. 컴퓨터에 의한 행정의 전산화, 체제분석(system analysis: SA), 관리과학적인 기법[4]의 행정에의 적용, 행정정보 체계의 구축 등으로 행정의 효율화를 추구하고 있다.

셋째, 행정관리부문에서 조직의 경직화를 막기 위해 전통적인 관료제의 계층제에 구애받지 않고 태스크포스(task force), 프로젝트팀(project team) 등의 임시 조직·동태적 조직을 활용하는 경향이 현저하게 증가하고 있다.

넷째, 기획 기능이 충실화되고 있다. 급속한 국가 발전, 경제 개발 등의 목적을 달성하기 위해 행정기획의 중요성이 인식되었고, 이에 따른 행정의 조사·연구 기능이 강조되고 있을 뿐만 아니라 자료나 정보·통계의 중요성이 부각되고 있다.

다섯째, 자원의 최적배분과 사업계획의 효율성을 높이기 위해서 성과예산뿐만 아니라 계획예산제도(PPBS) 목표관리(MBO), 영기준예산(ZBB) 등과 같은 다양한 예산관리 기법이 개발·추진되어 왔다.

이와 같은 변화 이외에도 최근에는 신중앙집권화 현상 초래, 광역행정화, 행정책임 및 행정통제 강화, 국민의 고객화 등으로 행정이 질적으로 많은 변화를 겪고 있다. 행정국가 하에서 행정은 거대한 관료제를 통해 경제와 사회에 깊이 개입함으로써 국민의 행정 의존도가 매우 높아지게 되는데, 여기서 행정 관료들의 역할은 더욱 중요하다. 이들의 주요 역할은 공공성의 증진, 공공정책의 개발과 집행, 행정민주화 구현, 행정수요의 대응, 행정관리의 효율적 집행, 행정윤리의 확보 등이다.

---

4) 관리과학적인 기법에는 PERT(Program Evaluation and Review Technique), CPM(Critical Path Method), OR(Operation Research) 등이 있다.

연습문제

A.

A국가는 최근 빈번한 자연재해로 인해 국민의 안전이 위협받고 있다. 이를 해결하기 위해 정부는 민간기업과 협력하여 홍수와 지진에 대비한 조기경보 시스템을 도입하려 하고, 대피소와 재난 지원센터를 확충하고자 한다. 이 과정에서 지역 주민과 시민단체의 의견을 수렴하고, 기술적 전문성을 제공하는 연구기관과의 협력도 병행하려 한다.

1. 민간기업과 시민단체와의 협력을 통해 어떤 효과를 기대할 수 있는지 작성해 보세요.
2. 자연재해 대응에 있어 정부와 민간기업 간 협력의 구체적인 역할 분담이 어떻게 설정될 수 있는지 작성해 보세요.
3. 대피소와 조기경보 시스템 구축에서 지역 주민의 참여가 중요한 이유는 무엇이며, 이를 효과적으로 유도할 방법은 무엇인지 작성해 보세요.

B.

B국가는 산업 발전과 환경 보호 간의 균형을 맞추기 위해 재생에너지 발전소를 확충하고, 석탄화력발전소의 점진적 폐쇄를 추진하고 있다. 정부는 산업계와 협력하여 탄소 배출권 거래처를 도입하고, 기업들이 친환경 기술 개발에 투자하도록 인센티브를 제공하려고 한다. 한편 지역 주민들을 대상으로 재생에너지 사업의 필요성을 교육하고 참여를 유도하는 캠페인도 병행하고 있다.

1. 재생에너지 발전소 확충과 배출권 거래제 도입이 현대 행정의 어떤 기능과 연결되는지 작성해 보세요.
2. 친환경 기술 개발을 위해 기업에 제공되는 인센티브가 효과적으로 작동하기 위해서 어떤 조건이 필요한지 작성해 보세요.
3. 재생에너지 사업에 대한 지역 주민의 반발을 줄이기 위해 정부가 활용할 수 있는 구체적인 소통 및 참여 방안이 무엇인지 작성해 보세요.

MEMO

Chapter 02

행정학의 접근 방법과 이론

제1절 행정학의 학문적 성격과 발달 과정

1 행정학의 학문적 성격

행정 현상은 인류가 사회를 형성하여 공동체 생활을 영위한 이래 존재해 왔으나 오랫동안 정치학이나 법학의 일부로 다뤄져 왔다. 그 후 국민국가(nation state)의 등장과 더불어 근대적 관료제가 형성되면서 행정에 대한 체계적인 연구가 시작되었다.

행정학은 '응용 사회과학(applied social science)'으로 분류될 수 있다. 사회과학은 '사회 현상'을 '과학적인 연구 방법'을 동원하여 연구하는 학문을 말한다. '사회 현상'은, 자연 현상과 달리, 인간과 인간 사이의 관계에서 일어나는 현상을 말한다. 따라서 사회과학은 '인간의 사회적 행동'을 탐구하는 학문의 한 분야다. 오늘날의 대부분의 사회과학은 자연과학 분야에서 발전한 '과학적 방법'을 사용하여 사회 현상을 연구한다. 그러나 사회과학은, 자연과학과는 달리, 인간 사이의 관계를 연구하기 때문에 가치의 문제 등이 개재된다. 사회과학의 연구 방법을 둘러싸고는 자연과학과 동일한 연구 방법을 사용해야 한다는 통일과학(unified science) 주창자들과, 사회 현상과 자연 현상 간에는 본질적 차이가 있기에 서로 다른 연구 방법이 적용되어야 한다는 역사적 접근 방법 및 현상학적 접근 방법의 주창자들의 견해가 서로 부딪친다. 오늘날 많은 과학철학자들의 지지를 받고 있는 통일과학은 모든 과학은 동일한 언어, 동일한 방법을 공유해야 한다고 주장한다.

행정학은 또한 사회과학 가운데서도 심리학이나 경제학과 같이 순수학문(pure science)의 성격을 지닌다기보다 경영학과 같이 응용학문(applied science)의 성격을 지닌다.

다음에서는 행정학의 학문적 성격에 관한 이러한 논의들에 바탕하여 행정학의 발달 과정과 행정학의 접근 방법 및 주요 이론을 살펴보고자 한다.

2 현대 행정학의 발달 과정

현대 행정학은 두 방향에서 형성·발전되어 왔다. 독일의 관방학(官房學, Kameral-wissenschaft)과 '관리' 중심의 미국 행정학이 그것이다.

독일 행정학은 17세기 프러시아에서 등장한 관방학을 연원으로 하여 경찰학(국가학)으로 분화된 다음 행정법학을 거쳐 현대 행정학으로 정립되었다. 관방학은 국가 경영의 학문으로 관방 관리들에게 국가 통치에 필요한 행정기술과 지식을 제공하기 위한 목적에서 형성된 학문 체계다. 관방학은 그 당시 절대군주제를 유지하는 데 필요한 재정학적 성격을 강하게 띠고 있었다. 18세기 들어 관방학(재정학)으로부터 경찰학(Polizeiwissenschaft)이 하나의 독립된 학문으로 분화되었다. 유스티(Johann Heinrich Gottlob von Justi)가 토대를 마련한 경찰학에서는 국가 목적 또는 국가 이념을 실현하기 위한 합목적적인 국가활동을 경찰(Polizei), 즉 행정으로 포착한 것이다(유훈, 1992: 53). 프랑스혁명 이후 절대군주제가 쇠토하게 되고, 국가에 대한 시민의 권리 문제가 중요한 관심사로 떠오르면서 경찰학은 행정법학으로 대체되었다.

몰(Robert von Mohl)로 대표되는 행정법학의 등장과 쇠퇴 이후 독일 행정학은 '슈타인(Lorenz von Stein) 행정학'으로 이어졌다.

슈타인은 국가 원리를 국가 의사 형성으로서의 헌정(Verfassung)과 국가활동으로서의 행정(Verwaltung)으로 구분했다. 슈타인은 헌정과 행정의 밀접한 관계를 인식하면서도 헌정과 행정을 구별해 행정의 독자성을 주장하고, 국가활동에 관한 분과 학문으로서 행정학의 성립을 주장했던 것이다. 그러나 19세기 이후 독일 행정학이 쇠퇴하게 됨에 따라, '관리'를 앞세운 미국 행정학이 사실상 현대 행정학의 주류를 형성하게 되었다.

현대 행정학의 다른 하나의 뿌리는 미국 행정학이다. 유럽에 비해 국가 형성도 늦었고, 행정 발전도 뒤졌던 미국에서는 19세기에 정치학과 경영학을 모태로 한 하나의 독립된 분과 학문으로서의 행정학이 탄생했다. 미국의 행정학은 정치학에 뿌리를 둔 '행정이론'과 테일러(Frederick W. Taylor)의 과학적 관리법을 중심축으로 하여 발전해 왔다. 즉, 미국 행정학은 과학적 관리론 및 고전적 조직이론과 접목되면서 독자적인 학문 영역을 구축하게 된 것이다.

19세기 말 윌슨(Woodrow Wilson), 굿노(Frank J. Goodnow) 등 미국의 일부 정치·행정학자들은 행정의 본질적 기능이 관리(경영), 즉 '정책집행'임을 선언하면서 행정학의 정치학으로부터의 분리·독립을 선언했다. 그것이 정치·행정이원론이다. 정치·행정이원론은 '행정'을 정당정치의 오염으로부터 분리·독립시켜야 정부의 비효율과 낭비, 부패를 제거할 수 있다는 논리를 내세웠다. 이러한 정치·행정이원론은 현대적인 공무원제도와 관료제의 발전에 필요한 기초이론을 제공한 것이다.

1930년대 이후 미국의 정통 행정학에 대한 반성이 일면서, 정치와 행정은 어떤 형태로든 분리될 수 없다는 정치·행정일원론이 대두되었다. 정치·행정이원론은 현실의 행정 실태를 제대로 반영하지 못한, 규범에 기초한 잘못된 이론이라는 비판에 입각해 정치·행정일원론 또는 정치·행정 융합론이 등장한 것이다. 1950년대에는 사이먼(H. A. Simon), 스미스버그(D. W. Smithburg), 톰슨(V. A. Thompson) 등에 의해 행태주의(behavioralism)가 행정학에 도입되었으며, 또한 가우스(J. M. Gaus), 리그스(F. W. Riggs) 등을 중심으로 생태론적 접근 방법이 활용되어 환경이 행정에 미치는 영향을 연구하기 시작했다. 그리고 1950년대 말부터는 비교 및 발전행정론이 대두되었다. 비교행정론은 각국의 행정에 대한 비교 연구를 통해 행정학의 과학성을 높이기 위해, 그리고 미국 영향력 하의 발전도상 국가들의 행정 역량 제고를 위한 현실적 필요성에서 발전하게 되었다.

1960년대에는 공공문제에 OR, 체제분석(system analysis) 기법을 본격적으로 도입·활용한 행정개혁이 추진되는 등 관리과학의 학문적 체계가 완성되었으며, 정책학이 본격적으로 발전하기 시작했다. 또한 1968년의 미노브루크회의를 기점으로 적실성(relevance), 참여(participation), 변화(change), 가치(values), 사회적 형평성(social equity) 등의 가치를 내세운 신행정학(new public administration)이 등장했다. 신행정학은 정통 행정학의 능률지상주의를 탈피하여 사회적 형평, 민주적 가치, 인본주의에 입각한 능동적 행정, 고객 중심 행정을 주창하면서 탈관료제 조직 설계 대안을 제시하고, 논리실증주의와 행태주의를 비판, 현상학적 접근 방법을 제시했다.

1980년대 이후에는 신자유주의 이념이 확산되면서 행정학의 새로운 접근 방법으로 신공공관리론(new public management: NPM)이 등장, 세계 여러 나라에서 감축관리, 기업 관리 방식의 공공부문에의 도입 등 신공공관리론에 입각한 다양한 행정개혁이 추진되었다. 그러나 2000년대 들어 신공공관리론의 한계가 부분적으로 드러나면서 탈신공공관리(post-NPM)가 신공공관리의 반명제(反命題)로 대두되었다.

Tip

1930년대 미국 뉴딜정책 이후, 행정의 전문성과 정책결정 역할이 강조되면서 정치·행정이원론의 현실 적합성에 의문이 제기되었다. 반면 정치·행정일원론은 행정이 정책결정에 적극적으로 참여해야 한다는 점을 강조했다. 뉴딜 시대에 대공황 문제를 해결하기 위해 행정은 단순 집행이 아니라 의사결정의 주요 주체로서 역할을 수행했다. 이러한 과정을 통해 경제 회복을 지원했지만, 정치적 간섭의 위험에 대한 비판도 높았다. 정치·행정이원론은 효율성과 책임성을 강조하고, 일원론은 정책결정 참여를 중시한다. 현대 한국 행정 체제에서 두 이론이 어떻게 조화될 수 있을지 토론해 보세요.

제2절 행정학의 접근 방법

1 접근 방법의 의의

접근 방법(approach) 또는 접근 시각은 특정 분야의 학문 연구에서 무엇을(what), 어떻게(how) 연구할 것인가에 관한 견해와 관점을 갈한다. 접근 방법은 따라서 특정 학문 분야의 연구활동을 안내해주는 일종의 전략이나 지향(orientation)이라고 할 수 있다. 접근 방법은 학문 연구에 유용한 가설을 설정하는 데 좋은 아이디어를 제공해주는 발견적(heuristic) 기능을 갖는다.

접근 방법은 앞서 밝힌 바 '무엇을', '어떻게' 연구할 것인가에 관한 관점을 말한다는 점에서 인식론(認識論, epistemology)과 밀접하게 관련되어 있다. 지식론(知識論, science of knowledge)이라고도 불리는 인식론은 특정한 인식 과정을 통해 얻은 지식이 과연 믿을 수 있는가 하는, 진리와 지식의 성질과 기원, 그리고 범위를 논하는 학문 분야다.

대부분의 행정학 관련 문헌에서는 접근 방법과 이론을 구분하지 않고 함께 망라적으로 소개하는 경우가 많다. 그러나 이 책에서는 양자를 구분하여 설명하고자 한다. 한 학문 분야에서 특정한 현상을 해명하는 데 중심적 역할을 하는 '핵심 개념'을 '빈 개념(empty conception)'으로 둘 경우 접근 방법이라고 할 수 있으며, '핵심 개념'을 경험적 준거(empirical referents)를 갖는 구체적 개념으로 바꿀 경우, 그것은 특정 학문 분야의 '이론(theory)'이 된다. 예를 들어, '체제적 접근'에서 '투입(input)', '체제(system)'라는 '빈 개념'을 사용할 경우, 그것은 '체제적 접근 방법(systems approach)이' 되며, '투입'의 내용을 정치적 '요구(demand)'와 '지지(support)'라는 구체적 개념으로 바꾸고, '체제'라는 '빈 개념'을 '정치 체제' 또는 '행정 체제'로 바꿀 경우, 그것은 '정치체제론' 또는 '행정체제론'이라는 '이론'이 된다. 기존 문헌에서 '접근 방법'과 '이론'을 뒤섞어 사용함으로써 혼란을 불러일으키는 이유가 여기에 있다.

학문 연구의 접근 방법은 크게 양적 접근과 질적 접근으로 나눌 수 있다. 양적 접근, 즉 양적 연구는 실증주의적, 계량적, 객관적 또는 경험주의적 패러다임을 계승하고 있으며, 반실증주의로부터 출발한 질적 연구는 주관적 접근, 해석학적 접근, 자연주의적 접근 등으로 불린다(남궁근, 2004; 심준섭, 2006).

다음에서는 정치·행정 현상의 본질을 이해하기 위한 다양한 접근 방법과 행정학의 주요 이론을 체계적으로 살펴보고자 한다.

2 행정학의 다양한 접근 방법

행정학은 다양한 접근 방법을 통해 연구되고 있다. 이러한 접근 방법은 행정학이나 혹은 인접 사회과학의 학문적 연구 정향 혹은 학파의 생성 및 발전과 궤를 같이하고 있다. 행정학에서의 지배적인 접근 방법은 계속 변화하고 있다.

다음에서는 행정학 연구에서 중요하게 고려되고 있는 접근 방법들을 살펴보고자 한다.

1) 역사적 접근 방법

역사적 접근 방법(historical approach)은 어떤 사건·기관·제도·정책 등의 기원과 발전 과정을 설명하는 접근 방법을 말한다. 역사적 접근 방법은 정치·행정적 사건들을 자세하게 묘사한다. 이러한 역사적 연구는 일종의 사례 연구가 된다. 사례연구(case study)는 특정 사례에 대해 전개 과정, 특성, 문제점과 원인 및 대책을 검토하고 분석하는 연구 방법을 말한다. 역사적 접근 방법의 논리 구조는, 한 사회의 행정 현상은 특정한 관련 사건·기관·제도·정책 등의 기원과 발전 과정의 산물이라는 것으로, 다음과 같이 표현할 수 있다.

[특정한 사건·기관·제도·정책 등의 기원과 발전 과정 ⇒ 행정 현상의 특성]

역사적 접근 방법은 어떤 사건·기관·제도·정책 등의 기원과 발전 과정을 파악 설명하는 데 많이 사용되며, 이런 연구에서는 소위 발생론적 설명(genetic explanation) 방식을 주로 사용하게 된다(Isaak, 1981; 강신택, 1995).

미국 정치학은 초기부터 역사학의 한 분과 학문으로 인식되었다. 정치학으로부터 분리되어 또 하나의 분과 학문으로 발전되어 온 행정학의 연구에서 역사적 접근 방법이 중요한 접근 방법으로 남아 있다는 점은 이러한 관점에서 이해된다.

2) 법률적·제도론적 접근 방법과 신제도론적 접근 방법

법률적·제도론적 접근 방법(legalistic-institutional approach)과 신제도론적 접근 방법(neo-institutional approach)은 사회 현상 연구의 '핵심 개념'을 '제도'에 두는 접근 시각이다. 이들 접근 방법은, 즉 특정한 행정 현상을 법률적·제도적 특성에 기대어 설명하고자 하는 접근 방법을 말한다. 행정학 연구의 초기 접근 방법들 중의 하나로 오늘날에도 널리 사용되고 있는 법률적·제도론적 접근 방법은 행정 과정의 합법성과 법률에 기반을 둔 제도를 강조한다. 법률적·제도론적 접근 방법의 논리 구조는, 특정한 행정 현상은 법률적·제도적 특성의 영향을 받는다는 것으로, [법률적·제도적 특성 ⇒ 행정 현상의 특성]과 같이 표현할 수 있다.

신제도론적 접근 방법(新制度論的接近方法, neo-institutional approach)은 제도를 일단의 규칙으로 규정하고, 사회적 활동의 결과에 영향을 미치는 제도적 장치를 규명하는 데 초점을 두는 사회과학 연구의 한 접근 방법을 말한다. 신제도론적 접근 방법은 한 사회의 경제적 생산활동의 결과(outcomes)는 경제생활을 지배하는 제도(institution)인 일단의 규칙(rules)에 달려 있다고 주장하는 신제도론적 경제학(neo-institutional economics)에 바탕을 두고 있다.

3) 생태론적 접근 방법

생태론적 접근 방법(ecological approach)은 특정한 현상 해명의 '핵심 개념'을 '생태'에 두는 접근 시각을 말한다. 행정학에서의 생태적 접근 방법은 행정 현상을 자연적·사회적·문화적 환경과 관련시켜 이해하려고 하는 특징을 갖는다. 생태론적 접근 방법의 논리 구조는, 특정한 행정 현상은 생태, 즉 자연적·사회적·문화적 환경의 영향을 받는다는 것으로, [생태적 특성 ⇒ 행정 현상]과 같이 표현할 수 있다.

생태적 접근 방법을 사용하는 생태론자들은 서구 행정제도가 후진국에서 잘 작동되지 않는 이유는 사회·문화적 환경이 서로 다르기 때문이라고 본다. 따라서 생태론적 접근 방법은 행정 체제의 개방성을 강조하고 있으며, 분석의 수준이 행위자 개인보다는 집합적 행위나 제도에서 이뤄지고 있어 거시적 분석의 성격을 띠고 있다.

행정학 분야에서는 가우스(J. M. Gaus)와 리그스(F. W. Riggs) 등이 생태론적 접근 방법을 활용하여 각국 행정 현상의 특성을 설명하고자 했다.

4) 행태론적 접근 방법

행태론적 접근 방법(behavioral approach)은 사회 현상을 이해하는 '핵심 개념'으로

'행태'를 제시하고, 분석 방법으로 '계량적 분석'을 중시하는 접근 관점을 말한다. 행태론적 접근 방법은 인식론적 기반을 논리실증주의(論理實證主義, logical positivism)[1]에 둔다. 행태론적 접근 방법의 논리 구조는 조직구성원의 행태적 특성을 과학적으로 분석함으로써 특정한 행정 현상을 이해할 수 있다는 것으로, [조직구성원의 행태적 특성 ⇒ 행정 현상]과 같이 표현할 수 있다. 사회과학 분야의 논문을 작성할 때 설문조사 또는 관찰 결과를 통계적으로 분석하여 가설을 검증하는 방식이 일반적으로 사용되는데, 이러한 연구 방법이 전형적인 행태론적 접근 방법에 속한다.

행태론적 접근 방법의 주요 특징은 다음과 같다. (1) 사회 현상도 자연 현상과 마찬가지로 엄밀한 과학적 연구가 가능하다고 본다. (2) 사회 현상을 관찰 가능한 객관적 대상으로 보며 사회 현상 연구의 인식론적 근거로 논리실증주의를 신봉한다. (3) 행태주의는 명백한 자극과 반응으로 볼 수 있는 행위 또는 행동만을 연구 대상으로 삼는 심리학적 행동주의(psychological behaviorism)와는 달리, 특정 질문에 따른 반응을 통해 파악해 볼 수 있는 태도, 의견, 개성 등도 행태에 포함시키고 있다. (4) 이러한 행태의 규칙성, 상관성 및 인과성을 경험적으로 입증하고 설명할 수 있다고 본다. (5) 연구에서 가치와 사실을 명백히 구분하고 가치중립성의 규범을 지킨다. (6) 개념의 조작적 정의를 통해 객관적인 측정 방법을 사용하며, 자료를 계량적 방법에 의해 분석한다. (7) 집단의 고유한 특성을 인정하지 않는 방법론적 개체주의의 입장을 취한다. (8) 사회과학이 인간 행태에 공통된 관심을 갖고 있기 때문에 통합된다고 본다(이종수, 2013b).

행정학 분야에서 행태주의 운동은 논리실증주의를 강조한 사이먼이 1945년 『행정행태론(*Administrative Behavior*)』을 발표한 후 크게 발전하였다. 그러나 행태론적 접근 방법은 1960년대 중반 미국의 일부 정치학자들로부터 비판을 받기 시작했다. 1960년대 말 미국의 원로 정치학자인 이스턴(David Easton)은 정치학의 새로운 혁명

1) 논리실증주의는 개념과 명제의 의미를 논리적으로 분석하는 경험주의적 연구 지향을 말한다. 논리실증주의는 따라서 가치문제와 형이상학을 배제한 실증 가능한 경험적 사실만을 연구 대상으로 할 것을 주창한다. 논리실증주의는 1924년 슐릭(M. Schlick)을 중심으로 결성되어 1929년 공식적 철학운동으로 발전한 빈학파(Wien學派) 및 여기에 동조하는 일련의 철학적 정향에 붙여진 이름이다(이종수, 2013c 참조).

으로서 탈행태주의(postbehavioralism)가 시작되었음을 선언하게 되었다. 그는 탈행태주의의 특성을 '적실성의 신조(credo of relevance)'와 '실천(action)'이라고 주장했다.

5) 체제적 접근 방법

체제적 접근 방법(system approach)은 자연 현상이나 사회 현상 등 모든 체제는 상호작용하는 여러 구성 요소(하위 체제)로 이뤄져 있다고 보는 관점을 말한다. 체제적 접근 방법의 기본 생각은 다음과 같다. 체제는 환경과 구별되는 경계(boundary)를 지니며, 체제 속에는 여러 하위 체제(subsystem)가 있고, 이 하위 체제들이 상호의존관계(interdependence) 속에서 상호작용(interaction)을 하며, 체제는 환경(environment)으로부터 투입(input)을 받아 전환(conversion) 과정을 거쳐 환경에 산출(output)을 내놓는다는 것이다. 그리고 산출 결과는 다시 새로운 투입으로 환류(feedback)된다.

체제는 유기체로서 자기 고유의 속성을 유지하려는 성향을 갖고 있으며, 이러한 자기 유지에 혼란을 주는 요소가 들어오면 이것을 균형화시킴으로써 본래의 자기 상태로 돌아가려고 하는데, 이러한 체제의 속성을 항상성(homeostasis)이라고 한다. 그리고 체제의 변화나 성장은 기존의 균형 상태에서 일어나지 않고 구성 요소 중의 어느 하나에 변화가 생기거나 새로운 이질적 요소가 투입될 때 일어난다고 한다.

[그림 2-1] 체제적 접근 방법의 논리 구조

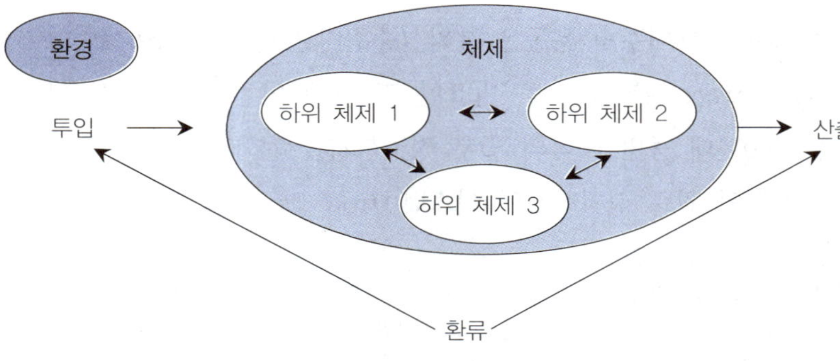

체제적 접근 방법의 논리 구조는 [그림 2-1]과 같이 이해할 수 있다.

국제정치학에서 동북아시아 정세를 논할 때, 한국 · 북한 · 미국 · 중국 · 일본 · 러시아 등 한반도에 영향을 미치는 주요 주변국들을 하위 체제로 보아 그들 간의 상호작용을 통해 이해하려고 하거나, 임학(林學)에서 특정 지역의 산림 분포의 특성을, 그 하위 체제인 소나무 · 잣나무 · 오리나무 등의 상호의존성과 상호작용을 통해 이해하고자 할 때 사용하는 접근 방법을 체제적 접근 방법으로 이해할 수 있을 것이다.

6) 현상학적 접근 방법

현상학적 접근 방법(phenomenological approach)은 실증주의와 행태주의가 내세우는 과학적 연구 방법에 반기를 들면서, 현상에 대한 이해(understanding)를 강조하는 접근 방법을 말한다. 현상학적 접근 방법은 사회 현상 또는 사회적 실재(social reality)란 자연 현상처럼 사람과 동떨어진 객체로 존재하는 것이 아니라, 그 속에 참여하는 사람들의 의식 · 생각 · 언어 · 개념 등으로 구성되기 에, 사회과학 연구에서 사람들의 외면적 행태의 관찰만을 강조하기보다는 내면적 의식을 이해해야 한다고 주장한다. 사회 현상에는 그 속에 참여하는 사람들의 의식과 생각 등이 반영된다는 현상학적 접근 방법의 기본 논리는, [인간의 내면적 의식 · 생각 · 개념 ⇒ 행정 현상]과 같이 표현할 수 있을 것이다.

현상학(phenomenology)은 현상의 배후에 있는 본질(true nature)의 내적 의미(inner meaning)를 직관(intuition)에 의해 파악하고자 하는 철학의 한 유파를 말한다. 현상학은, 즉 본질 직관(本質直觀, Wesensanschauung)을 강조하는 선험적 관념론이다. 관념론은 주관이 있음으로써 비로소 대상이 의미를 지닐 수 있다고 보는 관점을 말한다. 현상학은 19세기 중반에 이르러, '마음에 관한 순수한 서술적 연구'라는 의미로 쓰이게 되었다(이종수, 2013b).

자연과학자가 탐구하는 자연의 세계는 '의미'를 지니지 못하지만, 사회과학자의 관찰 영역인 사회적 실재는 그 속에서 살고, 생각하고, 의사소통하고, 행위하는 사람들에게 특정한 의미를 지닌다. 따라서 현상학적 접근 방법은 사회과학 연구에서 경험적 관찰을 지나치게 한정시키기보다는, 일상생활의 상식적인 생각 속에서 인간 행위를 이해하고, 그 이면에 깔린 동기나 의도로 설명되는 '경험의 형식'까지도 포함시킨다면 훨씬 더 풍부한 인간 행위의 이해가 가능하다고 본다.

행정학 연구에서 현상학적 접근 방법은 과학적 연구 방법을 통해서는 파악하지 못했던 인간의 주관적 관념, 의식 및 동기 등의 의미를 더 적절하게 다루고 이해할 가능성을 제시해주고 있어 연구의 적실성을 높여줄 수 있다. 나아가 과학적 연구가 지향하는 가치중립적인 연구에서, 가치평가적인 연구를 할 수 있게 함으로써 정책연구에 기여할 수 있다. 현상학적 접근 방법은 결론적으로 말해 사회 현상의 인식 과정에서 '인식 주체'의 능동적 역할을 강조, '인식 객체'에 초점을 두어 '객관성'을 강조하는 (자연)과학적 방법의 한계를 밝혔다는 점에서 평가받을 수 있다. 그러나 접근 방법으로서의 현상학은 지나치게 '주관적'이고 모호하다는 비판 또한 받고 있다.

사회과학 분야에서는 하몬(Michael Harmon)에 의해 제시된 행위이론(action theory)이 현상학적 접근 방법을 활용하여, 인간 행위의 주관적 의미를 탐구한 이론이라고 하겠다. 그의 행위이론은 인간의 행위가 합목적적이고 의도적이며, 인간은 그들의 활동과 관련해서 그들 자신을 성찰할 수 있는 책임 있는 행위자임을 암시한다. 또한 주체와 객체 간의 상호작용 과정을 통해 사회적 조직은 창조되고 유지될 수 있으며,

[그림 2-2] 현상학적 접근 방법의 논리 구조

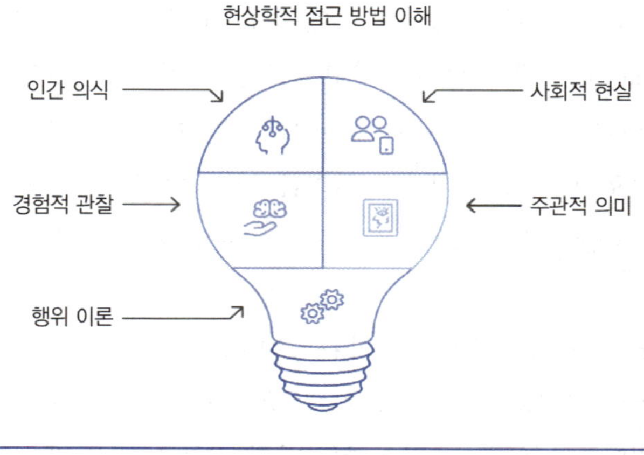

행위 지향적인 행정은 현실을 이해하고 공감할 수 있는 행위 지향적 개인들에 의해서만 가능하다는 것이다.

Tip

서구 행정 모델이 개발도상국에서 잘 작동하지 않는 원인은 각국의 사회적, 문화적, 경제적 환경이 다르기 때문이다. 생태론적 접근 방법은 이러한 환경적 차이를 분석하고 개선 방안을 모색하는 데 효과적이다.

과거 아프리카의 일부 국가에서 서구식 관료제를 도입했으나, 전통적인 부족 중심의 사회구조와 상충하여 효과적으로 운영되지 못한 사례가 있다. 이를 해결하기 위해 현지의 역사적 배경과 전통적 리더십 구조를 인정하고, 이를 행정 체제에 통합하려는 노력이 필요했다. 생태론적 접근 방법은 환경과 행정의 상호작용을 이용하는 데 유용한데, 이를 활용하여 개발도상국의 환경에 맞는 행정 체제를 설계하는 방안에 대해 토론해 보세요.

제3절 행정학의 주요 이론

1 행정학 건학기의 주요 행정이론

1) 정치 · 행정이원론과 정치 · 행정일원론

정치 · 행정이원론(政治 · 行政二元論, politics-administration dichotomy)은 정책결정 기능을 담당하는 정치와, 집행을 담당하는 행정은 명백히 구분된다는 초기 미국 행정학의 관점을 말한다. 이러한 입장을 기술적 행정학(技術的行政學)이라고도 부른다. 대표적 학자로는 윌슨(Woodrow Wilson)과 굿노(Frank J. Goodnow) 등을 들 수 있다.

이에 반해 정치 · 행정일원론(政治 · 行政一元論)은 행정도 정책결정 기능을 수행한다는 입장에서 정치와 행정은 하나라는 학문적 관점을 말한다. 1930년대 뉴딜(New Deal) 정책 이후 대두된 이 학설의 대표적 학자로는 가우스(J. M. Gaus), 디목(M.

E. Dimock), 화이트(L. D. White), 헤링(P. Herring), 애플비(Paul H. Appleby) 등이 있다. 기능적 행정학(機能的行政學)이라고도 한다(이종수, 2013c 참조).

전통적으로 민주주의 정치 체제에서 정치는 국민들의 의사를 수렴하는 '가치 개입적 행위'이며, 행정은 수렴된 의사를 실행에 옮기는 '가치중립적 행위'로 간주되어 왔다. 행정과 정치를 이런 식으로 구별하는 것은, 정치는 국민들에 의한 국가의 목표를 설정하는 과정이며, 행정은 설정된 목표를 달성하기 위한 효율적 수단을 모색하는 과정으로 보고 있기 때문이다.

정치와 행정을 이와 같이 명백히 구분하는 입장을 정치·행정이원론이라 한다. 19세기 후반 정치와 행정이 분리되지 않은 상황에서, 엽관제도(spoil system)의 폐해를 극복하고 행정의 능률성을 확보하기 위해 행정의 정체성을 관리 기술에서 찾은 정치·행정이원론의 주장은 당시의 시대적 상황에서는 상당한 설득력을 지녔었다(이종수 외, 2012).

그러나 1930년대의 뉴딜정책 이후, 화이트, 디목, 애플비 등은 행정의 전문화, 신속한 정책결정의 필요성 등으로 행정부가 정책결정에서 적극적인 역할을 수행할 수밖에 없다는 논거에서 이전의 정치·행정이원론을 비판하고 정치와 행정이 불가분의 관계에 있다는 정치·행정일원론을 제기했다.

2) 관료제론

관료제(官僚制, bureaucracy)는 '정부 관료집단' 또는 '대규모 조직(large organization)'을 의미하는 용어로 사용된다. 상황에 따라서는 그러한 집단 자체를 가리키는 용어로 사용되기도 하나, 다른 경우에는 정부 관료들의 일처리 방식과 조직 특성을 나타내는 의미로 사용되기도 한다. 이 경우 관료제는 많은 양의 업무를 법규에 따라 비정의적(非情誼的)으로 처리하는 특정한 형태의 대규모 분업 체제를 말한다.

관료제의 이념형(ideal type)은 베버(Max Weber)에 의해 정립되었다. 그는 18세기 이후 서구 사회의 근대화 과정에서 생성된 대규모 조직들의 공통된 특징을 통찰하고, 작업 능률을 극대화할 수 있는 합리적이고 이상적인 조직 형태로 관료제의 이념형을 제시한 것이다.

베버가 정립한 관료제는 그 합리성과 기술적 수월성으로 인해 현대 사회의 복잡한 문제들을 가장 잘 다룰 수 있는 효과적인 조직 형태로 인식되었다. 베버가 제시한 근대 관료제의 주요 특징은 다음과 같다.

법적 · 합리적 권한에 기초를 두는 관료제의 특성은 다음과 같이 규정될 수 있다(이종수, 2010).

(1) **법규에 의한 지배와 권한의 명확성**: 관료제 속의 모든 직위의 권한과 관할 범위는 법규(rules)에 의해 규정된다.

(2) **계층제 구조**: 관료제 조직의 구조는 계층제(hierarchy)로 구성된다.

(3) **문서주의**: 모든 업무는 구두가 아닌 문서에 의해 처리되어야 한다. 대규모 조직의 업무 처리는 책임성과 정확성을 확보하기 위해 문서에 의해 처리되어야 한다.

(4) **비정의적 업무 수행**: 관료들의 업무 수행은 비정의성(impersonality)을 지녀야 한다. 즉, 관료들은 법규 적용 등 임무 수행 시에 개인적 친분 관계나 상대방의 지위 등에 구애됨이 없이 공평무사하게 임해야 한다.

(5) **전문성**: 관료들은 기술적 자격(technical qualifications), 즉 전문성을 기준으로 채용되어야 한다.

(6) **전직성**: 공공 업무의 안정적 수행 및 사무에의 전념을 요구(demand the full working capacity)하기 위해 관료의 직업은 잠정적 · 임시적 직업이 아니라 일생 동안 종사하는 '생애의 직업(vocation)'이어야 한다.

(7) **항구성**[2]: 관료제의 조직 형성과 인사관리는 정부 업무의 안정적 수행을 위해, 항구성(恒久性, permanence)의 원칙에 의해 인도된다. 관료제는 임시조직(ad-hocracy)과는 달리 안정된 조직구조를 추구한다는 측면에서 항구성을 지향하며, 또한 정부조직에의 참여가 임시직이 아닌 '생애의 직업'으로 간주된다는 측면에서 항구성을 지향한다고 할 수 있다.

---

2) 항구성은 베버가 당초 이념형에서 제시한 관료제의 특성은 아니나, 탈관료제 모형을 모색한 피터스(B. Guy Peters) 등 후대의 학자들이 전통적 관료제의 특성으로 지적한다(이종수, 1999 참조).

이러한 전통적 관료제 모형은 조직 속의 개인이 상명하복의 엄격한 계서제 구조 속에 놓여 있음을 가정한다. 관료제의 원형이 된, 로마 시대 이래 군 조직의 제1 교의는 “이것을 하라, 그렇지 않으면 죽는다(Do this or die)”는 군율의 무자비함에 담겨 있다. 전통적으로 군 조직에서 장교들이 권총을 휴대하는 주요 이유 가운데 하나는 사병들이 ‘위험할 수도 있는 (작전) 명령’의 수행을 거부할 경우, 즉결 처분하기 위한 데 있다. 18세기 영국의 사학자 기번(Edward Gibbon, 1737~1794)이 『로마제국의 쇠망사(*The History of the Decline and Fall of the Roman Empire*)』(1776)에서 기술했듯이, “훌륭한 군인은 적병보다는 자신의 상관을 더 두려워해야 한다는 것이 로마 시대 이래의 금언”이다(이종수, 2012).

관료제 조직의 핵심 교의는 오늘날의 기업조직에서도 찾아볼 수 있다. 포드(Henry Ford, 1863~1947)는 “우리가 종업원에게 요구하는 것은 오로지 그들 앞에 놓인 과업을 수행하라”는 것이라고 간명하게 언급하고 있다. 포드의 이 말 속에 들어 있는 행간의 의미는 종업원들이 그들의 과업을 적절히 수행하지 못한다면 ‘해고되어야 한다’는 것이다(Shafritz et al., 2007: 251-252). 관료제 구조의 본질적 특징은 이와 같이 ‘상명하복의 엄격한 계서제 조직’이라는 데서 찾을 수 있다.

베버의 관료제 모형은 여러 가지 장점을 지닌다. 즉, 관료제는 법규에 의한 업무 처리를 통해 조직활동의 정확성 · 일관성 · 예측가능성을 제고할 수 있으며, 계층제에 입각하여 명령 · 복종 관계와 질서를 확립함으로써 대규모 조직과 인원, 그리고 작업을 효율적으로 관리할 수 있게 하고, 문서화의 원칙에 따라 직무 수행의 책임성 · 정확성을 제고할 수 있게 해주며, 비정의적 업무 처리를 통해 공평무사한 업무 처리를 기대할 수 있고, 전문성에 의해 능률성을 확보해주며, 전직성과 항구성에 의해 공공 업무의 안정적 처리를 가능하게 하는 등의 장점을 지닌다.

그러나 관료제에는 여러 가지 역기능이 따른다. 일반적으로 거론되는 관료병리(bureaupathology) 현상은 다음과 같다.

(1) **번문욕례**(red tape) · **형식주의**(formalism): 대규모 조직에서 문서에 의한 업무 처리를 하게 되면서 번거로운 관청 절차, 즉 번문욕례와 복잡한 날인 절차, 형식주의 등의 현상이 나타나게 된다.

(2) **동조과잉(overconformity)과 수단의 목표화**: 관료조직 속에서는 동조과잉 현상이 일어나기 쉬우며, 관료들이 목표가 아닌 수단으로서의 규칙 · 절차에 지나치게 집착함으로써 수단으로서의 규칙의 준수가 목표 달성보다 더 중시되는 목표-수단의 전도 현상이 나타난다.

(3) **무사안일주의**: 관료들은 보신을 위해 상관의 권위에 의존하면서 소극적으로 일을 처리하려는 경향성을 지닌다.

(4) **할거주의(sectionalism)**: 관료제에서는 자신이 소속되어 있는 기관 · 부처 · 국 · 과만을 중요하게 생각하고 다른 기관과 부서에 대한 배려가 없어 결과적으로 횡적인 조정 · 협조가 어렵게 되는 문제점이 나타난다.

(5) **전문화로 인한 무능(trained incapacity)**: 관료제는 직원의 전문성을 중시하는 바, 일반적으로 전문가들은 한정된 분야의 전문성을 지니고 있어 시야가 좁을 뿐만 아니라 생각이나 이해의 신축성이 적어 폭넓은 관리자로서 부적합하게 된다고 할 수 있다.

(6) **변동에 대한 저항**: 관료제는 본질적으로 보수주의적 · 현상 유지적 특징을 지니고 있어 변동에 대한 적응성이 결여되어 있다.

(7) **무능력자의 승진**: 이른바 피터의 원리(Peter principle)[3]가 지적하듯이, 계층제적 관료조직의 구성원은 각자의 능력을 넘는 수준까지 승진하게 되는 경향이 있다(Peter & Hall, 1969: 8). 이러한 현상은 현 직위에서 거둔 업무 성과(job performance)에 대한 보상으로 승진을 시켜주는 관행 때문에 일어난다. 그러나 승진된 자리에서 요구되는 역량은 현 직위에서 요구되는 역량과 그 성질이 다르다고 할 수 있다(이종수, 2010).

---

3) 피터의 원리("In a hierarchy every employee tends to rise to his level of incompetence")로부터 이끌어낼 수 있는 교훈은 현 직위에서 거둔 업무 성과에 대해서는 '승진'이 아니라 '보수 인상(pay raise)'을 보상으로 제공해야 하며, 승진은 현 직위에서의 '근무실적'보다는 '직무 수행 능력'과 같은 잠재적 역량을 나타내는 평정 요소에 대한 평가를 기준으로 해야 한다는 점이라고 하겠다(이종수, 2009c. 『행정학사전』 참조).

3) 과학적 관리론

과학적 관리론을 창시한 테일러(Frederik W. Taylor)는 관리에 대해 과학적 조사, 연구, 실험 등을 통해 업무의 능률성을 극대화시킬 수 있다고 믿었다. 그는 이러한 신념에 근거하여 작업장에서 수집한 자료를 객관적으로 분석해 보면, 일 또는 작업(work)을 조직화할 수 있는 최선의 방법을 찾아 낼 수 있다고 생각했다.

테일러의 과학적 관리의 원칙을 요약하면 다음과 같다. 그는 이것을 '관리진의 임무(duties of management)'로 불렀다(Shafritz et al., 2007: 235; Rosenbloom & Kravchuk, 2005: 149의 내용을 필자가 재구성).

(1) 주먹구구 방식(rule-of-thumb method)의 전통적인 작업 수행 방법을 체계적이고 과학적인 방법으로 대체할 것. 특정 과업을 수행하는 최선의 유일한 방법은 시간-동작 연구(time-and-motion studies)를 통해 발견할 수 있다.

(2) 조직구성원을 과학적으로 선발하고 능력을 발전시켜 적재적소에 배치할 것

(3) 근로자들에게는 과학적으로 동기가 부여되어야 한다. 테일러는 작업량에 따라 보수를 지급하는 성과급(piece-rate pay plan)을 강조했다. 즉, 생산성을 높이기 위해 '경제적인 유인'을 주된 지렛대로 활용할 것을 주창한 것이다.

(4) 관리자가 작업 과정과 일의 흐름을 설계할 때 더한 책임감을 갖도록, 관리자와 근로자의 역할과 책임 간에 논리적 분배가 이뤄져야 한다.

테일러의 과학적 관리론은 현대 조직이론의 초석을 제공했다는 점에서 크게 공헌했다. 그러나 인간의 '사회적 성격'은 무시하고, 조직 내 개인을 경제적 보상에 의해서만 움직이는 '경제적 존재'로 파악, 인간을 조직에 종속적인 부속품으로 간주한 점 등은 비판을 면하기 어렵다.

일부 학자들은 관료제론과 과학적 관리론 등을 고전적 조직이론으로 범주화한다. 이들 고전적 조직이론은 조직을 하나의 기계와 같이 보는 기계적 관점(mechanical view)을 대표, 조직구성원을 기계의 부속품과 같이 다루는 비인간적 조직관리 방식을 처방했다는 비판을 받고 있다. 고전적 조직이론은 또한 구성원의 동기 유발

을 위한 효과적 수단으로 경제적 유인(economic incentive)을 처방했으며, 조직을 환경과 교호작용을 하지 않는 폐쇄 체제(closed system)로 보았다는 특징을 지닌다.

4) 인간관계론

과학적 관리론에 대한 반명제(反命題)로 등장한 인간관계론(人間關係論, human relations approach)은 조직 내 인간의 '사회적 관계'의 중요성을 밝힌 이론이다. 인간관계론은 당초 과학적 관리론의 가정, 즉 작업 환경 및 임금에 의한 유인 등이 근로자의 능률성 향상에 미치는 영향을 확인하기 위한 호손 실험(Hawthorne experiment, 1927~1932년)에서 비롯되었다. 그러나 이 실험에서 예상과는 달리 작업환경과 임금에 의한 유인 등이 능률성에 독립적인 효과를 미친다기보다는 단지 전체 상황의 일부에 불과하며, 오히려 '인간관계'가 직원들의 사기와 생산성에 큰 영향을 미친다는 사실이 밝혀졌다.

인간관계론의 요지는 (1) 조직구성원의 생산성은 생리적 · 경제적 유인으로만 자극받는 것이 아니라 '사회 · 심리적 요인'에 의해서도 크게 영향을 받는다는 점과, (2) 이러한 비경제적 보상을 위해서는 대인 관계 · 비공식적 자생집단 등을 통한 '사회 · 심리적 욕구의 충족'이 중요하며, (3) 이를 위해서는 조직 내에서의 의사전달 · 참여가 존중되어야 한다는 것이다.

고전적 조직이론에서 도외시한 조직 내 구성원의 '사회적 관계'를 조직활동의 중요한 요소로 간주하여 '인간 중심적 관리'를 주창한 인간관계론은 현대 조직이론의 발전에 지대한 영향을 미쳤다. 특히 조직 내 인간의 가치를 발견하고 조직구성원 개개인의 참여를 유도, 조직과 개인의 통합을 통해 조직 성과를 높이려 한 점은 새로운 조직관리 방향을 제시했다는 점에서 높이 평가받고 있다.

그러나 인간관계론은 조직구성원 개개인의 사기(morale)와 사회적 관계, 즉 인간적 관계(interpersonal relationships)를 지나치게 중시한 나머지 '조직의 목표' 자체를 소홀히 다뤘으며, 여전히 조직을 폐쇄 체제(closed system)로 인식하여 조직과 환경과의 관계를 제대로 취급하지 않았다는 비판을 받고 있다. 그리고 인간관계론이 '인간적 가치'를 중시하여 조직구성원의 욕구 충족을 지향한다고는 하나 그것은 어디까지나 조직의 생산성 향상을 위한 수단으로 다뤄졌다는 한계를 지적받기도 한다. 저명한 사회학자 벨(Daniel Bell)이 인간관계론을 '젖소사회학(cow sociology)'으로 매도한 이유가 여기에 있다.

2 20세기 전반기의 주요 행정이론

1) (행정)생태론

(행정)생태론은 행정 현상 해명의 핵심 개념을 행정의 '생태(ecology)', 즉 사회적・문화적 환경으로 인식하고 있다. 즉, (행정)생태론자들은 서구의 행정제도가 후진국에서 잘 작동되지 않는 이유는 사회・문화적 환경이 서로 다르기 때문이라고 본다.

행정학 분야에서는 가우스(J. M. Gaus)와 리그스(F. W. Riggs) 등이 생태론적 접근 방법을 활용하여 각국 행정 현상의 특성을 설명하고자 했다. 정치학, 문화인류학 등에서 발전된 생태론적 접근 방법을 행정학에 도입한 가우스는 행정에 영향을 미치는 환경적 요인으로 국민, 장소, 과학 기술, 욕구와 사조, 재난, 그리고 개성 등 일곱 가지를 제시했다. 행정 현상 연구에서 환경의 중요성을 강조한 또 다른 학자는 리그스다. 그는 행정의 환경 변수로 경제적 기초, 사회구조, 이념적 요인, 통신 및 정치체제 등 다섯 가지를 선정하고, 이들 환경 요소가 농업사회(agraria)와 산업사회(industria)의 행정에 각각 어떠한 영향을 미치는가를 설명하고자 했다(이종수, 2013b).

조직이론 분야에서 생태론적 접근 방법을 조직 현상 해명에 적용한 이론으로는 조직군생태론(population-ecology or natural-selection theory)과 자원의존이론(resource-dependence theory)을 들 수 있다. 조직군생태론은 조직을 환경의 영향을 받는 피동적 존재로 규정하여, 환경적 요인들이 가장 적합한 조직 특성들을 선택한다고 본다. 이에 비해 자원의존이론은 조직과 환경의 관계에서 조직의 주도적・능동적 역할을 강조한다. 즉, 자원의존이론은, 조직은 환경에 수동적으로 적응만 하는 것이 아니라 환경적 영향에 적극적으로 대처하여 조직에 유리하도록 환경을 전략적으로 선택(strategic choice)하는 것으로 본다.

(행정)생태론은 후진국의 행정 현상을 설명하는 데 크게 기여했으며, 행정의 보편적 이론보다는 중범위이론(middle range theory)의 구축에 자극을 주어 행정학의 과학화에 기여했다. 그러나 생태론은 행정을 환경적 요소에 의해 영향을 받는 것으로만 보아 환경에 대한 행정의 적극적이고 주체적인 역할을 경시했다는 비판을 받고 있다. 그뿐만 아니라 생태론에 입각한 연구들은 행정 현상을 환경과 관련시켜 진단과 설명은 잘 하지만, 행정이 추구해야 할 목표나 방향을 제시하지 못하고 있다는 비판도 받고 있다(이종수, 2013b).

2) (행정)행태론

(행정)행태론자들은 행정 현상을 연구할 때, 법률이나 제도 또는 환경보다는 행정인의 행태에 초점을 맞춰야 한다고 주장한다. 그들은, 즉 행정학의 주된 관심사가 되어야 하는 것은 정치·행정제도 내의 행정인의 행위나 활동이라는 것이다. (행정)행태론자들은 연구에 필요할 경우에는 역사적 자료를 이용하기도 하며 법률적 측면이나 제도적 측면의 연구도 하나, 항상 연구의 초점은 행정 행태로 모아져야 한다고 주장한다(이종수, 2013b).

행정학 분야에서 행태론은 1945년 사이먼의 『행정행태론』이 출판된 뒤 크게 발전되었다. 그는 행정 현상에 대한 경험적 연구와 방법론적 엄격성을 통해 행정학의 과학화를 기할 수 있다고 보았다. 특히 그는 행정 현상을 의사결정 과정으로 파악, 의사결정에 관한 과학적 연구가 행정학 연구의 핵심이라고 보았다.

그러나 1960년대 중반부터 탈행태주의(post-behavioralism) 사조가 등장, 행태론이 많은 비판을 받기 시작했다. 탈행태주의자들은 사회과학자가 과학적 방법을 적용할 수 있는 것만을 연구 대상으로 삼기보다는, 그 사회의 급박한 문제를 연구 대상으로 삼아서 연구 결과가 그 사회의 개선에 기여할 수 있는 적실성 있는 연구가 이뤄져야 한다고 주장했다. 또한 사회과학자들은 연구 결과를 단순히 발표함으로써 끝나는 것이 아니라 그 연구 결과가 정책을 통해서 구현되도록 해야 한다는 것이다. 그래서 사회를 개혁하는 데 관여하는 것이 정치·행정학자들의 임무라는 것이다.

행태주의에 대한 탈행태주의의 비판 내용은 다음과 같다. (1) 행태주의는 인간의 외면적인 객관적 행태를 관찰하고 설명하지만 그 행태 이면의 진정한 의미를 파악하지 못한다. (2) 객관적으로 존재하는 사실의 세계만을 다루게 되므로 경험적 보수주의에 빠진다. (3) 사회과학 분야에서 가치와 사실을 분리시키고 가치판단을 배제하는 것은 적절하지 않다. (4) 본질이나 실체의 파악은 연구 방법보다 중요하며, 따라서 사회문제의 핵심을 파악하는 것이 도구적인 연구 방법보다 중시되어야 한다. (5) 지식인은 사회문제를 해결하는 데 자신의 지식을 적극적으로 활용해야 한다. (6) 행태주의에 입각한 연구들은 사소한 문제에만 관심을 집중시키고 급박한 사회적 문제는 소홀히 하고 있다(이종수 외, 2012).

행정학 분야에서 탈행태주의 운동은, 후술할 신행정론자들에 의해 주로 추구되었다.

3 20세기 후반기의 주요 행정이론

1) 비교행정론

비교행정(comparative administration)은 각국 행정에 대한 문화횡단적(cross-cultural) 비교 연구를 통해 일반화된 행정이론을 개발하기 위한 행정학 연구의 한 운동이라고 할 수 있다. 비교행정의 접근 방법은 여러 학자에 의해 다양하게 범주화되었다. 리그스는 비교행정 연구 방법의 경향이 규범적 접근(normative approach)에서 경험적 접근(empirical approach)으로, 개별례적 접근(idiographic approach)에서 일반 법칙적 접근(nomothetic approach)으로, 비생태론적 접근(nonecological approach)에서 생태론적 접근(ecological approach)으로 전환되고 있다고 지적하며, 비교행정의 연구는 경험적・일반법칙적 연구에 국한되어야 한다고 주장했다.

비교행정론은 제2차 세계대전 이후 미・소 냉전 상황에서 서방 진영 개발도상국에 대한 미국의 기술 원조라는 국제정치적 필요성과 행정학의 과학화라는 학문적 필요성에 의해 발전되었다. 즉, 비교행정 연구는 냉전 체제에서 미국이 발전도상 국가를 대상으로 공산주의의 침식을 방지하기 위해 경제 원조를 시작했으나 이들 국가의 행정 능력이 낮아 원조 효과를 충분히 거두지 못하게 되자, 기술 원조 제공의 일환으로 발전도상 국가의 행정 문제를 연구하게 되면서 비교행정이 발전하게 되었다.

다른 한편으로 비교행정 연구는 미국 행정학의 문화 기속적 속성의 한계가 드러나면서, 선후진국을 막론하고 보편타당성을 지니는 행정학 이론의 개발과 행정학의 과학화라는 학문적 요청에 의해 발전되었다.

비교행정 연구는 미국의 대외원조가 감소하고 비교행정연구회에 대한 포드재단의 재정 지원이 종료된 1971년 이후에는 곧바로 시들어버렸다.

리그스의 '프리즘적 사랑방 모형(prismatic sala model)'은 비교행정 연구의 대표적인 성과 가운데 하나로 꼽힌다.

2) 발전행정론

발전행정(development administration)은 발전도상국의 국가 발전을 위한 전략과, 국가 발전 추진 체제로서 행정 체제의 발전 문제를 연구하는 행정학의 연구 지향을 말한다. 발전도상국의 국가발전사업을 지원하기 위한 목적으로 연구되기 시작한 발전행정론은 1950년대 비교행정론의 한 분과로 출발했으며, 1960년대에 크게 확산되었으나 1970년대 이후 위축되었다.

리그스에 따르면, 발전행정은 국가발전정책의 수립, 추진 및 관리(administration of development)와 이를 주도해 갈 행정의 발전(development of administration)을 의미한다. 와이드너(E. Weidner)는 발전행정을 "국가의 정치 · 경제 · 사회적 목표 달성을 위해 정부조직을 이끌어가는 과정"으로 정의하며, 또한 갠트(G. Gant)[4]는 "사회 · 경제적 발전을 촉진, 활성화하기 위해 국가발전계획을 수립하고 공공기관을 조직, 관리하는 것"으로 정의하고 있다. 이러한 발전행정은 정부 주도의 사회 변동, 경제 발전 및 지역 개발 등의 필요성에 부합하여 1970년대에 한국 행정학자들의 많은 관심을 끌었다.

---

4) 발전행정이라는 용어는 포드재단의 일원이었던 갠트가 1956년 발전행정의 유용성을 제안하면서 국제적으로 통용되기 시작했다(Gant, 1979).

발전행정은 국가사회 발전을 주도적으로 이끌어 갈 행정인의 창의적 · 쇄신적 능력을 중시하고, 행정을 독립변수로 간주해 행정의 적극적 기능을 강조한다는 점에서 행정상태론과 대비된다. 발전행정론의 특성은 다음과 같이 요약할 수 있다(김태룡, 2010: 253-254). 발전행정론은 행정인의 정책결정 능력 향상을 중시하며, 행정 이념으로서의 효과성을 중시하고, 발전 지향성 · 창업가 정신 · 성취 욕구를 지닌 발전행정인의 독립 변수적 역할을 인정한다.

3) 신행정론

신행정론(新行政論, new public administration)은 1960년대 말 일단의 미국의 젊은 행정학자들이 기존 행정학의 학문 방법과 개념, 연구의 적실성 등을 비판하면서 일으킨 새로운 학문 지향을 말한다. 신행정론은 행태론의 인식론적 근거를 이루는 논리실증주의 및 행태론적 학문 자세를 비판하고 당시의 사회문제를 해결하기 위해서는 현실적합성(relevance)과 실천성(action)을 갖는 처방적 학문이 필요하다는 점을 강조했다. 신행정론의 특징으로는 적실성 있는 행정학의 추구, 실증주의로부터의 이탈과 가치 및 규범의 중시, 사회적 형평의 추구, 능동적 행정인과 고객에 대한 관심 등을 들 수 있다.

신행정론은 1968년 9월 미국 시러큐스대학 미노브루크(Minnowbrook) 기념관에 왈도(Dwight Waldo) 교수 주관 하에 모인 일단의 소장 학자와 실무가들의 모임에서 태동했다. 이 회의에서 그들은 적실성(relevance), 참여(participation), 변화(change), 가치(values), 사회적 형평성(social equity) 등에 기초한 행정학의 독자적 주체성을 강조했다. 신행정학 운동은 행정학의 실천적 성격과 적실성을 회복하기 위해 정책 지향적 연구를 요구했으며, 전문직업주의, 가치중립적인 관리론에 대한 집착을 비판하면서 민주적 가치 규범에 입각하여 분권화, 고객에 의한 통제(client control), 가치에 대한 합의 등을 강조했다. 이와 같이 신행정론은 정통 행정학의 능률지상주의를 탈피하여 사회적 형평, 민주적 가치, 인본주의에 입각한 능동적 행정, 고객 중심 행정을 주창하면서 탈관료제 조직 설계 대안을 제시했다. 이들은 특히 논리실증주의에 인식론적 근거를 둔 행태주의 방법론을 비판했다는 점에서 행정학 분야에서 대두된 탈행태주의 운동으로 볼 수 있다.

신행정론은 가치중립적이기보다는 규범적이며, 기술적이기보다는 처방적이고, 제도 지향적이기보다는 고객 지향적인 행정과 행정학을 강조했다. 신행정론에서는 행정의 정책결정 기능을 적극적으로 요청하면서도, 이의 관료주의화를 견제하기 위해 이념으로서의 형평성을 강조하고 시민의 참여를 강조하였다. 신행정론의 지적 전통은 1980년대를 전후하여 등장한 비판행정학으로 이어졌다.

4) 행정체제론

행정체제론은 행정 현상을 체제적 접근 방법(system approach)을 통해 이해하고자 하는 이론 지향을 말한다.

정치 현상을 이해하는 데 체제적 접근 방법을 적용한 대표적 학자는 이스턴(David Easton)과 샤칸스키(Ira Sharkansky)다. 이스턴은 체제적 접근 방법에서 '투입(input)'이라는 '빈 개념'을 '정치적 요구(demand)와 지지(support)'라는, 경험적 준거(empirical referents)를 갖는 구체적 개념으로 치환한 '정치체제론'을 발전시켰다. 그는 정치・행정체제는 환경으로부터 요구(demand)와 지지(support)를 투입받아 암상자(black box) 속에서의 전환 과정을 거쳐 정책을 산출하고, 이것이 다시 환류되어 새로운 투입이 일어나게 된다고 설명한다.

이스턴은 환경을 사회 내적 환경과 사회 외적 환경으로 나누고, 정치 체제의 구성 요소를 '당국자(authorities)'로 표현한, [그림 2-3]과 같은 정치 체제의 동태 모형을 통해 환경의 요구 투입이 당국자들에 의해 산출로 변환되는 과정을 설명하고 있다(이종수, 2008). 행정학자들은 이스턴이 제시한 정치 체제 모형을 행정 체제로 치환하여, 정책 형상을 설명하는 도구로 활용하고 있다.

이러한 정치・행정체제론은 행정 현상의 전체(wholeness)를 잘 조망하게 해준다는 장점을 지니나, 다양한 비판도 받고 있다. 그 비판으로는 (1) 체제론은 정태성과 현상 유지적 성격을 띠고 있어 정치 사회의 변화나 발전을 잘 설명하지 못한다는 것이다. (2) 체제론은 행정과 환경과의 교호작용을 강조하지만, 특히 발전도상국이나 후진국의 경우 행정의 환경에 대한 독립변수적인 성격을 충분히 설명하지 못한다는

[그림 2-3] 정치 체제의 동태적 반응 모형

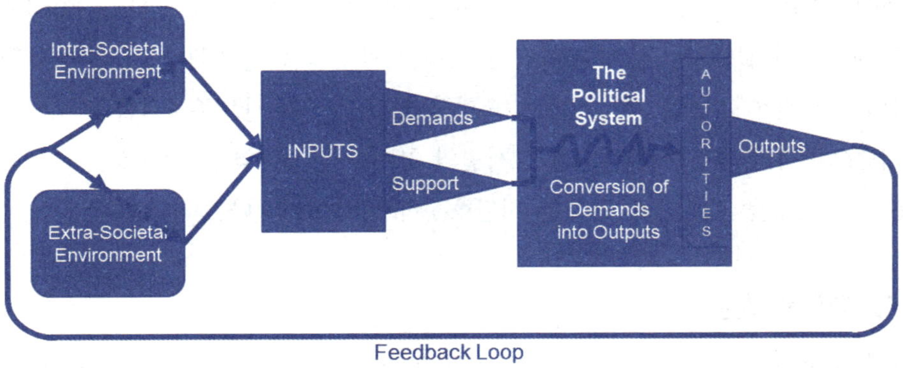

자료: Easton(1965: 110).

것이다. 따라서 급격한 변동의 소용돌이 속에 있는 발전도상국의 행정보다는 안정적인 선진국의 행정 현상을 연구하는 데 적합한 접근 방법이라는 것이다. (3) 체제론은 거시적 접근 방법이므로 체제의 전체적인 국면은 잘 다루고 있으나 체제의 구체적인 운영이나 행태적인 측면은 잘 다루지 못한다는 것이다. (4) 정치·행정 현상에서 특수한 인물의 성격, 개성, 리더십 등이 큰 비중을 차지하는 경우 이를 과소평가하기 쉬우며, 행정 현상에서 중요한 권력, 의사전달, 정책결정 등의 문제나 혹은 행정의 가치 문제를 고려하지 못한다는 것이다(이종수 외, 2011).

5) 공공선택론

공공선택론(public choice theory)은 정부를 공공재(public goods and services)의 생산자로, 그리고 시민을 공공재의 소비자로 규정하고, 시민의 편익을 극대화하기 위해서는 경쟁을 통해 공공서비스를 생산·공급하게 한 뒤 시민, 즉 공공(public)이 선택토록 하면 된다는 이론을 말한다.

공공선택론적 접근은 1986년 노벨경제학상을 수상한 뷰캐넌(James Buchanan)을 비롯한 경제학자들과 수학자들에 의해 창시되었다. 행정학 분야에서 이 접근 방법을 도입 발전시킨 학자는 오스트롬 부부(Vincent Ostrom & Elinor Ostrom)다. 빈센트 오스트롬은 윌슨 이후의 전통적인 행정이론을 윌슨류의 패러다임이라고 지칭하고, 새로운 접근 방법으로서의 공공선택론을 민주적 패러다임이라고 주장했다(Ostrom, 1974: 44-48).

공공선택론은 다음과 같은 기본적인 가정을 바탕으로 하고 있다. (1) 방법론적 개체주의(methodological individualism)의 입장에 따라 개인을 분석의 기본 단위로 삼는다. 이러한 개인은 경제적 합리적 존재로 자기이익 추구적이라고 가정된다. (2) 개인들은 공공재를 최소의 비용으로 향유하려고 하기 때문에 공동으로 사용하게 될 재화와 용역의 공급과 개선에는 개인들이 자발적인 의욕을 보이지는 않을 것이라고 가정한다. (3) 공공재의 효율적인 공급과 생산을 위해서는 제도적 장치의 마련을 통해서 가능하다고 가정한다. 전통적인 정부관료제 조직은 공공서비스의 공급과 생산에 적합한 제도적 장치가 되지 못하는 바, 정부의 각 수준에 맞는 분권적이고 다양한 규모의 제도적 장치가 마련되어야 한다고 주장한다.

공공선택론에 대해서는 다음과 같은 비판이 제기되고 있다. (1) 공공선택론은 현실 세계가 전적으로 효용 극대화를 추구하는 개인들로 구성되었다고 보나, 이러한 가정은 현실적이지 못하다(Golembiewski, 1977). (2) 자유시장의 논리를 공공부문에 도입하려는 이 접근 방법은 시장실패라는 나름의 고유한 한계를 안고 있다. (3) 경쟁시장의 논리는 그 자체가 현상 유지와 균형이론에 입각해 있는 바, 공공선택론에 기초를 둔 처방책이 현실적합성이 높지 않다는 것이다(이종수 외, 2012).

6) 신공공관리론

1980년대 이후 영미 국가들을 중심으로 등장한 '신공공관리론(new public management)'은 '시장주의'와 '신관리주의'를 결합하여 전통적인 관료제 패러다임의 한계를 극복하고 작은 정부를 구현하기 위해 개발된 정부 운영 및 개혁에 관한 이론이다.

신공공관리론의 한 축을 구성하는 시장주의는 시장의 가격 메커니즘과 경쟁 원리를 활용한 공공서비스 제공, 그리고 고객 지향적인 공공서비스 제공을 중시한다. 신공공관리론에서는 따라서 수익자 부담 원칙의 강화, 민간부문의 경쟁 원리를 활용한 공공서비스의 제공을 위해 민간위탁 · 민영화의 확대, 정부부문 내 경쟁 원리 도입, 규제 완화 등을 행정개혁의 방향으로 제시하고 있다. 신공공관리론에서는 또한 고객주의에 의거하여 고객이 가치를 부여하는 결과의 산출, 서비스의 질 관리, 고객에 대한 서비스 선택권 부여 등을 강조하고 있다.

신공공관리론의 또 하나의 축인 신관리주의(new managerialism)는 기업의 경영 원리와 관리 기법들을 행정에 도입·접목하여 정부의 성과 향상과 관리의 효율성 제고를 꾀하고자 한다. 신공공관리론은 민간부문의 경영 기법을 도입함으로써 효과적이고 대응적인 정부를 구현할 수 있다고 주장한다. 즉, 정부는 기업과 같이 운영되어야 하며, 관료는 공공 기업가(public entrepreneurs)가 되어야 한다는 것이다. 이와 관련하여 기업가 정신, 성과 지향적 관리, 권한 이양(empowerment), 품질관리 기법, 유인(incentive) 메커니즘, 마케팅 기법, 고객만족 경영 기법 등을 행정에 도입할 것을 주장한다.

폴릿(Pollitt, 1995: 133)은 신공공관리의 다양한 구성 요소와 기법을 '장바구니'에 비유하면서 그 특성을 다음과 같이 범주화했다. (1) 시장 원칙, (2) 공공서비스의 분권화 및 분할, (3) 민간부문의 관리 기법, (4) 정치와 행정의 명확한 분리와 관리상의 높은 자율성을 행정에 부여, (5) 산출 및 성과를 핵심 요소로 규정하는 결과의 강조(Hammerschmid & Meyer, 2005: 711; Schedler & Proeller, 2002; Reichard, 1996; Pollitt, 1995; Hood, 1991 등 참조).

1980년대 이래 세계 각국에서는 기업식 관리 기법의 도입, 성과관리, 민영화, 규제 완화, 준자율적 단일 목표 기관(singlepurpose organization)의 창설 등 공공부문의 능률성 제고를 위한 급진적인 여러 개혁 조치를 통해 공공부문의 효율성을 제고하는 데 적지 않게 기여했다. 그러나 아직도 신공공관리론에 대해서는 이론적 체계와 엄밀성이 부족하다는 비판이 제기되기도 하며, 이론의 이면에 자리잡고 있는 신자유주의 이데올로기에 대한 문제점도 지적되고 있다. 즉, 신공공관리론은 시장과 민간부문을 지나치게 이상화하는 반면, 정부와 관료제를 지나치게 폄하함으로써 민주행정 및 책임행정의 지향성과 갈등을 야기할 가능성이 많다는 것이다(안병영, 2000: 20-21). 또한 신공공관리론은 정부의 정체성을 무시하고 정부와 기업을 동일시하여 기업 경영 원리와 기법을 그대로 정부에 이식하려 한다는 비판도 제기되고 있다.

일단의 행정학자들은 신공공관리론에 대한 이러한 비판적 관점에 기반하여 신공공관리 개혁의 부작용 및 한계를 보완하기 위한 반작용적(reactive) 또는 사전적(pro-active) 조치들을 탈신공공관리(post-NPM)로 개념화하고 있다(이종수, 2013b).

크리스텐센(Tom Christensen)과 래그레이드(Per Lægreid)는 공공조직의 기관화(agen-cification)와 규제 개혁 및 자율화 문제를 다룬 『자율과 규제(*Autonomy and Regulation*)』(2006)에서 개혁 추진 중에 나타나는 가치 간의 균형 이동 가운데, 특히 신공공관리의 주된 수단인 규제 개혁과 행정기관 개혁을 추진한 국가에서 재규제화, 재집권화, 구조 통합 등 신공공관리 개혁과 거꾸로 된 움직임, 즉 탈신공공관리 현상이 나타나는 점에 주목했다. 즉, 그들은 규제 완화가 실제로 재규제(reregulation)를 다시 초래하게 되고, 통합된 중앙부처 모형(integrated ministerial model)을 다양한 단일 목적 기관으로 분절화시킨 기관화 개혁이 중심기관(centre)의 필요성을 다시 주창하게 만들었다는 점을 지적한다.

탈신공공관리의 주요 아이디어는 다음과 같이 정리될 수 있다(Jun, 2009: 163).

(1) 구조적 통합(structural integration)을 통한 분절(fragmentation)화의 축소
(2) 재집권화(fragmentation)와 재규제(re-regulation)의 주창
(3) 총체적 정부(whole-of-government) 또는 합체된 정부(joined-up government)의 주도
(4) 역할 모호성의 제거 및 명확한 역할 관계의 안출(案出)
(5) 민간-공공부문의 파트너십(private-public partnerships)

Tip

영국의 '작은 정부'운동은 신공공관리론의 대표적인 사례로, 공공서비스의 민영화와 경쟁 도입을 통해 효율성을 확보하는 것을 목표로 했다. 하지만 영국의 철도 민영화는 비용 절감과 서비스 개선을 목표로 했으나, 이윤 추구로 인해 안전문제 및 서비스 품질 저하의 문제가 발생하게 되었다. 이는 공공성과 효율성 간의 균형문제를 부각시키는 대표적인 사례이다.

이와 같이 신공공관리론은 효율성을 추구하는 반면, 공공성 저하와 같은 부작용이 따를 수 있다. 이를 보완하기 위해 공공서비스 본연의 목적을 유지하며 효율성을 확보하는 방안에 대해 토론해 보세요.

(6) 집권화(centralization), 역량(capacity) 및 조정(coordination)의 증대

(7) 중앙의 정치적 · 행정적 역량의 강화

(8) 환경적 · 역사적 · 문화적 요소에의 유의

7) 신공공서비스론

신공공관리론에 대한 반명제로 대두된 신공공서비스(new public service)론은 기업가 정신보다 시민권(citizenship)을 강조하고, '방향잡기(steering)'를 통해 시민을 통제하기보다 시민에 대한 '공공서비스 제공'을 강조하는 이론 지향을 말한다. 신공공서비스론자들은 정부의 역할은 신공공관리론에서와 같이 기술적 · 경제적 합리성(technical and economic rationality)을 강조하고 시장 메커니즘에 의지하는 '방향잡기'에 그칠 것이 아니라, 정치적 합리성까지 고려하는 전략적 합리성(strategic rationality)에 기반하여 시민과 지역사회의 이익을 중재하고 공유 가치를 창출하는 '서비스 제공'에 초점을 두어야 한다고 강조한다.

신공공서비스론이 신공공관리론과 크게 다른 점은 행정의 역할이 공공서비스를 제공해야 하는 데 있음을 강조한다는 점이다. 즉, 신공공서비스론은 관료의 기본 역할이 사회의 방향을 설정하고(steering) 통제하는 데 있는 것이 아니라 시민이 그들의 공유된 이익을 표출하여 충족시킬 수 있도록 도와주는 데 있음을 강조한다(Denhardt & Denhardt, 2000: 549). 신공공서비스론의 주창자들은, 행정가가 책임져야 하는 것은 행정 업무 수행에서의 '효율성'이라기보다는 모든 사람에게 "더 나은 생활을 보장하는 것"이라고 주장한다(Denhardt & Denhardt, 2003). 따라서 관료는 시민이 담론을 통해 공유된 가치(shared value)를 표명하도록 하고, 지역사회가 직면하고 있는 문제를 해결하는 과정에서 협상과 중재의 기능을 담당해야 한다는 것이다(Denhardt & Denhardt, 2000; 김태룡, 2010: 312-313). 신공공서비스론자들은 또한 관료가 대응적이어야 할 상대는 '고객(customers)'이 아니라 '시민(citizen)'이어야 한다는 점을 강조한다(이종수, 2013b).

신공공서비스론에서는 다음과 같은 일곱 가지의 기본 원칙을 제시한다(Denhardt & Denhardt, 2000: 553-556).

(1) '방향잡기'보다 '봉사'하라(Serve, rather than steer). 관료의 역할의 중요성은 사회의 새로운 방향을 잡고 통제하는 데 있는 것이 아니라, 시민들로 하여금 그들의 공유된 가치를 표명하고 그것을 충족시킬 수 있도록 도와주는 데 있다.

(2) 공익은 부산물이 아니라 목표다(The public interest is the aim, not the by-product). 관료는 공익이라는 공유된 이익과 공유된 책임을 창출하는 데 기여해야 한다.

(3) 전략적으로 생각하고 민주적으로 행동하라(Think strategically, act democratically). 공공의 욕구를 충족시키기 위한 정책은 집합적 노력과 협력적 과정을 통해 가장 효과적으로, 그리고 가장 확실하게 달성될 수 있다.

(4) 고객이 아닌 시민에 봉사하라(Serve citizens, not customers). 공익은 개별적 사익의 합계가 아닌 공유가치에 관한 담론을 통해 도출된다. 따라서 관료들은 '고객'의 요구에 단순히 대응할 것이 아니라, '시민'과 함께, 그리고 시민 사이의 협력과 신뢰의 관계를 구축하는 데 초점을 두어야 한다.

(5) 관료들의 책임성은 단순하지 않다(Accountability isn't simple). 관료들은 시장에만 주의를 기울여서는 안 되며, 헌법과 법률, 지역사회의 가치, 정치적 규범, 행정관의 전문직업적 기준, 시민적 이익에도 관심을 기울여야 한다.

(6) 생산성이 아니라 '사람'의 가치를 존중하라(Value people, not just productivity). 공공조직과 그 네트워크는 장기적 안목에서 보면 모든 사람을 존중하는 바탕 위에서 공유된 리더십과 협력의 과정을 통해 작동될 때 성공할 수 있다.

(7) 기업가 정신보다는 시민 의식과 공공서비스의 가치를 존중하라(Value citizenship and public service above entrepreneurship). 공익은 공공자금을 그들 자신의 것인 양 다루는 기업가적 관료에 의해 확보되기보다는 사회에 대해 의미있는 기여를 하는 시민과 관료들에 의해 더 잘 증진될 수 있다.

8) 뉴거버넌스론

거버넌스(governance)는 국정관리 체계(國政管理體系), 공치(共治), 협치(協治) 등의 용어로 번역되거나 그냥 거버넌스로 음역하여 사용되기도 한다. '정부로부터 거버넌스로(from government to governance)'라는 금언이 대변해 주듯이 '거버넌스'는 일방적・계층제적 통치를 의미하는 '정부(government)'와 대비되는 개념이다. 거버넌스는 넓은 의미에서 일반적인 국정관리 체계를 가리키는 말로도 사용되며, 다른 한편으로 특별하게 '네트워크식 국정관리 체계'만을 지칭하는 의미로 상호 교호적으로 사용됨으로써 혼란이 초래된다. 여기서는 제1장에서 언급했듯이 거버넌스의 개념을, 공공문제 해결 기제로서 정부와 시민사회 간의 파트너십 및 네트워크를 강조하는 관점을 가리키는 말로 사용하고자 한다.

전통적으로는 계층제에 의존하는 메커니즘이 지배적이었으나, 1980년대 이후부터 점차 계층제 외에 시장과 네트워크를 적절히 조합한 방식을 활용하여 공공문제를 해결하려고 하는 뉴거버넌스의 시대(the era of new governance)가 도래하게 되었다. 다시 말하면, 그동안 계층제적 국정관리 체계로서의 정부는 공공서비스의 일방적・독점적 생산자 및 공급자 역할을 담당해 왔으나, 점차 공공서비스의 생산과 전달에 민간부문과 비영리부문의 참여가 확대되었다. 그 결과 공공서비스 전달의 효율성과 효과성은 정부부문과 민간부문 및 비영리부문 간 협력적 네트워크의 구축 및 관리에 의해 크게 영향을 받게 되었다. 이에 따라 국가, 시장, 시민사회 및 세계 체제와의 관계를 새롭게 정립할 필요성이 제기된 점도 뉴거버넌스론이 등장하게 된 배경이다.

뉴거버넌스의 개념은 당초 정책 네트워크(policy network)의 개념에 기초하여 발전된 것으로 볼 수 있다. 정책 네트워크의 개념은 뉴거버넌스의 가장 중요한 측면 중의 하나인 공공부문과 민간부문과의 네트워크 현상에 주목하여 등장한 개념으로, 정부 내 혹은 정부 바깥의 다양한 정책공동체(policy community)에서 활동하는 정책 이해관계자들 사이의 긴밀한 타협과 협상의 결과로 구성되는 공식적 혹은 비공식적 네트워크를 말한다.

로즈(Rhodes, 1996)는 뉴거버넌스의 개념 속에는 다음의 여섯 가지 속성 개념이 포함되어 있다고 주장한다. 즉, 최소국가(the minimal state), 기업적 거버넌스(corporate governance), 신공공관리(new public management), 좋은 거버넌스(good governance), 사회적 인공지능 체계(sociocybernetic system), 자기조직화 네트워크(self-organizing network) 등이 그것이다.

뉴거버넌스의 전망과 관련하여 행정개혁이 (뉴)거버넌스적으로 전환되고 있다는 학문적 주장은 많지만, 실제로 계층제적 정부조직이나 관리 체계가 사라진 경우는 찾아보기 쉽지 않다. 네트워크식 참여 형태가 간혹 나타나기는 하지만 그 완성도에서도 차이가 크며, 몇몇 네트워크식 국정관리 사례가 전통적 정부행정을 근본적으로 전환시켰다는 증거는 쉽게 찾아보기 힘들다. 오히려 개별 사업별로 나타나는 네트워크식 국정관리는 정부정책의 예측성을 약화시켜 시장경제의 혼란을 가져올 수도 있다는 문제점이 지적되고 있다(조성한, 2005 참조).

4 기타 행정이론

1) 포스트모더니티 행정이론

포스트모더니즘(post-modernism)은 합리주의와 과학주의 및 기술주의를 신봉하는 모더니즘에 대한 회의, 즉 과학주의와 기술주의의 한계와 부작용을 비판하는 관점 또는 이론을 지칭한다. 포스트모더니즘의 지적 특성으로는, 사회적 현실은 우리들의 마음속에서 구성된다고 보는 구성주의(constructivism), 상대주의적 · 다원주의적 세계관, 해방주의(emancipatory)적 성향 등을 들 수 있다. 포스트모더니즘은 18세기 이후 300여 년 간 서구 사회를 지배해 온 근대주의(modernism) 사조의 문제점을 극복하려는 하나의 대안적 사조로서, 모더니즘 관점의 이성중심주의, 합리주의, 진보주의를 극복하려는 것이다. 포스트모더니즘적 사고방식의 특징으로는 탈경험성, 다양성, 다원성, 우연성, 탈규제성, 분산성, 불확정성, 탈규격성, 탈연속성 등을 들 수 있다(조창현, 2006).

관료제로 상징되는 전통 행정학은 모더니티의 가정들을 수용하고 있는 전형적 사례라고 할 수 있다. 따라서 합리성을 추구하는 모더니티는 전통 행정학의 기초라고 할 수 있다. 전통 행정학은 모더니티의 두드러진 특징인 합리성의 장점을 가지고 있으나, 합리성으로부터 도출된 명제들이 모순되는 한계를 드러내게 되었다. 포스트모더니티의 행정이론은 이와 같은 한계를 지닌 전통적 행정이론에 대한 회의와 비판을 반영하는 것이다(강신택, 2002: 25).

포스트모더니즘의 지적 특성은 다음과 같이 요약할 수 있다(오석홍, 1998: 178-180).

(1) 포스트모더니즘은 우리가 발견할 수 있는 객관적 사실이 있다고 보는 객관주의를 배척하고 사회적 현실은 우리들의 마음속에서 구성된다고 보는 구성주의(constructivism)를 지지한다.

(2) 포스트모더니즘의 세계관은 상대주의적이며 다원주의적인 것이다. 보편주의와 객관주의를 추구하는 것을 헛된 꿈이라고 비판하고 지식의 상대주의를 주창한다.

(3) 포스트모더니즘은 해방주의(emancipatory)적 성향을 지닌다. 개인들은 조직과 사회적 구조의 지시와 제약으로부터 해방되어야 한다고 주장한다. 사람들은 상이성을 인정한 위에서 자유롭게 접근할 수 있어야 한다는 것이다. 개인들은 모든 의미에서 자유로울 수 있는 존재라고 한다. 그들은 인위적 계서제와 구조들로부터 자유로울 수 있고 서로 다를 수 있으며, 각자가 자기 특유의 개성을 가질 자유를 누려야 한다는 것이다.

이러한 포스트모더니즘의 관점에 기초하여 행정학에서 근대(모더니즘)를 상징하는 관료제를 비판적으로 해석하고, 그 대안을 제시하는 것이 포스트모더니즘 행정이론이다. 포스트모더니즘 행정이론으로는 파머(D. J. Farmer)가 제시한 반관료제론과 폭스와 밀러가 제시한 담론이론 등이 있다(김종술, 1999; 조만형, 1999).

파머는 관료제도를 중심으로 한 근대 행정이론을 과학주의, 기술주의, 기업주의 등으로 규정하면서 포스트모더니즘 행정이론의 특징을 상상(想像), 해체, 탈영역화, 타자성(他者性)으로 제시하고 있다.

(1) **상상**(imagination): 상상은 단순히 마음속으로 오감을 활용하여 형상화하는 것이 아니라 보는 관점에 따른 '가능성(possibilities)'을 의미한다.

(2) **해체**(deconstruction): 포스트모더니스트들이 말하는 해체는 텍스트(언어, 몸짓, 이야기, 설화, 이론)의 근거를 파헤쳐 보는 것을 말한다.

(3) **탈영역화**(deterritorializaton): 탈영역화는 지식과 학문의 영역 간에 경계가 없어

지는 것을 의미한다.

(4) 타자성(alterity): 타자성이란 나 아닌 사람을 인식적 객체로서가 아니라 도덕적 타자로 인정하는 것을 말한다. 이러한 타자성의 개념은 행정조직에서 일하는 공무원에게 공동체 권력에 기초한 시민참여이론을 수용하게 하는 것을 의미한다.

한편 폭스와 밀러(Fox & Miller, 1995)는 대의민주주의의 한계와 문제점을 비판한 다음 그 대안으로 참여적 공동체주의(participatory communitarianism), 입헌주의(constitutionalism), 담론이론(discourse theory) 등을 제시하고, 이 세 대안 중 특히 담론이론이 관료제도의 대안으로 가장 적합한 것으로 평가한다.

이러한 포스트모더니티 행정이론은 기존의 모더니티 행정이론에 대한 비판적 성찰을 통해 전통적 관료제의 한계를 극복하고 행정을 쇄신하는 데 촉매적인 역할을 할 수 있게 해주며, 진정한 담론을 통해 약화된 정치의 책임 환류 고리를 보완할 수 있게 해준다는 장점을 지닌다. 그러나 다른 한편으로 포스트모더니티 행정이론이라고 하는 것이 일정한 정설이 있는 것도 아니며, '바로 사용할 수 있는' 실질적 · 구체적 방안을 제시해주지 못한다는 한계를 지니고 있다고 하겠다(강신택, 2002: 44 참조).

2) 엘리트이론

엘리트이론(elite theory)은, 공공정책은 그 사회의 지배 엘리트의 가치와 선호를 반영하며, 정책결정 과정에서 소수의 엘리트가 지배적인 위치를 차지한다고 보는 관점을 말한다.

엘리트이론은 고전적 엘리트론과 1950년대 미국에서 발전된 엘리트론, 그리고 신엘리트론으로 나눠 볼 수 있다. 모스카(G. Mosca), 파레토(V. Pareto), 미첼스(R. Michels) 등에 의해 대표되는 고전적 엘리트론은 어떠한 사회조직에서도 소수 엘리트에 의한 지배, 즉 과두지배 체제가 필연적으로 대두된다는 '과두제의 철칙(寡頭制의 鐵則, iron law of oligarchy)'으로 특징지어진다. 밀스(C. W. Mills)와 헌터(F. Hunter) 등으로 대표되는 1950년대의 엘리트론은 군산복합체(軍産複合體, militaryindustry complex)

개념에서 보듯이, 미국 사회를 지배하는 권력 엘리트는 정부·군·기업체와 같이 정치적으로 중요한 기관이나 조직의 지도자들이라는 점을 실증적 연구를 통해 입증하고자 했다. 한편 달(R. Dahl) 등에 의해 대표되는 신엘리트론은 중요한 정책결정에 참여한 지도자들의 영향력 및 그들 간의 갈등·타협을 밝혀내어 엘리트의 다원성과 대중의 간접적 영향을 주장했다(이종수, 2013c).

엘리트이론은, 다시 말하면, 정부 정책은 일반 대중의 요구를 반영하는 것이 아니라, 권력 엘리트의 요구를 반영하게 된다고 본다(Dye, 1981: 30-32; Mosca, 1939). 일반 대중은 비록 사회구성원의 다수를 점하고 있으나, 정치에 대해 무관심하며, 공공정책의 결정 과정에 영향력을 행사하지 못하고, 항상 통치계급에 의해 의해 지도되거나 통제된다는 것이다(하태권, 2005: 16).

엘리트이론은 이론적 관점에 따라 다소 차이를 나타내나 다음과 같은 점에서 공통점을 찾을 수 있다(Dye, 1972: 29-30; 안병만, 2008: 41).

(1) 사회는 권력을 가진 소수와 권력을 가지지 않은 다수로 나뉜다. 항상 소수의 권력 엘리트만이 사회 내의 가치를 분배하는 데 참여하며, 일반 대중은 공공정책의 결정에 영향력을 행사하지 못한다.

(2) 일반 대중은 정치에 무감각하며, 엘리트집단은 이들의 영향을 거의 받지 않는다.

(3) 공공정책은 일반 대중의 요구를 반영하는 것이 아니라 권력 엘리트의 요구를 반영하며, 결과적으로 공공정책은 혁명적 변화보다는 체제 유지를 위한 점진적 변화만을 추구한다.

(4) 권력 엘리트는 사회·경제적으로 상위 계층에서 많이 나오며, 따라서 피통치자인 일반 대중과는 사회·경제적 배경을 달리한다.

(5) 체제 내의 혁명적 변화를 막기 위해 엘리트가 아닌 사람이 엘리트의 지위를 확보하는 과정은 느리며, 현존하는 엘리트 계층의 기본적 합의를 받아들이는 사람만이 지배 서클(governing circles)에 받아들여진다.

(6) 엘리트집단은 기존 체제의 가치와 이의 보존을 위한 기본적 사항에 공통의 입장을 취한다.

엘리트이론은 집단이론(group theory)과 대비된다. 집단이론은 집단 간의 상호작용이 통치 과정의 핵심이라는 전제 하에 출발한다. 집단이란 어떤 목적을 달성하기 위해 구성원 사이에 상호작용을 하며, 이러한 상호작용을 통해 이해(利害)를 함께 나누는 조직체를 말한다. 엘리트이론이 일반 대중을 정치에 무감각하다고 보는 데 반해, 집단이론은 정치 체제 내의 모든 개인이 정치적 능력을 소유하고 있음을 인정한다. 그러나 개인은 오직 집단을 통해서만 정치적 의미를 가지게 된다고 본다.

3) 딜레마이론

딜레마이론이란 어떤 현실적 조건 하에서 특정 상황이 야기되는 것인지를 밝히기 위해 문제 상황의 특성, 결과 가치의 성격, 행위자의 성격 등이 주요 변수로 작용한다는 가정을 하고 있다.

딜레마 상황이란 정책대안들의 표면화된 가치를 비교할 수 없기 때문에 선택이 어려운 상황에 처해 있는 상태를 의미한다(이종범 외, 1994). 다시 말하면, 딜레마 상황이란 정책결정자가 정책대안 중 하나를 선택해야 하나, 두 대안이 거의 동등한 가치를 갖고 있거나 하나의 가치를 포기하는 비용이 너무 큰 두 대안 중 하나를 선택해야만 하는 상황 등에 처해 곤란을 겪는 상황을 말한다(김태룡, 2010).

딜레마이론을 행정 및 정책연구에 도입하는 경우 정책결정 혹은 의사결정 상황에 대한 이론적 기여와 함께 현실 정책 상황에 대한 처방을 제공할 수 있을 것으로 기대된다(이종수 외, 2012).

4) 시차이론

시차이론은 사회 현상을 발생시키는 주체들(개인, 집단, 조직, 사회 또는 국가)의 속성이나 행태가, 주체에 따라 시간적 차이를 두고 변화되는 사실을 사회 현상에 적용하는 연구 방법을 의미한다. 시차이론은 현실적으로 한국의 정책집행 과정 특히 정부 개혁이 효과를 거두지 못한 이유를 파악하려는 데서 시작된 접근 방법이다. 시차이론은 정책연구에서 '시간' 변수를 중요한 분석 요소로 도입했다는 점에서 특징을 찾을 수 있다.

시차이론에서 도입하고 있는 제도와 정책 변화에 내재하는 시차적 요소는 시간 차이에 대한 전제, 인과관계의 시차적 성격, 숙성 기간, 변화의 속도와 안정성, 선후관계 · 적시성 · 시간 규범 등이다(이종수 외, 2012).

제4절 행정환경의 변화

1 사회구조의 변화: 저출산 및 고령화사회

우리나라는 현재 출산율 감소와 평균 수명의 증가로 인해 급속한 인구구조의 고령화를 겪고 있다. 이는 선진국들이 공통적으로 경험한 현상이지만, 우리나라의 경우 산업화의 속도가 빨랐던 만큼 고령화의 속도 또한 유례없이 빠르게 진행되고 있다. 저출산 · 고령화는 사회 전반에 걸쳐 막대한 파급 효과가 미칠 것으로 전망되는데, 그 첫 번째가 노동생산성의 약화가 우려된다는 점이다. 또한 젊은 세대의 노인 부양 부담이 증가되며, 생산 가능 인구의 감소에 따른 노동력 부족, 근로연령의 상승, 소비 · 저축 · 투자 위축과 정부의 재정수지의 위기는 총체적으로 잠재성장률 둔화를 야기하고 있다. 우리나라 고령화 현상은 출생아 수의 급격한 감소와 기대수명의 연장으로 65세 이상 노인 인구가 지속적으로 증가함에 따라 더욱 심화될 것으로 예상된다. 노인 인구의 수는 2010년 536만 명에서 2026년에는 2배인 1,022만 명, 그리고 2040년에는 3배인 1,540만 명으로 증가할 것으로 예상된다. 특히 의료 및 생활보장이 더 필요한 80세 이후 고령층은 2010년 95만 명에서 2050년 613만 명으로 빠르게 증가할 것으로 예상된다.

우리나라 정부는 저출산 · 고령화가 미치는 부정적인 파급 효과를 인식해 2005년에 '저출산 · 고령사회기본법'를 제정해 국가 차원에서 다양한 대처 방안을 강구하고 있다. 특히 동법의 규정에 의해 국가 및 지방자치단체는 5년마다 '저출산 · 고령사회 기본계획'를 수립하고 있다. 제1차 '저출산 · 고령사회 기본계획'은 2006~2010년까지 이며, 국가와 지방자치단체는 매년 연도별 시행계획을 수립하도록 되어 있다. 저출산 · 고령사회 기본계획에는 저출산 · 고령사회 정책의 기본 목표와 추진 방향, 기간별 주요 추진 과제와 추진 방법, 필요한 재원의 규모와 조달 방안 등이 주요 내용으로 포함된다. 정부(지방정부 포함) 차원에서 추진되고 있는 저출산 · 고령화 대책은 '저출산 · 고령사회기본법' 제21조와 제22조의 규정에 의한 연도별 '저출산 · 고령사회 시행계획'에 의해 추진되고 있다. 우리나라 저출산 · 고령화 대응 정책의 가장 대표적인 '저출산 · 고령사회 기본계획'을 분석해 보면, 종합적이기보다는 특정 영역(특히 저출산 대책)에 편중되어 있음을 알 수 있다. 예컨대, 저출산 분야는 보육 지원 분야에 편중되어 있고, 고령화 부문은 기초노령연금 분야에 집중되어 있다. 제3차 기본계획에 반영하고 있는 5년 후의 재정 투자 규모는 약 11.9조 원이 증가(2015년 32.6조 원에서 2020년에는 44.5조 원 규모로 연평균 6.5% 증가)할 것으로 예상된다. 이러한 투자 재원에 대해 정부가 마련한 방안은 ① 국가재정 운용계획 · 매년 예산 편성 시 우선 반영(기존 지출 구조조정, 과제 기반 확충을 통한 재원마련, 세출 구조조정, 기존 사업 지출 효율화 추진), ② 중장기적으로 안정적인 재원 확보 방안 마련에 대한 사회적 합의 추진, ③ 출산 · 고령사회 대책에 대한 장기적 투자 필요성 및 재원 마련 필요성에 대한 공감대 확산 지속 추진 등의 대책을 내놓고 있다. 하지만 이러한 정책들이 효과를 나타내기 위해서는 무엇보다 고령화에 대한 인식 전환과 더불어 중앙정부와의 협의와 공동 노력이 무엇보다 중요하다. 지금처럼 중앙정부 중심의 고령화사회 대책보다 지방자치단체 중심의 분권화된 다양한 사회서비스 정책과 영리와 비영리 기관들이 공존하는 복지 혼합 정책의 시행과 더불어 행정효율화와 성과책임의 구체화를 위한 논의와 제도 개편이 필요한 것이다. 이를 통해 지방자치단체는 고령화 관련 사업을 추진하기 위해 재정지출 구조를 조정함으로써 안정적인 재원 조달과 더불어 재정건전성을 높일 수 있을 것이다.

2 미래의 혁명: 제4차 산업혁명

인공지능(AI), 사물인터넷(Iot), 빅데이터(big data), 로봇(robot) 등 요즈음 어디에서나 들리는 용어이다. 이를 미래의 '제4차 산업혁명'이라고 지칭하고 있는데, 제1차 산업혁명의 시작은 18세기 말 영국에서 증기기관 발명으로 급속한 공업화와 도시 인구의 폭발적 증가에 있었다. 행정조직의 이념이나 구조는 종전과 별로 다르지 않았다. 제2차 산업혁명의 시작은 19세기 말 전기가 발명되고 미국과 유럽 선진국에서 대기업의 부상으로 중공업이 발달했다. 이때 현대 행정학의 등장으로 행정조직의 이념이나 구조에도 변화가 일어나기 시작했다. 제3차 산업혁명은 미국 등 IT 선진국에서 컴퓨터(computer), 인터넷(internet)의 등장으로 산업의 디지털(digital)화와 공유 경제가 확산되기 시작했고, 행정조직의 이념과 구조가 다양화되었다. 2016년부터 '제4차 산업혁명'이라는 용어를 일부 국가에서 사용하기 시작했고, 주요 IT 선진국에서 AI, IoT 등으로 초연결사회가 도래했다. 앞으로 행정조직의 이념과 구조가 제3차 산업 혁명 때와는 달라질 것이다(이상진, 2017). 이러한 제4차 산업혁명과 관련해 각국은 선제적으로 대응하고 있다. 특히 중국은 2015년 단순 생산활동에 그치는 전통 제조업이 아닌 첨단기술을 개발하고 관련 분야를 선점해 제조업 선진국으로 도약하겠다는 '중국 제조 2015'를 발표했다. 이 계획을 통해 중국은 2025년에는 제조업 강국 반열에 진입하고, 2035년에는 독일과 일본을 넘어 세계 제조업 강국으로, 2049년에는 미국을 압도하는 세계 일류 강국이 되겠다는 3단계 목표를 가지고 추진하고 있다. 그렇다면 우리나라는 어떠한가? 2016년 글로벌 금융기업이 세계 139개국을 대상으로 제4차 산업혁명 준비 정도를 평가한 것을 보면 한국은 25위로서 22위인 말레이시아와 24위인 체코보다 뒤떨어지는 것으로 나타났다(중앙일보, 2017.8.14).

이에 문재인 정부는 기존의 '미래창조과학부'를 '과학기술정보통신부'로 개편하고 이러한 대책이 다른 국가보다는 늦은 감이 있고, 제4차 산업혁명에 대비하도록 했다. 물론 이러한 대책이 다른 국가보다는 늦은 감이 있고, 제4차 산업이 나아가고 있는 방향 설정도 구체성이 미흡하다는 비판이 있지만, 개방형 혁신을 기반으로 민간부문이 주도하면서 정부는 생태계 조성과 정직한 실패에 대한 지원, 그리고 규칙 위반자에 대해 엄벌하는 역할을 맡아야 할 것이다.

Tip

사회구조 변화는 특히 저출산 및 고령화 문제로 인해 행정 시스템에 새로운 과제를 던지고 있다. 노동 인구 감소와 복지 비용 증가는 국가적 차원의 정책 변화뿐 아니라 지방자치단체 차원의 맞춤형 대처가 요구된다. 한국은 일부 지방의 인구 감소 문제 해결을 위해 '생활 SOC 복합화 사업'을 추진하고 있다. 지역 주민들이 필수 사회 인프라를 쉽게 이용할 수 있도록 체육시설, 문화센터, 돌봄시설 등을 한 공간에 통합하는 방식이다. 특히 고령화로 인해 복지서비스 수요가 증가한 지역에서 주민 만족도를 크게 향상시키는 데 기여했다. 이와 같은 사례는 사회구조 변화에 대응하기 위해서 기술혁신과 행정적 효율성을 동시에 고려한 사례이다. 지역적 특성과 수요를 반영한 맞춤형 행정서비스의 사례 및 수요에 대해 토론해 보세요.

연습문제

1. 정치 · 행정이원론에서 주장한 이론적 원칙이 현대 행정학의 발전에 어떠한 한계를 초래했는지 논의해 보세요.
2. 베버가 제시한 근대 관료제의 주요 특징에 대해 설명하고, 관료제의 역기능에 대해 논의해 보세요.
3. 행정형태론은 조직을 환경의 영향을 받는 피동적 존재로 간주하는 반면, 자원의존이론은 무엇을 강조하는지 설명하세요.
4. 이스턴의 정치체제 모형에서 체제의 투입과 산출 간의 상호작용이 어떻게 이뤄지며, 이는 행정체제론에서 어떻게 적용되었는지 제시하세요.
5. 신공공관리론이 도입한 민간부문의 경영 기법이 공공부문에 적합하지 않은 이유를 설명하고, 이를 극복하기 위한 대안적 행정 접근법을 제시하세요.
6. 현대 행정의 복잡성과 불확실성이 증가하는 상황에서 신공공관리론이 직면하는 주요 한계는 무엇이며, 이를 보완하기 위해 도입된 신공공서비론의 주요 가치를 설명하세요.

Chapter 03

행정윤리와 행정통제

제1절 행정이 추구하는 가치

1 가치의 개념

행정이 추구하는 주요 가치는 학자에 따라 다양하게 제시된다. '가치(value)'는 "사람이나 물건·아이디어·행동·현상 등의 대상에 부여하는 욕구·태도·선호 등"을 의미한다. 가치판단은 인간 행동의 옳고 그름(right or wrong)에 대한 평가를 반영하는 바, 그 바탕에는 판단자의 이해관계(interest)가 놓여 있다(이종수, 2012).

일상 언어로서의 가치(value)는 '사물이 지니고 있는 쓸모'로 규정된다. 철학, 사회학, 심리학, 경제학 등 여러 분과 학문에서 사용되는 가치의 개념을 살펴보면, 가치는 "판단 주체의 욕구 충족과 관련된 바람직한 것에 관한 관념"으로 규정될 수 있다. 일반적으로 가치 개념은 선호, 욕구, 소망, 쾌락, 도덕적 의무 등을 포괄하며, 개인적·집단적·사회적 행동의 규범적 기준이 된다. 미국의 현대 철학자 프랑케나(William Frankena, 1908~1994)에 의하면, 좁은 의미의 가치는 '좋은(good)', '바람직한(desirable)' 또는 '가치 있는(worthwhile)' 것을 가리키는 말로 사용되며, 넓은 의미의 가치는 "모든 종류의 옳음, 의무, 미덕, 아름다움, 진실, 성스러움"을 가리키는 말로 사용된다(Frankena, 1967: 229-230).

가치는 그 도구성을 기준으로 하여 도구적, 수단적 또는 비본질적 가치(instrumental or extrinsic value)와 본질적 가치(intrinsic value)의 두 가지 종류로 나눌 수 있다(Ackoff, 1981: 41). 본질적 행정가치는 행정을 통해 구현하고자 하는 궁극적 가치다. 이 범주에는 정의, 공익, 복지, 형평, 자유, 평등 등의 개념을 포함시킬 수 있다. 물론 이러한 본질적 가치도 개념을 조작화할 경우 절차적 행정가치나 수단적 행정가치로 환원할 수 있다. 예를 들어, 정의는 평등 또는 형평의 개념으로 환원될 수 있으며, 공익은 정책결정 과정과 관련된 절차적 가치로 이해될 수 있다.

수단적 행정가치는 본질적 행정가치를 달성하기 위한 수단이 되는 가치로서, 실제적인 행정 과정에서 구체적 지침이 되는 규범적 기준이다. 이 범주에는 합법성, 능률성과 효과성, 민주성, 합리성, 투명성, 중립성 등이 포함될 수 있다(이종수 외, 2012).

2 본질적 행정가치

1) 공익

공익(公益, public interest)은 공공의 이익, 즉 사회구성원 전체의 이익을 말한다. 공익이라는 용어는 현실 행정에서 많이 사용되고 있으나, 공익 개념은 논자에 따라 그 의미가 다양하게 규정될 정도로 모호할 뿐만 아니라, 심지어 무의미하다고까지 주장된다. 소라우프(Frank Sorauf) 등의 일부 학자들은 공익이 특정 집단의 이해 관계를 합리화한다고 주장하면서(Sorauf, 1962: 188), 공익 개념의 모호성으로 인해 공익이라는 이름 아래 공익에 반하는 특수 이익을 추구하는 행정을 정당화시킬 우려가 있다는 점을 지적하고 있다. 사실 어떤 측면에서 보면, 정치인을 비롯한 공직자들은 부분 이익, 즉 사익(private interest)을 '공익'으로 포장하는 기술이 뛰어난 사람들로 이해될 수 있다.

공익 개념은 공익을 보는 접근 시각에 따라 실체설과 과정설로 나뉜다. 실체설은 공익을, 사익(私益)을 초월한 실체적 개념으로 파악하며, 공익과 사익 간의 갈등이란 있을 수 없다고 본다. 실체설에서 인식하는 공익 개념의 구체적인 내용은 논자에 따라 자연법, 정의, 형평, 복지, 인간 존중, 공동사회의 기본적 가치 등 다양하다.

공익의 과정설은, 사익을 초월한 별도의 공익이란 존재할 수 없으며, 공익이란 사익의 총합이거나 사익 간의 타협 또는 집단 상호작용의 산물이라고 본다. 이러한 과정설은 공익이 실질적으로 과정적 · 제도적 · 절차적 국면을 통해서 형성되며, 여러 사회집단이 대립 · 투쟁 · 협상 · 타협을 벌이는 과정에서 결과적으로 다수 이익에 일치되는 것이 도출된다고 인식한다.

공익을 어떠한 시각에서 보든 간에 공익에 관한 논의의 초점은 결국 특정 정책의 비용을 누구에게 얼마만큼 부담시키고, 그 편익을 누구에게 귀착시킬 것인가 하는 사회적 가치의 배분 원칙과 관련된다고 하겠다.

2) 정의

정의(正義, justice)의 개념은 희랍시대 이래 여러 학자에 의해 다양하게 정의(定義)되어 왔다. 플라톤과 그의 동시대인에게 정의는 으뜸가는 덕목으로 '옳음(righteousness)' 그 자체였다(Arthur & Shaw, 1978: 2). 정의의 개념은 '옳다'는 정의적(情意的) 의미(emotive meaning)[1] 이외에 다른 서술적(敍述的) 의미(descriptive meaning)가 들어 있지 않은 순수한 정의적 개념인 것처럼 보인다.

정의(justice)는, 아리스토텔레스에 의하면 "동등한 사람이 똑같은 대접을 받는 것"을 의미한다. 현대의 정의론자 롤스(John Rawls)도 정의를 공평(fairness)으로 풀이하면서 배분적 정의가 무엇보다도 평등 원칙에 입각해야 한다고 주장한다. 이와 같은 관점에서 파악한다면, 정의 개념의 핵심 속에는 형평 및 평등과 같은 사회적 가치의 배분 원리가 서술적 요소(descriptive component)로 자리하고 있음을 알 수 있다.

돌바흐(Paul Henri Thiry Baron d'Holbach) 또한 정의의 본질을 형평성으로 파악한다. 그는 정의의 개념은 각자의 재능과 업적에 따라 대우하는 것을 의미한다고 말하면서 형평이 곧 정의라고 주장한다. 돌바흐는 기계적 평등은 사회 정의에 어긋날 뿐만 아니라 사회공동선과 양립하지 않는다고 주장하면서 차별과 계급의 기원이 오직 개인의 덕성, 능력 또는 공익에의 기여 등에 있으며, 그 결과 발생하는 불평등은 당연하다고 주장한다(d'Holbach, 1776: 105-106; 차하순, 1983: 256).

정의의 개념은 또한 공정성으로 풀이된다. 시즈위크(Sidgwick, 1961: 15)는 정의를 권리와 자유, 부담과 혜택을 '공정하게 배분'하는 것을 의미한다고 말한다. 그에 의하면, 배분적 정의는 단지 자의적 차등(arbitrary inequality)을 배제하려는 것에 불과하다. 그리고 롤스도 정의를 공정성(fairness)으로 풀이한다.

정의의 사회적 의미는 분배적 정의(distributive justice)를 의미한다. 분배적 정의란

1) 정의주의윤리설(情意主義倫理說, emotivism)은 언어는 인식적 진술을 통해 사실 문제를 기술하는 기능과, '감정'을 표현하는 정의적 기능의 두 기능을 지닌다고 주장한다.

사회구성원 각자가 자신이 향유해야 할 사회적 · 경제적 가치의 '응분의 몫'을 누리는 상태를 말한다. 분배적 정의는 '공정한 분배'를 의미한다.

이러한 정의는 사회도덕의 기초로서 법의 기본 원리가 된다. 확실히 법체계를 지탱하는 것은 '정의의 원리(principles of justice)'라고 할 수 있다. 이와 같은 관점에서 본다면 사회도덕의 기초로서의 정의는 전체로서의 사회 질서를 지지하고 있는 기본 규범이라고 하겠다(김영종, 1995: 139-140).

정의이론의 계보는 다양하게 범주화할 수 있다. 여기서는 현대적 정의론을 공리주의 정의론, 자유주의 정의론, 롤스의 자유주의적 평등주의 정의론, 공동체주의 정의론으로 나눠 살펴보고자 한다.

공리주의(utilitarianism)는 특정한 행위의 옳고 그름은 그 행위가 사회구성원의 이익과 행복을 늘리는 데 얼마나 기여하는가 하는 효용성에 따라 결정된다고 본다. 공리주의에 의하면, 도덕적으로 가장 옳은 행위는 공리(utility)를 최대화하는 행위인 것이다.

자유주의(liberalism) 또는 자유지상주의(libertarianism)에서는 개인의 자유와 권리를 신장하는 것이 정의인 것이다. 현대의 대표적인 자유주의 철학자인 노직(R. Nozick, 1938~2002)은 개인의 자유를 정치적 가치의 중심에 놓는다. 자유 시장에 의한 가치 분배를 공정한 것으로 보는 그는 무엇보다도 정의(正義)가 광범한 경제적 재분배를 요구한다는 가정에 도전한다. 결국 국가에 의한 강제적 재분배 정책에 대해 기본적으로 반대하는 노직과 같은 정치적 · 경제적 자유주의자들은 시장 메커니즘에 의한 분배를 정의로운 것으로 본다.

롤스의 정의론은 자유주의적 요소와 평등주의적 요소를 다함께 포괄하고 있다는 의미에서 '자유주의적 평등주의'로 구분할 수 있다. 롤스는 개인의 자유에 대한 신념을 강조하고 있다는 측면에서, 그리고 자유롭고 평등한 사람이 합의하는 계약에 따르는 것을 정의로 규정한다는 점에서 자유주의자로 규정될 수 있다. 롤스는 다른 한편으로 불평등한 분배가 정당화되자면 최소 수혜자 집단에게 더 많은 이익이 돌아가도록 해야 한다고 주장하면서, 개인의 재능과 노력에 의한 성과를 개인의 소유로 할 것이 아니라 사회의 공동 자산으로 해야 한다고 주장한다는 점에서 공동체주의의 요소를 지닌다고 하겠다. 롤스는 순수한 절차적 정의가 보장되는 원초 상태(original position)[2)]에서 합의되는 일련의 원칙이 곧 사회 정의의 원칙이 된다고 주장한다.

공동체주의(communitarianism) 정치철학은 공생, 공익 등 공동체의 유지・강화를 중요한 가치로 삼는 정치사상을 말한다. 20세기 후반에 등장한 공동체주의는 자유주의 정치철학에 대한 비판으로부터 시작된다. 공동체주의자로 분류되는 샌델(Michael J. Sandel)은 정의로운 사회는 단순히 공리를 극대화하거나 선택의 자유를 확보하는 것만으로는 만들 수 없다고 한다. 그는 정의로운 사회를 만들기 위해서는 좋은 삶의 의미를 함께 고민하고, 으레 생기게 마련인 이견을 기꺼이 받아들이는 문화를 함께 가꿔야 한다고 말한다. 샌델은 나아가 정의는 올바른 분배만의 문제는 아니며, 올바른 가치 측정의 문제이기도 하다고 주장한다. 샌델은 정의로운 사회는 공동선을 추구하는 사회라고 규정한다.

3) 형평성

형평성(equity)의 개념은 일반적으로 공정성(公正性, fairness) 혹은 사회 정의(social justice)의 개념과 거의 같은 의미로 쓰인다. 형평에 관한 고전적 견해를 처음 체계적으로 논한 아리스토텔레스는 형평(epieikeia)을 여러 개인 간의 관계에서 사물의 적절하고 마땅한 분배로 이뤄진 '공정한 평등'으로 정의한다(Aristotle, 1962).

형평의 원리는 로마 시대 이래 "각자의 몫은 각자에게로(suum cuique tribuere: to each according to his or her own merits)"라는 격언으로 간결하게 표현된다. 이는 각자의 공헌에 비례하여 가치를 배분하는 것을 뜻한다.

돌바흐는 형평은 각자의 재능과 업적에 따라 대우하는 것을 의미한다면서 정의가 곧 형평이라고 주장한다. 그는 기계적 평등은 사회 정의에 어긋날 뿐만 아니라

2) 원초 상태는 어느 누구도 자신의 사회적 지위나 계층상의 위치를 모르며, 누구도 자기가 어떠한 소질이나 능력, 지능, 체력 등을 천부적으로 타고났는지를 모르는 상황을 말한다. 이러한 무지의 장막(veil of ignorance) 상태에서 특정한 원칙을 선택하게 될 경우, 아무도 타고난 우연의 결과나 사회적 여건의 우연성으로 인해 유리하거나 불리해지지 않는다.

사회공동선과 양립하지 않는다고 주장한다. 차별과 계급의 기원이 오직 개인의 덕성, 능력 또는 사회 공익에의 기여 등에 있으며, 그 결과 발생하는 불평등은 당연하다고 주장한다.

페렐만(Charles Perelman)은 형평의 원리를 다음과 같이 여섯 가지로 공식화하고 있다. ① 동일 범주에 속한 성원들에게 동등한 대우를 할 것, ② 공적과 과실에 상응하는 응분의 대우를 할 것, ③ 수행한 일에 비례하여 그에 상응하는 대우를 할 것, ④ 각자의 필요에 따라 배분을 할 것, ⑤ 지위(rank)에 따라 그에 상응하는 대우를 할 것, ⑥ 각자에게 법적 권리를 줄 것(Perelman, 1963: 17-29). 이와 같은 기준에 입각해 볼 때 형평의 원리는 평등의 원리와 불평등의 원리를 다 함께 포괄하고 있다고 하겠다.

요약하면, 형평이란 동일한 것은 동일하게 취급하고, 서로 다른 것은 서로 다르게 취급하는 것을 의미한다. 이러한 형평의 개념 속에는 '정당한 불평등'의 개념이 내포되어 있다. 따라서 형평 개념으로서의 분배적 정의의 핵심 문제는 어떠한 불평등이 사회적으로 용인될 수 있는 것인가를 밝혀내는 것이라고 하겠다.

행정이 추구하는 가치로서의 사회적 형평성(social equity)은 1960~1970년대 신행정론의 등장과 더불어 특히 강조되기 시작했다.

4) 자유와 평등

자유는 둘로 나눌 수 있다. 즉, 간섭과 제약이 없는 상태를 의미하는 소극적 자유(negative freedom)와 '무엇을 할 수 있는 자유'를 의미하는 적극적 자유(positive freedom)로 나눠 볼 수 있다. 정치행정적 측면에서의 소극적 자유는 개인의 자유와 재산권 등에 대한 정치 권력의 부당한 간섭을 배제하는 데 초점이 있는 데 비해, 적극적 자유는 복지국가에서와 같이 정부의 간섭주의(interventionism)를 지향한다.

평등의 행정적 함의는 정책 과정의 편익과 비용의 분배와 관련된다. 공공정책은 편익과 비용을 모든 구성원에게 평등하게 배분하는 것이 아니라 일정한 기준에 따라 불평등하게 배분하는 성질, 즉 부분이익 선택성(policy selectivity)을 갖고 있기 때문에 구성원의 사회경제적 지위에 큰 영향을 미친다. 즉, 평등의 문제는 사회의 어떤 집단에 얼마만큼의 조세 부담을 지우고, 정부지출의 편익을 어느 계층에 얼마만큼 분배할 것인가 하는 문제와 연결된다. 미국과 같은 자본주의 사회에서는 사회적 가치 배분에서 결과적 평등보다는 기회의 평등이 강조된다.

3 수단적 행정가치

1) 합법성

행정행위가 법규에 따라 이뤄져야 한다는 합법성(合法性)의 이념은 국민의 자유와 권리가 강조되었던 입법국가 시대에 대두된 행정 이념이다. 합법성의 이념은 국민의 대표로 구성된 입법부에서 제정한 법률을 행정부는 재량권 없이 충실히 집행해야 한다는 것을 의미한다. 민주주의 정치의 발아(發芽) 초기, 그동안 절대 권력에 의해 억압받아 왔던 시민권은 이러한 합법 행정을 통해 신장될 수 있을 것으로 기대되었다.

2) 능률성

19세기 말 정치・행정이원론 이후 강조된 행정가치는 능률성(efficiency)이다. 행정관리의 중심 가치인 능률성은 일반적으로 투입 대 산출의 비율(input-output ratio)로 표현된다. 19세기 말 능률성은 일종의 복음(gospel)으로 간주되었으며, 행정관리에서 이의 결핍은 죄악시되었다. 이러한 경향은 미국의 행정학이 행정 원리의 시대에 접어들면서 더욱 강화되어 귤릭(Luther Gulick)과 어윅(Lindall H. Urwick)은 그들의 편저인 *Papers on the Science of Administration*(1937)에서 능률성을 행정의 제1의 공리(number one axiom)라고 주장했다.

능률성의 개념은 기계적 능률성(mechanical efficiency)과 사회적 능률성(social efficiency)으로 나눠 볼 수 있다. 투입 대 산출의 비율로 표시되는 기계적 능률성은 수량적으로 명시할 수 있는 기계적・물리적・금전적 측면에서 파악한 개념이다.

사회적 능률성을 주창한 디목(M. E. Dimock)은 기계적 능률성의 개념을 비판하면서 종래의 능률 개념이란 '누구를 위한 능률이냐'는 목적 의식과 방향 감각을 결여하고 있어 기계적인 성격에서 벗어나지 못했다고 지적하면서 능률성의 상대화 · 사회화 · 인간화를 주장했다. 당장에는 능률적인 것 같지만 장기적인 측면에서는 비능률적인 것이 있고, 즉각적인 목적을 성취하는 데에는 능률적이지만 인간성을 파괴시킨다는 점에서는 비능률적인 것도 많다는 것이다. 그리고 수단적인 측면에서는 능률적이지만 목적적인 측면에서 비능률적이고 낭비적인 것도 있을 수 있다. 1930년대 이후 강조되기 시작한 사회적 능률성은 행정의 사회 목적 실현, 다원적인 이익들 간의 통합 조정 및 행정조직 내부에서 구성원의 인간적 가치의 실현 등을 내용으로 하는 능률관이다. 이러한 사회적 능률성은 민주성의 개념으로 이해되기도 한다.

능률성과 대비되는 효과성(effectiveness)은 목표 달성도(degree of goal attainment)를 나타내는 개념이다. 효과성은 특히 근대화를 추진하는 발전도상국이나 후진국에서 강조되는 행정 이념이다. 이들 국가는 행정이라는 도구를 사용해서 근대화를 추진하고 발전 목표를 효과적으로 성취하고자 했던 것이다. 그러나 목표의 성취만을 강조하는 효과성의 이념은 적법 절차를 무시하게 되는 비민주성의 위험을 초래할 우려가 있다.

한편 효율성(efficiency and effectiveness)의 개념은 능률성과 효과성의 두 개념을 합친 개념으로 생산성(productivity)의 개념과 유사한 의미를 지닌다. 생산성이란 행정이 이뤄지는 과정의 비용을 적게 한다는 것뿐만 아니라 행정 결과의 수준(질), 내용, 시간성(timeliness) 등도 동시에 따지는 개념이다.

3) 민주성

행정이 추구하는 가치로서의 민주성은 대외적 민주성과 대내적 민주성의 두 측면에서 논의될 수 있다. 대외적 민주성은 행정이 국민 의사를 존중하여 국민의 요구를 수렴하고, 이를 행정에 반영시킴으로써 대응성(responsiveness) 있는 행정을 구현해야 한다는 민주정치의 이념을 의미한다. 조직 내적 인도주의(organizational humanism)를 뜻하는 대내적 민주성은 행정조직의 내부관리에서 하급 구성원들의 의사를 반영하고, 그들의 욕구를 반영해야 한다는 민주적 조직관리를 의미한다. 즉, 조직 내의 민주화를 위해 조직구성원의 사회 심리적 요인을 중시하는 관리가 행해질 것이 요구된다.

행정학에서 민주성은 1930년대 정치 · 행정일원론이 대두된 이후 새롭게 조명되기 시작했다. 1930년대의 뉴딜정책 이후, 가우스(J. M. Gaus), 화이트(L. D. White), 디목(M. E. Dimock), 애플비(Paul H. Appleby) 등은 행정부가 정책결정에서 적극적인 역할을 수행할 수밖에 없다는 논거에서 정치 · 행정일원론을 제기하면서, 행정 이념으로서의 민주성을 강조했다.

또한 1960년대 후반에 대두된 신행정론에서는 행정의 정책결정 기능을 적극적으로 요청하면서도, 이의 관료주의화를 견제하기 위해 이념으로서의 형평성과 민주성을 강조하고 수혜자로서 시민의 참여를 강조했다. 신행정학운동은 민주적 가치 규범에 입각하여 분권화, 고객에 의한 통제(client control), 가치에 대한 합의 등을 강조했다. 신행정학은 이와 같이 정통 행정학의 능률지상주의를 탈피하여 사회적 형평, 민주적 가치, 인본주의에 입각한 능동적 행정, 고객 중심 행정을 주창했다.

4) 합리성

베버(Max Weber) 이래 행정은 '합리성'의 문제로 인식되어 왔다. 수단적 가치로서의 합리성은 어떤 행위가 궁극적 목표 달성의 최적 수단이 되느냐의 여부를 가리키는 개념이다. 사이먼(H. A. Simon)은 합리성의 개념을 실질적 합리성(substantive rationality)과 절차적 합리성(procedural rationality)으로 나눈다. 실질적 합리성은 목표에 비춰 적합한 행동이 선택되는 정도를 의미하고, 절차적 합리성은 결정 과정이 이성적인 사유(reasoning)에 따라 이뤄졌을 때 존재한다.

5) 책임성

행정의 책임성은 국민의 요구와 수요를 충족시켜주기 위해 정책과 계획을 수립하고 법령을 제정하여 시행하며 행정 업무를 수행해 나가야 하는 의무라고 정의할 수 있다. 프레스더스(R. Presthus)는 책임성을 제도적 책임성(accountability)과 자율적 책임성(responsibility)으로 구분했다. 제도적 책임성은 행정 관료가 국민의 대표기관인 입법부와 행정수반 등 외부기관에 대해 지는 법적 책임(legal accountability), 즉 외재적 책임을 말하는 데 반해, 자율적 책임성은 도덕적 · 개인적 · 내재적 책임성을 말한다. 공무원의 책임성은 특히 관료들에게 부여된 재량권의 확대로 인해 더욱 중시되고 있다.

프리드리히(Friedrich, 1966)에 의하면, 정책형성의 과업이 관료들의 손으로 넘어간 상황에서, 행정책임도 이제 더 이상 정책들을 단순히 집행하는 데 대한 책임으로 볼 수 없으며, 책임의 범위가 훨씬 더 포괄적이라는 사실을 인식해야 한다고 말한다. 그는 따라서 관료의 도덕적 · 내재적 책임성이 더욱 강조될 수밖에 없다고 주장한다. 한편 파이너(Finer, 1966)는 내재적 책임성을 강조하는 프리드리히의 주장은 독재제도를 위한 주장이 아니냐고 꼬집으면서, 민주제도는 관료들이 국민에 의해 선출된 대표자들의 통제를 받도록 하고 그들에게 책임을 지도록 하는, 즉 외재적 책임성을 구체화한 것이라고 주장한다.

6) 투명성

최근 들어 공공부문에서 핵심적인 가치로 중요시되는 투명성(transparency)은 "정부의 정책결정과 집행 과정 등 다양한 공적 활동이 정부기관 외부로 명확하게 드러나는 것"을 의미한다. 특히 최근 정부활동의 독점성에 대해 부정적 입장을 취하는 거버넌스(governance) 개념이 강조되면서, 정부부문의 투명성이 더욱 요구되고 있다. 즉, 각종 정책결정과 집행이 정부에 의해 독점되어서는 아니 되며, 민간부문과 시민사회가 더욱 광범위하게 참여해야 하는 바, 이를 위해서는 기본적으로 정부와 행정의 투명성이 확보되어야 한다는 것이다.

투명성은 정보의 비대칭(information asymmetry)으로 인해 주인으로서의 국민들의 효용과 이익이 충분히 확보되지 못하는 대리인 문제(agency problem)를 방지하기 위해, 그리고 부패 방지를 위한 전제 조건으로서 중요성을 지닌다(이종수, 2010: 89).

투명성 확보는 (1) 부패 방지 수단이 된다는 점에서 중요성을 지닌다. 공공부문의 투명성 확보는 (2) 능률성 향상의 자극제가 될 수 있다는 측면에서도 중요성을 지닌다. 투명성 확보는 (3) 행정의 대응성(responsiveness)을 제고하는 수단이 된다는 점에서 중요성을 지닌다. 정책 관련 정보가 이해 당사자들에게 공평하게 공개되어 투명성이 증대될 경우, 공직자들은 이해집단 사이에서 공정한 중재자 역할을 충실히 함으로써 대응성을 제고할 수 있다. 투명성 확보는 (4) 책임행정을 달성하는 데 기여한다.

투명성을 확보하기 위해서는 무엇보다 먼저 관료제 권력의 원천이 되는 비밀주의를 혁파해야 한다. 즉, 주권자인 시민이 공공부문을 좀 더 효율적으로 통제할 수 있도록 '공공기밀(official secret)'의 개념을 엄밀하게 재정립하고, 시민사회가 공공기관의 정보에 더 잘 접근할 수 있도록 하는 제도 개선을 해야 할 것이다.

7) 중립성

행정이 추구하는 가치로서의 중립성은 '직업공무원'의 정치적 중립성을 말한다. 다시 말해서, 공무원은 선거운동에 개입해서도 안 되고 특정의 정치인을 당선시키기 위해 행정력을 동원해서도 안 된다. 행정 공무원이 중립성을 지키지 않을 때에 정치과정에서 선의의 경쟁을 기대할 수 없으며, 평화적 정권 교체도 기대할 수 없다는 것은 두말할 나위가 없다.

공무원의 정치적 중립은 관료에 대한 정치적 간섭을 배제하여 공무원의 신분을 보호함으로써 행정의 안정성과 능률성, 그리고 전문성을 확보하려는 데 근본 의의가 있다. 또한 공무원들은 특정 정파의 이익을 대변하기보다 국민 전체의 이익을 대변해야 한다는 현대 민주정치의 근본 이념에 비춰 공무원의 정치적 중립은 의미를 지닌다고 하겠다.

민주화 이후 우리 사회에서는 공무원의 당파적 정치활동은 거의 사라지게 되었다. 그러나 '정책적 중립성'의 필요성은 더욱 커지게 되었다. 공무원의 정책적 중립성은 정부사업의 절약과 능률성의 확보를 위해 필수불가결한 요건이 되기 때문이다. 정책 과정에서의 중립성 문제는 정부를 구성하고 있는 집권 여당의 정책에 관료들이 현실적으로 헌신하지 않을 수 없다는 관점에서 상징적 의미를 지닐 뿐이라고 볼 수 있다. 다시 말하면, 이론적 측면에서는 관료들이 베버의 이른바 '영혼 없는 전문가(specialist without spirit)'로서 전문지식을 제공하는 것이 가능하다고 하겠으나, 현실 속의 관료들은 결코 정치적으로 자유로울 수 없는 한계를 지닌다고 하겠다. 그러나 정책 과정에서 당파적 이익의 추구에 노골적인 정치를 견제, 거시적 차원의 공익을 확보하고 정책의 합리성과 능률성을 담보하기 위해서는 관료들의 정책 정치의 공간을 확대하고 정책적 중립성을 보장하기 위한 제도적 장치의 마련이 바람직하다고 하겠다(이종수, 2012).

4 관료제를 통한 행정가치의 구현

행정 과정은 관료제를 통한 행정가치의 구현 과정이다. 행정 과정의 각 단계에서 이뤄지는 구체적 가치 판단은 관료들에 의해 이뤄진다. 다시 말하면, 정책문제를 인지하고 그 문제를 해결하기 위한 정책대안을 입안, 결정하고 시행하는 전 과정에서 관료들에 의해 여러 가치가 투입되고 반영된다.

이스턴(Easton, 1965: 50)은 정치적 상호작용(political interactions)을 다른 사회적 상호작용들과 구분짓는 특징으로 "사회에 대한 가치의 권위적 배분(authoritative allocation of values for a society)"으로 규정했다. 사회적 가치의 권위적 배분은 현실 사회에서는 행정 과정을 통해 이뤄진다. 즉, 행정은 정책선택성(policy selectivity)을 통해 사회적 가치를 사회구성원에게 차별적으로 배분하는 기능을 수행한다.

인류 사회의 역사는 권력과 부, 그리고 명예와 같은 사회적 가치의 배분을 둘러싸고 끊임없이 다툼을 벌여 온 역사다. 인간 사회에서 가치 배분의 기능을 수행하는 공무원들의 역할은 그만큼 중요하다. 그러한 중요한 사회적 기능을 수행하는 공무원들은 행정행위를 할 때 항상 공익, 형평성, 효율성과 같은 규범을 판단의 준거로 삼아야 할 것이다.

Tip

행정은 공익 실현을 목적으로 한다. 하지만 행정 과정에서 형평성과 능률성 간의 갈등이 발생하기도 한다. 특히 공공정책에서 취약계층에 대한 우선 지원은 형평성을 강화하지만, 다른 계층에서의 불만을 야기할 수 있다. 사례에서 살펴보면, 상습적인 교통체증으로 인해 주요 도로 확장 사업을 계획하였으나, 하지만 일부 농민들의 토지가 수용 대상이 되어 이들의 생계를 위협받는 상황이 발생한 적도 있다.

행정기관은 공익적 측면에서 도로 확장이 지역경제 활성화와 시민 편익 증진에 기여할 것이라고 주장하는 반면, 농민들은 보상금이 충분하지 않다고 항의하며 형평성을 고려하지 않은 절차에 불만을 표했다. 결국 행정기관이 공청회를 열어 농민과 지역 주민들의 의견을 수렴하고 보상금 인상 등의 갈등 해결 방안을 모색하였다.

이 사례는 공익과 형평성을 동시에 고려해야 하고 투명하고 공정한 절차가 중요하다는 점을 알려주는 사례이며, 빈번하게 발생하는 사례이다.

제2절 행정윤리

1 행정윤리의 의의

행정윤리(administrative ethics)란 정부조직에 종사하는 공직자들이 지켜야 할 행동규범(code of conduct)을 의미한다.

행정윤리는 개인 차원의 윤리가 아닌 일종의 공공윤리(public morality)다. 왈도(Dwight Waldo)는 공공윤리를 자신이나, 가족, 붕당, 또는 부족보다 '광범한 주민(more inclusive populations)'의 이익에 봉사하는 것으로 정의한다(Waldo, 1974: 269-270). 그에 의하면, 공공 비윤리(public immorality)는 '많은 주민보다 적은 수의 주민'의 이익에 봉사함으로써 더 많은 수의 주민을 위해 행동해야 한다는 원칙을 위배하는 것이다.

행정 공무원들은 국가 업무를 능률적으로 수행해야 할 책임을 질 뿐만 아니라, 공공의 이익을 수호해야 하는 책무를 지고 있다. 행정 업무를 능률적으로 수행하지 못하거나, 행정 권한을 자신의 영향력 확대의 기회나 친지들에게 호의를 베푸는 기회로 이용하는 공무원은 국민 전체에 대한 봉사자여야 한다는 측면에서 공공의 이익을 침해하는 것이 된다.

공무원들에게는 일반 시민이나 회사원의 경우보다 더 높은 윤리 기준이 요구된다. 행정윤리는 조직의 구성원들에게 요구되는 일종의 직업윤리이나, 공공 업무를 수행하는 공무원들에게 특별히 요구되는 행동규범이 있다. 공무원들에게는 일반조직의 구성원들에게 요구되는 보편적인 의무로서의 성실 의무, 복종 의무, 직장 이탈 금지 의무 외에 수행 업무의 특성상 고객에게 공정하고 친절해야 하고, 영리 업무에 종사해서는 아니 되며, 종교에 따른 차별이 없이 직무를 수행해야 하고, 청렴하고 품위를 유지해야 하는 등의 추가적인 윤리 기준이 요구된다.

현대 행정국가 하에서는 행정 기능이 양적으로 확대되고 질적으로 전문화됨에 따라 행정인의 자유재량의 범위가 크게 확대되고, 공무원의 결정은 국민생활에 지대한 영향을 미치게 된다. 따라서 행정 기능의 확대와 재량권의 증대에 상응하여 행정윤리의 중요성이 증대되고 있다(이종수, 2012).

한국의 공무원에게 요구되는 행정윤리의 구체적인 내용은 국가공무원법의 공무원 복무규정이나 공직자윤리법, 그리고 공무원 취임선서와 복무선서, 공무원의 윤리헌장과 신조 등에 규정되어 있다. 국가공무원법과 공직자윤리법은 기본적으로 부정부패를 방지하기 위한 소극적 윤리를 강조하고 있으며, 취임선서와 복무선서 및 공무원의 윤리헌장과 신조 등은 봉사와 충성, 그리고 창의성과 책임성 등 적극적 윤리를 강조하고 있다.

국가공무원법(제56조~제66조)에서는 공무원이 지켜야 할 윤리 규정으로 ① 성실 의무, ② 복종 의무, ③ 직장 이탈 금지, ④ 친절 공정 의무, ⑤ 종교 중립의 의무: 공무원은 종교에 따른 차별 없이 직무를 수행해야 한다(2009.2.6. 신설〈제59조의2〉). ⑥ 비밀 엄수 의무, ⑦ 청렴 의무, ⑧ 외국 정부로부터 영예 등을 받을 경우의 사전 허가, ⑨ 품위 유지 의무, ⑩ 영리 업무 및 겸직 금지, ⑪ 집단행위 금지, ⑫ 정치운동 금지를 제시하고 있다.

우리나라는 2005년 공직자윤리법의 개정을 통해 '이해 충돌 방지 의무(제2조의2)'

조항을 설치, 국가 또는 지방자치단체는 공직자의 직무가 재산상 이해와 관련되어 공정한 직무 수행이 어려운 상황이 야기되지 아니하도록 이해 충돌의 방지에 노력하여야 하며, 공직자는 자신의 직무 수행의 적정성을 확보하여 공익을 우선으로 성실히 직무를 수행하여야 한다고 규정하고 있다. 그리고 이러한 '이해 충돌(conflict of interest)' 회피의 원칙에 따라 '직무관련성'이 있는 주식을 '백지신탁'하도록 하는 '주식백지신탁'(제14조의4) 제도가 새로이 도입되었다.

2 공무원 부패

공무원 부패(bureaucratic corruption)는 "공무원들이 그 직무와 관련하여 부당한 이익을 취하기 위해 공식적 규범을 위반하는 행위"로 정의할 수 있다(이종수 외, 2011).

이러한 정의 속에 들어 있는 속성 개념은 다음과 같다.

(1) 부패행위는 공무원들의 부당한 직무 수행 및 권력 행사와 관련이 있다. 즉, 관료 부패는 직무와 관련된 '영향력의 불법적 형태(illicit form)의 하나'라고 할 수 있다.

(2) 부패행위 속에는 공무원들이 부당한 사적 이익을 추구하고자 하는 의도가 들어 있다.

(3) 관료 부패는 관료들에게 기대되는 공식적 규범을 위반하는 행위다.

부패행위 속에는 횡령, 뇌물 수수와 같은 명백한 불법행위(illegality)는 물론, 직권의 남용 및 오용(abuses), 그리고 부정(misconduct)과 같이 비록 직접적인 물질적 혜택은 없다고 하더라도 민주적 절차를 벗어나거나 공정성을 잃은 행정처분 등 공식적 규범을 벗어난 일체의 행위가 포함된다.

공직 부패는 사회 전반에 걸쳐 심각한 부정적 영향을 미친다. 즉, 관료 부패는 행정서비스 공급 체계를 왜곡시키고 행정 권력에 대한 불신과 도전을 유발함으로써 사회의 규범과 기강을 무너뜨리고 사회의 총체적 부패와 불신 풍조를 유도, 무규범

(anomie) 현상을 확산시키는 심각한 역기능을 초래한다고 할 수 있다.

워너(Werner, 1983: 146-153)는 부패가 확산 효과(spillover effect)를 통해 민주 체제의 기반 자체를 위협한다고 주장한다. 즉, 그는 리더의 부패가 부하의 신뢰와 충성심, 그리고 인격에 영향을 미치는 '리더-추종자 확산(leader-follower spillover)'과 특정 조직의 부패가 이웃 조직과 제도로 확산되고 부패한 정치인과 관료, 기업인, 그리고 노동조합 지도자들이 결탁하는 '제도적 확산(institutional spillover)' 메커니즘 등을 통해 민주 체제의 기반 자체가 위협받게 된다고 주장한다.

한편 굴드(David J. Gould)는 부패가 발전도상국에서 특히 행정의 생산성과 효과성 및 능률성을 떨어뜨리고 배분 및 규제 메커니즘을 파괴하게 된다고 지적한다. 그는 또한 부패가 분노와 좌절을 불러일으키고 행정에 대한 불신을 초래하며, 능력있고 정직한 공무원들을 좌절시키는 악영향을 끼치게 된다고 지적한다(Gould, 1983: 33).

일반적으로 부패는 또한 경제 성장에 해를 끼친다고 주장된다(Keefer & Knack, 1997; Rivera-Baitiz, 2000; Woo, 2004). 그러나 학자들 가운데는 부패가 배분적 효율성을 증가시킴으로써 경제에 긍정적 효과를 가져올 수 있다는 주장을 펴는 학자도 있다(Nye, 1970: 411-433; Leff, 1964; Kaufmann, 1997). 일부 학자는 1998년 우리나라에 큰 고통을 안긴 IMF 구제 금융 사태의 주요 요인 가운데 하나로 이전의 개발연대 기간 동안 축적된 사회경제적 '부패'의 유산을 지적하기도 한다(Bhargava, 2004: 1 참조). 차문중(2005: 589-590)은 우리나라의 부패 수준과 경제 성장 간의 관계에 관한 실증분석을 통해 2000년 이후 부패로 인한 우리나라의 경제적 손실이 매년 평균 0.7~1.4%에 달한 것으로 추정했다.

부패는 얼마나 구조화되고 제도화되어 있느냐를 기준으로 하여 우발적 부패(偶發的腐敗, accidental corruption)와 제도적 부패(制度的腐敗, systemic corruption)로 나눠볼 수 있다. 우발적 부패는 사건 자체의 연속성이 없으며, 구조화되지 않은 부패를 말한다.

케이든(G. E. Caiden)이 말하는 이른바 제도적 부패는 행정 체제 내에서 부패가 실질적인 규범의 위치를 차지함으로써 조직의 본래적 임무 수행을 위한 공식적 행동 규범이 예외적인 것으로 전락한 상황을 가리킨다. 부패가 제도화되어 있는 이러한 상황에서는 부패한 구성원이 조직의 옹호를 받는 반면에 공식적 행동규범을 준수하려는 구성원들은 공식적 혹은 비공식적으로 처벌을 받을 가능성이 있다(Caiden, 1977: 306-308).

공무원의 부정부패를 방지하기 위해서는 다양한 부패의 원인을 제거해야 할 것이다. 부패를 근본적으로 억제하기 위해서는 처벌 위주의 사후적인 조치보다는 원인 제거를 위한 사전적인 예방 노력이 더 중요하다.

부패의 방지 대책으로는 우선 공무원 개인의 윤리 의식을 제고하기 위한 노력이 경주되어야 한다. 관존민비, 관직사유관과 같은 공무원들의 전근대적 가치관을 국민에 대한 봉사를 강조하는 근대적인 가치관으로 바꾸고, 건전한 직업윤리를 확립할 수 있도록 각종 윤리교육을 통해 적극적으로 교화해야 할 것이다.

그리고 공무원 부패를 억제하기 위해서는 여러 제도적 장치를 개선해야 한다. 부정부패 방지를 위한 엄격한 규제 장치를 마련하고, 행정정보 공개제도를 도입하여 행정 과정의 투명성을 확보해야 할 것이며, 또한 현실과 괴리된 법령의 이중적인 규제 기준을 현실에 맞게 재조정해야 할 것이다. 우리나라 정부는 1995년 1월 공직사회의 부정부패 요인을 근원적으로 제거하고 깨끗한 공직 풍토를 조성하기 위해 공무원이 특정한 범죄 행위를 통해 취득한 불법 수익 등을 철저히 추적·환수하는 제도적 장치로서 '공무원 범죄에 관한 몰수 특례법'(법률 제4934호)을 제정했다. 또한 국가공무원법은 2010년 3월 22일의 법 개정을 통해 '징계부가금' 조항을 신설했다.[3)]

마지막으로 행정의 환경을 이루는 일반 시민의 가치관이 변화되고 의식 수준이 제고되어 행정에 대한 외적 통제가 강화되어야 할 것이다.

---

3) 국가공무원법 제78조의2(징계부가금) ① 제78조에 따라 공무원의 징계 의결을 요구하는 경우 그 징계 사유가 금품 및 향응 수수(授受), 공금의 횡령(橫領)·유용(流用)인 경우에는 해당 징계 외에 금품 및 향응 수수액, 공금의 횡령액·유용액의 5배 내의 징계부가금 부과 의결을 징계위원회에 요구하여야 한다.

Tip

공직 부패는 행정 신뢰를 크게 저하시킬 수 있기 때문에 사전 예방에 대한 노력이 중요하다. 다음의 사례는 공무원의 부패 사건으로 인해 국민의 신뢰가 훼손되었으며, 공공사업의 투명성과 공정성을 저해하며 사회적 비용을 초래한 사건이다.

A국가의 공공주택 건설 프로젝트는 주거 문제를 해결하기 위해 국가 차원에서 추진되었다. 입찰 과정에서 공무원 D는 특정 건설 회사에 유리한 조건을 제공하고, 그 대가로 약 100만 달러의 뇌물을 수수한 혐의로 적발되었다. 이러한 부패 행위는 공공주택 건설 과정에서 자재 품질 저하와 시공 지연으로 이어졌고, 총 공사비가 계획된 예산보다 40% 초과되었다. 이 사건은 내부 고발자 B의 신고로 사건이 드러났으며, 후속 조사에서 공무원 D 외에도 여러 관계자가 연루되었음이 밝혀졌다. 이 사건 이후, 공공사업 입찰 과정을 전면적으로 개선하고 공직자의 윤리 교육을 의무화하였다. 이와 같은 공무원 부패를 예방하기 위한 대응 방안에 대해 토론해 보세요.

제3절 행정책임과 행정통제

1 행정책임

행정책임은 행정인들이 직무를 수행할 때, 법률적·도덕적 규범에 따라 행동해야 하는 국민에 대한 의무를 말한다. 여기에는 공무원의 결과 책임뿐만 아니라 과정 책임, 그리고 역할 인지 및 동기에 대한 주관적 책임까지 포함된다. 프레스더스(Robert Presthus)는 행정책임을 행정인이나 행정조직이 윤리적·기술적·법률적 기준에 따라 행동해야 하는 의무라고 규정한다(Presthus, 1975: 441).

행정책임의 유형은 ① 도덕적·윤리적 책임(responsibility), ② 법적 책임(accountability), ③ 국민에 대한 대응성(responsiveness) 등으로 나눌 수 있다. 행정책임은 또한 행정인 또는 행정기관이 행정조직 내부에서 상관 또는 감독기관에 대해 책임을 지는 내재적 책임과, 행정인 또는 행정기관이 대외적으로 입법부·사법부 또는 국민에게 책임을 지는 외재적 책임으로 나눠 볼 수 있다(이종수, 2013c).

서양의 많은 학자는 행정책임을 '법률적 · 외재적 책임'을 의미하는 것으로 받아들이고 있다. 샤칸스키(Ira Sharkansky)는 행정책임의 본질을, 법률과 규칙을 준수하고 상급 직원의 지시와 명령에 복종해야 할 의무로 규정한다(Sharkansky, 1982: 92). 하몬(Michael Harmon) 또한 행정책임은 법규 또는 규칙, 법원의 판결에 의해 공식화될 수 있다고 하면서, 관료의 행위가 개인 또는 조직의 외부에 의한 통제를 받아야 하는 것이 행정책임의 본질이라고 설명한다(Harmon, 1981: 119; 김영종, 1995: 274).

행정책임의 유형을 좀 더 잘 이해하기 위해서는 1940년대(Friedrich, 1940; Finer, 1941)에 시작된 파이너(Herman Finer)와 프리드리히(Carl Joachim Friedrich)의 논쟁을 살펴볼 필요가 있다. 파이너는 「민주정부에서의 행정책임」(1966)이라는 논문에서 행정권력과 관료 권력이 강화되는 현상을 살펴보고, 행정인들은 국민에 의해 선출된 대표들의 통제를 받아야 할 것과 그들에게 책임을 져야 한다고 주장했다. 한편 프리드리히는 「공공정책과 행정책임의 성질」(1966)이라는 논문에서 관료들의 도의적 책임에 대해 논했다. 프리드리히는 재량권을 갖고 있는 행정인들이 책임있게 행동하도록 하기 위해서는 주관적 책임, 정치적 책임이 반드시 요청된다고 하면서 관료들의 도덕적 · 윤리적 책임의 중요성을 강조했다. 다시 말하면, 프리드리히는 관료들이 내적 점검(internal checks)을 통해 행정문제를 효과적으로 다룰 수 있다고 믿고 있으며, 파이너는 공무원들의 책임을 확보할 수 있는 유일한 방법(the only way)은 선출직 의원들에 의한 외적 통제(external control)뿐이라고 생각한 것이다.

2 행정통제

행정통제(administrative control)는 공무원 개인 또는 행정 체제의 일탈에 대한 감시와 처벌을 통해 행정 목표를 달성하려는 활동을 말한다. 행정통제는 행정책임과 표리의 관계에 있으며, 행정책임 확보의 수단이 된다. 행정통제란, 다른 측면에서 보면, 관료에게서 재량권을 빼앗는 것이다.

일반적으로 민주정부에서 따라야 할 행정통제의 기준은 두 가지다. 즉, ① 시민의 자유를 보존하는 것과, ② 공공의 목적 또는 집합적 목표에 봉사하는 것이다. 행정통제의 기준은 시대가 변함에 따라 조금씩 변화되어 왔다. 초기에는 행정통제가 인권을 권력으로부터 보호하기 위해 합법성이 존중되었지만 점차 민주성, 효과성, 공정성 등이 중시되고 있다.

행정통제를 이론적 측면에서 유형화한 학자는 길버트(C. E. Gilbert)다. 그는 행정통제의 방법을 통제자가 행정조직 내부에 위치하는가 그렇지 않은가에 따라 내부통제와 외부통제로 구분했다. 그리고 통제 방법이 법률 등으로 제도화되었는가 그렇지 않은가에 따라 공식적 통제와 비공식적 통제로 구분했다(Gilbert, 1959). 외부통제는 국회나 사법부와 같은 행정조직 외부의 사람이나 기관에 의한 통제이고, 내부통제는 행정조직 내부의 구성원 또는 행정인 자신에 의한 통제를 말한다. 비교적 행정이 단순했던 입법국가 시대에는 외부통제에 중점을 두었지만, 행정이 전문성과 복잡성을 띠게 된 현대 행정국가 시대에는 외부통제보다 내부통제가 점차 강조되고 있다.

〈표 3-1〉은 길버트가 제시한 행정통제의 유형에 기반하여 필자가 그 내용을 채워넣은 것이다.

행정통제에는 한계와 문제점이 따른다. 입법통제, 사법통제와 같은 공식적 외부통제는 전문성의 한계, 사후 통제의 문제점이 따르며, 내부통제 또한 정치적 판단에 따라 흐지부지되는 경우가 적지 않다. 그리고 최고 국정 책임자의 지시에 따라 이뤄

〈표 3-1〉 행정통제의 네 가지 유형

	외부통제	내부통제
공식적 통제	입법부에 의한 통제 사법부에 의한 통제	계층제 및 인사관리 제도를 통한 통제 감사원에 의한 통제 청와대와 국무총리실에 의한 통제 중앙행정부처에 의한 통제
비공식적 통제	시민에 의한 통제 이익집단에 의한 통제 여론, 매스컴 등에 의한 통제	동료집단의 평가와 비판 직업윤리에 의한 자율통제

자료: Gilbert(1959).

지는 정책에 대해서는 사실상 통제가 이뤄지지 않고 있다. 아울러 청와대, 국가정보원, 감사원, 검찰 등 권력기관은 통제자 또는 조정자라는 우월적 지위를 이용해 통제를 거부하거나 방해하기도 한다. 또한 중요한 정책 사안에 대해서는 정치적 흥정이 되고 나면 국민의 여론은 무시되어 버리는 풍토도 통제의 효과성을 떨어뜨린다.

공무원의 일상적 부패에 대한 사정기관의 통제 의지는 약한 편이다. 경찰, 구청, 세무서 등 단속 및 규제 업무에 종사하는 공무원의 경우, 이들에 대한 통제는 대개 일회적이거나 정치적 결정에 따르는 경우가 많다. 그리고 사법 당국도 이들에게 '국가 사회를 위해 헌신한 공로'를 참작한다는 명분으로 관용을 베풀고 있다.

행정통제의 효과를 높이기 위해서는 무엇보다도 정치적 책임성이 제고되고 시민사회의 참여가 강화되어야 할 것이다. 미시적 차원에서는 행정정보 공개제도를 활성화시키는 것이 효과적 수단이 될 수 있을 것이다.

Tip

행정통제는 부패와 비효율성을 방지하는 데 필수적으로 특히 최근에는 AI와 같은 첨단 기술을 활용해 신속하고 정확한 통제가 가능해졌다. 다음은 강력한 행정통제 시스템 도입을 위해 AI를 도입한 사례이다. G국가는 대규모 복지 예산을 관리하는 과정에서 부정 행위가 빈번히 발생했다. 예산이 허위로 청구되거나, 실제 수혜자에게 제대로 전달되지 않는 사례가 발견되었다. 보건복지부는 AI 기반 데이터 분석 시스템을 도입하여 대규모 데이터를 신속히 분석하여 비정상적인 높은 지출, 중복 등록, 허위 수령자 등의 사례를 자동으로 탐지했다. 예를 들어, 동일한 계좌로 반복적으로 청구된 지원금을 발견하여 조사를 진행했다. 부정 사례를 확인 후 관련 공무원 및 연루자 10여 명을 적발하고 징계와 형사 처벌을 통해 책임을 물었다. AI와 데이터 기반의 통제 시스템은 잠재적인 부정 행위자를 억제하는 예방효과를 가져오게 되었다. 이와 같이 행정통제는 부패와 비효율을 방지하는 데 필수적이며, 기술과 윤리적 기준을 결합하여 효과를 극대화할 수 있다.

연습문제

1. 본질적 행정가치와 수단적 행정가치의 개념적 차이를 설명하고, 각 가치가 행정에서 어떻게 조화를 이뤄야 하는지 논의해 보세요.
2. 공익과 형평성의 개념적 차이를 설명하고, 두 가치가 정책결정 과정에서 충돌 할 수 있는 상황과 이를 해결하기 위한 방안을 논의해 보세요.
3. 행정윤리가 공직자에게 특별히 중요한 이유를 설명하고 윤리적 기준이 부재할 경우 발생할 수 있는 행정적 문제를 예를 들어 논의해 보세요.
4. 내부통제와 외부통제의 장·단점을 비교하고, AI를 활용하여 두 통제 방식을 효과적으로 결합할 방안을 제시하세요.

Chapter 04

정책의 형성과 집행

제1절 정책의 의의 및 유형

정책이란 공공문제를 해결하거나 특정한 정책의 목표 달성을 위해 정부에 의해 결정된 행동방침을 말한다.

정책의 유형은 다양한 방식으로 분류될 수 있다. 정책은 우선 직제(職制)와 기능에 따라 문화정책, 경제정책, 교통정책, 교육정책, 통일정책, 외교정책 식으로 분류될 수 있다. 정책은 또한 그 성격에 따라 분류할 수 있는 바, 학문적으로는 '성격에 따른 분류'가 더 의미가 있다.

로위(T. J. Lowi)는 성격을 기준으로 하여 정책을 분배정책, 규제정책, 재분배정책, 구성정책으로 분류하고 있으며, 솔즈버리(R. H. Salisbury)는 분배정책, 규제정책, 재분배정책, 자율규제정책으로 분류한다. 그리고 앨먼드와 파월(G. A. Almond & G. B. Powell)은 분배정책, 규제정책, 추출정책, 상징정책의 네 가지로 분류하며, 리플리와 프랭클린(R. B. Ripley & G. A. Franklin)은 분배정책, 경쟁적 규제정책, 보호적 규제정책, 재분배정책으로 분류한다.

분배정책은 특정한 개인, 기업체, 조직, 지역사회에 공공서비스와 편익을 배분하는 것을 말한다. 수출 지원 금융, 지방자치단체에 대한 국가보조금 지급, 주택 자금의 대출, 택지 분양 등이 그런 정책에 속한다.

규제정책은 특정한 개인, 기업체, 조직에 제재나 통제 및 제한을 가하는 정책을 말한다. 환경오염 규제, 독과점 규제, 공공요금 규제 등이 좋은 예다. 규제정책은 정부의 정책 중 가장 많은 영역을 차지하고 있으며, 관련 집단들 사이에 적지 않은 반발을 불러일으킨다.

규제정책은 그 내용에 따라 경쟁적 규제정책과 보호적 규제정책으로 구분할 수 있다. 보호적 규제정책은 국민 일반(public at large)을 보호하자는 의도가 들어 있는 규제정책으로, 기업들의 독과점을 규제함으로써 일반 소비자들을 보호하고자 하는 정책이 이런 보호적 규제정책의 대표적인 예에 속한다. 이와 대비되는 경쟁적 규제

정책은 분배정책과 보호적 규제정책의 혼합형과 같은 것이다. 많은 이권이 걸려 있는 서비스나 용역을 특정한 개인이나 기업체 및 단체에 부여하면서 이들에게 설비기준 등 특별한 요구 조건을 부과하는 정책들이 여기에 속한다. 항공기 노선 배정, 이동통신 사업자 선정, 중화학 및 자동차 사업자 선정을 둘러싼 정책들이 여기에 해당된다.

재분배정책은 자산을 많이 소유하고 있는 집단으로부터 그렇지 못한 집단으로 이전시키는 정책을 말한다. 누진 소득세, 영세민 취로사업이나 임대주택의 건설 등의 정책이 이에 속한다. 재분배정책은 계급 대립적 성격을 띠고 있으며, 이 때문에 정책을 둘러싸고 많은 사회적 갈등이 야기되기 쉬우며, 집행이 어렵다는 특징을 지닌다.

그 밖에 구성정책은 정부기관의 신설이나 변경, 선거구 조정 등과 같이 정치 체제의 구조 및 운영과 관련된 정책을 말하고, 추출정책은 조세, 병역, 물자 수용, 노력 동원 등과 관련된 정책을 말하며, 상징정책은 경복궁 복원, 근대 열병, 올림픽경기 개최와 같이 국민 전체의 자긍심을 높이기 위한 정책들이 여기에 포함된다.

제2절 정책 유형과 정책이론

1 정책 유형

1) 실질적 · 기능적 분류

정책은 여러 가지 기준에 따라 다양하게 분류되는데, 보편적으로 정부조직과 각 기관이 담당하는 기능에 따라 정책 유형을 분류하는 실질적 · 기능적 분류가 많이 쓰인다. 이 기준에 따르면, 정책은 문화정책, 경제정책, 교육정책, 통일정책, 외교정책, 국방정책, 복지정책, 산업정책, 환경정책, 에너지정책, 여성정책 등 다양하게 분류할 수 있다. 그렇지만 이 기능에 따라 정책을 유형화할 경우에는 정부조직이 담당하는 기능과 정책의 실질적 내용이 일치하지 않는 경우가 발생할 수 있다는 단점이 있다. 뿐만 아니라 실질적 내용이 서로 다른 수많은 정책들에 관한 보편적인 원리를 발견하고자 하는 정책학의 목적에도 적합하지 않다는 단점도 있다. 이와 같은 단점들을 보완하고 모든 정책에 보편적인 특징만을 고려하여 정책을 분류하는 방법으로는 국내정책과 국외정책으로 나누고, 국내정책을 당시 경제 · 사회 · 문화정책 등으로 분류하는 것이다(정정길 외, 2011). 기존의 대표적인 학자들의 정책 유형 분류를 살펴보면 다음과 같다.

2) Lowi의 분류

지금까지 많은 학자들이 정책을 분류하였지만 그 중에서도 로위(Lowi, 1972)가 분류한 정책의 유형은 이후 학자들에게 많은 영향을 미쳤다고 볼 수 있다. 로위(T. J. Lowi)는 정책을 성격에 따라 배분정책, 규제정책, 재분배정책, 구성정책 등으로 분류하고 있는데, 이를 구체적으로 설명하면 다음과 같다.

첫째, 배분정책(distributive policy)은 개인, 집단, 기업 및 지역사회 등으로 분할된 특정 부류의 사회구성원들에게 재화나 서비스 또는 편익을 배분하는 것과 관련된 정책을 말하는 것으로 사회간접자본 구축, 공원 조성, 지방자치단체에 대한 국고보조금의 지급, 택지분양 정책, 주택자금 대출, 보건진료 등을 들 수 있다. 이와 같은 배분정책은 국민들이 필요로 하는 재화와 서비스를 정부가 적극적으로 제공하는 것을 그 내용으로 한다.

둘째, 규제정책(regulatory policy)은 개인이나 집단의 행동에 제한을 가하는 것과 관련된 정책이다. 규제정책 하에서는 정도의 차이는 있지만 그 대상이 누구든지 간에 규제받는 사람 또는 집단의 자유 내지 재량권은 제한받게 된다. 규제정책이 가지고 있는 특징에는 정책 불응자에게 강제력을 행사한다는 점과 국민의 자유와 권리를 제한하기 때문에 의회의 의결을 거친 법률의 형태를 취한다는 점 등이 있다. 대표적인 규제정책으로는 환경오염과 관련된 규제, 독과점 규제, 공공요금 규제, 소비자보호법, 식품위생법, 기업활동 규제 등을 들 수 있다.

한편 리플리와 프랭클린(R. B. Ripley & G. A. Franklin)은 규제정책을 경쟁적 규제정책과 보호적 규제정책으로 구분하였다. 경쟁적 규제정책은 경쟁을 통해 많은 경쟁자들 중에서 선택과 몇몇 개인이나 집단에게 소비자나 일반 국민들에게 필요한 재화와 서비스를 제공하는 사업을 운영할 수 있는 권리를 제공해 줌과 동시에 이들이 운영하는 사업의 일정 부분에 규제를 가하는 것을 의미한다. 대표적으로는 TV나 라디오 방송권 부여나 버스노선 운행권 부여 등이 여기에 해당한다고 볼 수 있다. 보호적 규제정책은 소비자나 일반 국민들을 보호하기 위해 사적인 활동을 하는 개인이나 집단의 자유나 권리행사에 제약을 가하는 것을 의미하며, 거의 대부분의 규제정책이 여기에 해당한다.

셋째, 재분배정책(redistributive policy)은 정책에서 가진 자와 가지지 못한 자 또는 무산계급과 유산계급과 같이 포괄적으로 분할된 인구집단 간 또는 인구계층 간에 기존의 부, 소득, 재산 또는 권리 등의 분포상태를 포함한 조세구조에서 재원을 조달하여 그 일부를 저소득층에 교부하거나 저소득층에 유리한 각종 사회적 급부를 제공하는 것을 의미한다. 이러한 재분배정책으로는 누진소득세, 종합부동산세, 영세민 취로사업, 임대주택 건설, 세액공제나 감면 등을 들 수 있다.

넷째, 구성정책(constituent policy)은 정치 체제의 구조와 운영과 관련된 정책으로써 정부기관의 신설과 변경, 선거구의 조정, 공직자의 보수와 연금에 관한 정책, 군인들을 위한 퇴직연금 등과 관련된 정책이 이에 해당한다.

3) Almond와 Powell의 분류

정책을 성격에 따라 배분정책, 규제정책, 재분배정책, 구성정책 등으로 분류한 로위(T. J. Lowi)의 정책 분류법과 비슷하게 앨먼드와 파월(G. A. Almond & G. B. Powell)은 정책을 정치 체계의 산출성과(performance)로써 배분정책, 규제정책, 추출정책, 상징정책으로 구분하였다. 배분정책과 규제정책은 로위의 분류법에서 설명한 내용과 유사하다.

앨먼드와 파월이 분류한 정책의 유형 중에서 추출정책(extractive performance)은 민간부문에서 자원을 추출하는 정책으로 국민에게 인적·물적 자원의 부담을 지우는 정책이다. 정부의 조세정책, 징병, 토지수용, 조세 징수, 각종 성금 등과 같이 민간부문에서 필요한 자원을 추출하는 정책을 말한다. 그리고 상징정책(symbolic performance)은 정치지도자들이 국가의 각종 위기(전쟁, 에너지 위기, 홍수 등) 시 국민들의 지원 및 국민들의 단결된 일체감을 조성하기 위한 정책을 말한다. 이것은 정치지도자가 이념에 호소하거나 미래의 업적 및 보상을 약속하는 것이며, 정부의 정통성을 주장하여 정책에 대한 순응을 확보하기 위한 것이다. 올림픽과 FIFA 월드컵의 개최, 국경일 지정, 애국심을 함양할 수 있는 위인의 동상 제작 등이 이에 해당한다.

2 정책이론

정책 현상과 과정을 설명하는 정책이론들은 무수히 많다. 이 책에서는 그 중에서도 정책 현상을 이해하는 데 도움이 될 수 있는 주요 정책이론들을 소개하는데, 여기에는 정치체제이론, 집단이론, 엘리트이론, 제도이론, 신제도이론, 문화이론, 딜레마이론, 시차이론에 대하여 설명한다.

1) 정치체제이론

정치체제이론(political system theory)에서 정책은 정치 체제의 산물이라고 본다. 이스턴(Easton, 1965)에 의하면, 정치 체제란 사회생활에 구속력을 갖게 되는 권위에 의하여 가치배분을 결정하는 구조, 절차 및 제도와 활동으로 구성되어 있다고 보았다. 정치체제이론은 가치판단의 문제, 정책형성의 전반적인 활동을 이해하는 데 매우 유용하고, 정책 과정의 일반적인 특성을 잘 묘사한 것으로 판단된다. 그러나 특정한 정책형성이나 구체적인 과정을 이해하는 데에는 상당히 제한적이다. 환경적인 투입이 정치 체제의 성질과 정책의 내용에 미치는 영향이나 환경의 정치세력 요소가 정치 체제에 어떻게 제시되는가 등에 대해서는 체제 모형으로 이해하기 곤란한 부분이다.

2) 집단이론

집단이론(group theory)에서 정책은 경쟁관계에 있는 집단 간의 투쟁의 산물로 보며 다원론이라고도 한다. 엘리트이론과 대비되는 이론으로 권력이 소수의 엘리트에 집중되어 있는 것이 아니라 다양한 이해관계 집단에 분산되어 있으며, 정책은 주어진 시간에 대립하는 집단 간의 투쟁에서 이뤄진 평형상태이고, 또 경쟁되는 집단이나 당파들이 선호하는 가치에 대한 균형이라 한다. 트루먼(D. Truman)에 의하면, 개인들은 정치적 세력을 확보하기 위하여 집단을 형성하고, 이들 이익의 일부 혹은 집단이익을 대표하여 활동할 때 정치적으로 중요한 의미를 지닌다고 본다. 집단이론에서의 집단의 힘을 강화시키기 위해선 구성원의 수, 재정력, 조직력, 리더십, 정책결정자의 접근 능력 및 단결력 등이 중요한 요소가 된다.

3) 엘리트이론

엘리트이론(elite theory)에서는 일반 대중이 정책을 결정하는 것이 아니라 정책과정에 참여하는 소수의 엘리트 계층이 정책을 결정하며, 그 결과 엘리트와 대중의 이해는 일치하지 않으며 대중의 대표성을 가지지 못하는 것으로 본다. 또 관료들과 행정기관에 의하여 이러한 정책이 집행된다는 것이다. 엘리트이론은 정책형성에서 리더십 역할을 중시하며, 다원적인 민주국가보다는 공산주의 국가의 정치제도를 설명하는 데 효과적이다.

4) 제도이론

제도이론(institutional theory)에서는 정책을 정치제도 내에서 정부의 권위에 의하여 결정된 정부제도의 직접적인 산물로 본다. 법적인 권력, 절차적 규정, 기능과 활동에 대한 관심이 점차 정치적인 제도 내에서 일어나는 정치적 과정에 대한 관심으로 바뀜에 따라 제도이론은 정치 과정에 참여하는 정치가들의 행태와 공식적인 구조보다는 정치적인 현실에 더 치중하는 경향이 있다. 정부제도의 공식적인 구조나 절차와 같은 양상도 정책을 이해하는데 중요하지만 제도의 관행이나 행태의 동태적인 과정도 중요한 것이다. 따라서 신제도이론이 등장하면서 제도는 개인의 행위와 사회적 현상을 설명하는 데 더욱더 중요한 요소로 간주되어 왔다.

5) 신제도이론

신제도이론(neo-institutional theory)에서도 정책을 정치제도 내에서 정부의 권위에 의하여 결정된 정부제도의 직접적인 산물로 본다. 그렇지만 신제도이론에서는 인간의 행위와 사회적 현상을 설명하는 과정에서 제도의 중요성을 강조하며, 제도 자체가 수행하는 독립적인 기능이나 제도가 인간의 유인 체계에 미치는 제약을 분석한다. 또한 신제도이론에서는 제도가 구제도이론에서 주장하는 바와 같이 인간의 행동이 나타나는 장(locus)일 뿐만 아니라 더 나아가 제도는 인간의 선호나 유인에 영향을 미쳐 궁극적으로는 인간의 행태에도 영향을 미친다고 주장한다(정정길 외, 2011).

이와 같은 신제도이론은 이후 합리적 선택 신제도주의, 역사적 신제도주의, 사회학적 신제도주의[1] 등으로 분화가 되며, 각각의 접근 방법과 방법론, 그리고 강조점 등은 매우 다르게 나타나게 된다.

6) 문화이론

문화이론에서는 문화적 편향에 따라 정책의 선호가 달라질 수 있다고 가정하면서 정책 현상을 이해하는 데 있어서 문화의 중요성을 강조한다. 정책의 각 과정에서 정책참여자들은 자신들이 가지고 있는 문화에 기초해서 정책문제를 정의하게 되고, 실제로 결정된 정책을 정책 대상집단들이 수용하는 과정에 있어서도 그들이 소유한 문화의 차이에 따라 수용의 범위와 수준이 달라질 수 있다.

따라서 이러한 문화는 정책문제를 정의하는 기본 인식 틀의 차이를 가져오며, 그렇기 때문에 정책 현상과 과정을 설명하는 데 있어서 중요한 요인이 된다.

---

1) 합리적 선택 신제도주의를 주장한 학자로는 Coase, Williamson, North, Ostrom 등이 있고, 역사적 신제도주의를 주장한 학자로는 Hall, Taylor, Immergut 등이 있다. 그리고 사회학적 신제도주의를 주장한 학자로는 Meyer, Rowan 등이 있다.

7) 딜레마이론

딜레마이론은 딜레마 상황에서의 정책결정을 다룬다. 딜레마는 두 가지 대안 가운데 한 가지를 선택해야 함에도 불구하고 선택이 매우 곤란한 상황으로 정의할 수 있다. 따라서 정책결정자가 만일 이러한 딜레마 상황에 처해 있다면 어떤 선택을 하더라도 높은 기회비용이 뒤따르기 때문에 이러지도 못하고 저러지도 못하는 곤란한 상황에 빠지게 된다. 딜레마이론은 바로 이와 같은 딜레마 상황이 발생하는 조건은 무엇이며, 그러한 상황 하에서는 정책결정자는 어떻게 행동하고 어떤 선택을 해야 하며, 그러한 선택행위로 인해 발생할 수 있는 문제점을 극복하기 위해서는 어떤 전략을 펼쳐야 하는지에 대한 것을 탐구하는 이론이다. 현실적으로 시급하게 처리해야 할 정책문제를 첨예한 이해관계의 대립으로 정책문제를 해결해야 할 정부가 딜레마 상황에 빠져 정책문제가 표류하고 있을 때 딜레마 상황의 체계적 분석을 통해 합리적인 정책결정을 모색하려는 딜레마이론[2)]은 상당히 큰 의미가 있다.

8) 시차이론

비교적 최근에 등장한 시차이론은 정책 현상과 정책 과정을 설명하는 데 있어서 시간의 중요성을 강조한다. 시차이론과 관련하여 정정길(2002)이 제시한 예를 살펴보면, 나트륨에 염소를 첨가하면 소금이 되고, 이를 물에 집어넣으면 소금물이 되지만 나트륨에 물을 먼저 첨가하면 폭발이 일어나고, 그런 후에 염소를 첨가하면 전혀 다른 결과물이 발생한다고 한다. 이는 동일한 원인변수들도 원인변수들의 변화 과정과 성숙 단계의 차이에 따라 결과변수에 미치는 영향은 크게 다르게 나타남을 잘 보여준다(정정길, 2002; 최종원, 2003). 따라서 정부의 동일한 개입 전략도 제도와 정책의 성장 시기에 따라 전혀 다른 결과를 초래하게 되며, 그렇기 때문에 우리는 정책 현상이나 과정을 설명할 때 시간의 중요성을 고려해야 한다.

---

2) 딜레마이론에 대한 보다 구체적인 내용은 김태룡(2007), 염재호 · 박국흠(1992), 박통희 · 김동환(1992), 이종범(1992), 이종범 외(1992) 등의 연구를 참고하기 바란다.

제3절 정책형성

1 정책형성의 개념과 절차

1) 정책형성의 개념

정책형성(policy making, policy formulation)이란 정부의 행동방침, 즉 정책을 복잡한 동적 과정을 거쳐 결정하는 것이라고 할 수 있다. 요컨대, 정책결정이란 정부 혹은 정치 체제가 공공문제를 해결하고 공익을 증진하기 위해 둘 이상의 대안 중에서 하나를 의도적으로 선택하는 행위 및 과정이라고 할 수 있다.

2) 정책형성의 절차

정책이 만들어지는 과정은 일반적으로 다음과 같은 단계를 거친다(이종수 외, 2012).

(1) **정책문제와 국민 욕구의 파악 단계:** 정책문제와 국민들이 바라는 욕구가 무엇인가를 파악함으로써 정책형성 작업은 시작된다. 이때 정책의제 설정, 정책문제의 인식과 정의 등의 작업이 이뤄진다.

(2) **목표 설정 단계:** 정부의 모든 활동에는 그 지향점, 즉 목표가 있다. 목표 설정을 통해 정부활동에 일관성을 유지할 수 있고, 관련자들의 노력을 하나로 결집할 수 있다.

(3) **정책대안의 수립 및 분석 단계:** 목표를 달성하기 위한 정책대안을 개발하여 이들의 장·단점, 제약 요인, 실현가능성 등을 따져보는 것이다. 여기에는 과학적 수치 분석뿐만 아니라 가치갈등 분석도 포함된다.

(4) **최적안의 선택(정책결정) 단계:** 대안들에 대한 분석 결과를 놓고 결정권을 가진 사람이 최종 결정을 함으로써 정책형성 과정은 끝난다.

그러나 정책형성의 각 단계는 항상 명확하게 구분되는 것이 아니며, 서로 얽혀

[그림 4-1] 정책형성의 절차

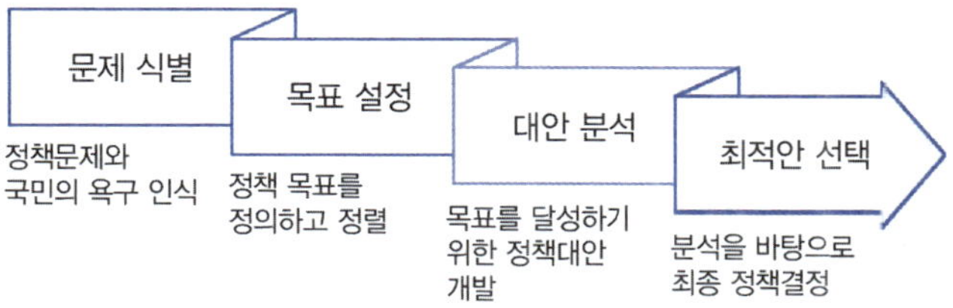

있는 것이 사실이다.

2 정책 과정의 단계

정책 과정의 단계는 정책의제 설정, 정책결정, 정책집행, 정책평가 및 환류, 정책 종결 등의 순으로 진행된다.

1) 정책의제 설정

정책의제 설정(policy agenda-setting)은 특정 사회문제가 선택되어 정부가 해결 또는 교정해야 할 정책의제로 설정되는 과정을 말한다. 이는 단순한 정부의 견해표명이 아니라 사회문제를 정책문제로 바꾸는 정부의 공식적인 의사결정 행위라고 볼 수 있다. 그리고 정책문제가 공식적인 정책참여자에게 도달하여 공식적으로 해결해야 할 필요성이 인정되면 정책의제(policy agenda)가 된다(제갈돈 외, 2017: 139).

2) 정책결정

정책결정(policy making)이란 "행정기관이 국가 목표를 설정하고, 그것을 달성하기 위한 정책대안을 작성해 그 결과를 예측·분석하고 채택하는 등 동태적인 과정"을 의미한다(이종수, 2009: 419).

정책결정자는 여러 가지 기준에 의거하거나 영향 요인에 기초하여 정책을 결정하는데, 이러한 기준이나 요인에는 정책결정자의 가치, 정당에의 충성심, 지역 주민들의 이해관계, 여론, 경청, 의사결정 규칙 등이 포함된다.

3) 정책집행

정책집행(policy implementation)은 "정책지시를 실행에 옮기는 과정"으로(Nakamura & Smallwood, 1980: 1), 정책의 내용을 실현하는 과정이라고 할 수 있다. 정치 · 행정이원론의 입장에서 정책집행은 정책결정자에 의해서 결정된 정책 목표 및 정책 수단을 기계적으로 처리하는 활동으로 행정 고유의 영역이라고 할 수 있다.

정책집행은 정책결정 과정에서 달성하고자 의도했던 정책 목표를 실현하는 과정으로 중요한 과정이라고 할 수 있다. 뿐만 아니라 정책집행 과정에서 추상적이고 모호했던 정책 내용이 좀 더 구체화되어 실질적인 정책 내용을 구성한다는 측면에서 정책집행에 관심을 기울일 필요가 있다. 궁극적으로는 정책집행이 이뤄져야 정부의 활동이 일반 국민들에게 영향을 미칠 수 있기 때문에 정책집행 과정은 국민생활과 직결되는 정부활동이라는 측면에서 매우 중요하다(정정길 외, 2011: 513).

4) 정책평가 및 환류

정책평가는 "정책의 내용과 집행 및 그 영향 등을 추정하거나 평정하는 것"을 의미한다(이종수, 2009: 424). 다시 말해, 정책평가는 정책이 실제로 효과가 있었는가를 살펴보는 것이다. 이러한 정책평가 과정을 통해 정책입안자(또는 정책결정자)나 일반 시민들과 언론에 정책의 결과를 보여줄 수 있다. 결국 정책의 결과에 대해 관련 당사자들의 환류(feedback) 과정이 이뤄질 수 있게 되어, 새로운 정책을 입안하거나 기존 정책의 수정을 통해 현재의 정책 결과를 개선할 수도 있다.

5) 정책종결

정책종결은 "종결의 대상을 정책, 사업, 법령, 정부의 기능 및 조직까지 광범위하게 포함되며, 이에 수반되는 종결 의지를 실현하려는 인위적이고 의도적인 노력"

[그림 4-2] 정책 과정의 단계

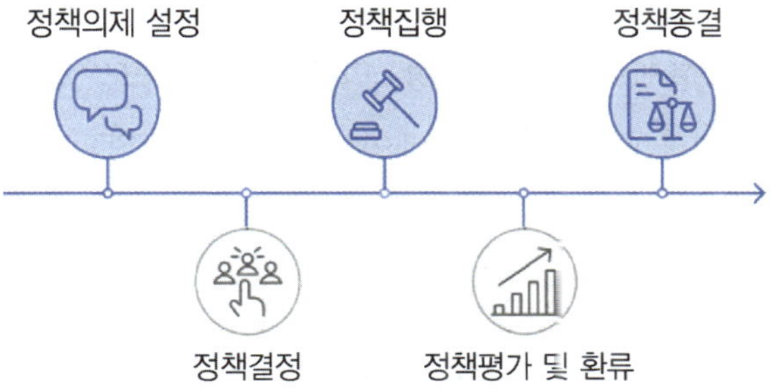

으로 정의할 수 있다. 간단히 설명하면 기존의 정책을 없애는 것을 정책종결이라고 할 수 있다.

3 정책형성 과정의 참여자

누가 정책형성 과정에 참여하며, 어떠한 영향을 미치는가를 파악하는 것은 정책 과정의 내용을 이해하는 중요한 요소 중의 하나가 된다. 정책결정 과정에는 다양한 이해관계자들이 참여한다. 사회에는 이익이 상반되는 여러 개인과 집단이 있게 마련이며, 이들은 각기 다양한 방법과 수단을 동원해서 정책결정자에 접근하여 그들의 이익을 관철시키려 노력하게 된다. 여기서는 정책결정 과정에 참여하는 공식적 참여자와 비공식적 참여자를 살펴보고자 한다.

정부조직 안에서 정책결정 과정에 직접적으로 관여하는 공식적 참여자로는 중앙정부 차원에서 대통령, 입법부, 행정기관과 관료 등을 들 수 있으며, 지방정부 차원에서는 자치단체장, 지방의회, 지방공무원, 국가 일선행정기관 등을 들 수 있다. 비공식적 참여자는 정부조직 밖에 있으면서 정책 과정에 직·간접적으로 참여하는 단체와 사람을 말한다. 대표적인 비공식적 참여자로서는 시민단체, 이익집단, 언론기관, 전문가 및 학자, 일반 국민, 정당 등을 들 수 있다.

4 정책결정의 이론모형

정책결정의 이론모형으로는 합리모형, 만족모형, 점증모형, 혼합탐사모형, 회사모형, 최적모형, 쓰레기통모형, 앨리슨(Allison) 모형 등 다양한 모형이 있다.

1) 합리모형

합리모형(rational model)은 공공문제를 해결하기 위한 모든 가능한 정책대안이 철저하게 검토되고, 각 대안이 초래할 모든 결과가 분석·예측되며, 각 대안 가운데서 최선의 유일한 대안(one best way)이 선택된다는 이론모형을 말한다.

이러한 합리모형은 하나의 규범적 모형으로, 다음과 같은 점에서 비현실적이라는 비판을 받고 있다. 즉, 합리모형에서는 정책결정과 관련된 모든 정보를 입수할 수 있고 모든 대안을 비교·평가할 수 있다고 가정되나, 현실적으로 인간의 능력에 한계가 있고 또한 시간적 한계도 따른다고 할 수 있다.

2) 만족모형

사이먼(H. A. Simon)과 마치(J. G. March) 등은 정책결정자의 전지·전능을 가정하는 합리모형과 대비되는 만족모형(satisficing model)을 제시하고 있다. 그들은 현실 속의 인간은, 그 능력의 한계 때문에 모든 대안이 아닌 소수의 대안만을 선택하여, 각 대안의 주요 결과 일부만을 비교·분석하고, '최적의 대안(optimal solution)'이 아닌 단지 '동의할 만한 대안(agreeable solution)'을 선택하게 된다는 것이다. 만족모형의 중심을 이루는 개념은 '제한된 합리성(bounded rationality)'이다.

이러한 만족모형도 다음과 같은 약점을 가지고 있다.

(1) 규범적 측면에서 보면, 최선의 대안이 아니라 동의할 만한 대안을 찾은 후에 대안 모색을 중단하게 되면 검토되지 않은 대안 중에서 훨씬 더 중요한 대안이 있어도 이것을 탐색하지 않고 포기하게 된다는 한계를 지닌다.

(2) 결정자의 만족 여부는 기대 수준에 달려 있는데, 이 기대 수준 자체가 극히

유동적이므로 어느 것이 만족할 만한 대안인지를 객관적으로 판단하기 어려운 경우가 많다.

(3) 일반적이고 경미한 의사결정에서는 무작위적으로 대안을 고려하고 만족할 만한 대안이 있으면 대안의 탐색이 중단된다는 사이먼의 주장이 옳겠지만, 이례적이고 중대한 의사결정에서는 이런 식의 의사결정이 아니라 분석적 결정이 이뤄질 가능성이 크다.

3) 점증모형

점증모형(incremental model)은 현실 속의 정책결정 현상을 보면 "기존의 정책에서 소폭적인 변화만을 가감한 정책, 즉 점증적 정책이 채택"되더라는 의사결정의 이론모형을 말한다. 합리모형에서는 모든 정책대안이 광범위하게 탐색될 것이 요구되는 데 비해, 점증모형에서는 기존의 정책에서 약간 수정·보완된 것만이 정책대안으로 고려된다. 예산안은 전형적인 점증모형에 의해 결정된다고 할 수 있다.

이러한 특징을 지닌 점증모형은 보수주의에 빠지기 쉬우며, 변동과 혁신을 설명하기 곤란하고, 기존의 정책에 오류가 존재할 때 '잘못된 정책에 의한 악순환' 현상이 발생할 소지가 많다는 등의 비판을 받는다.

4) 혼합탐사모형

혼합탐사모형(mixed scanning model of decision making)은 실제적인 정책결정에서는 합리적·근본적 결정과 세부적·점증적 결정을 혼합한 의사결정이 이뤄진다는 이론모형을 말한다. 에치오니(A. Etzioni)가 이스라엘의 군사 전략에서 아이디어를 얻어 제시한 이론모형이다.

이 모형에서 근본적 결정은 큰 줄기에 해당하는 부분에 대한 결정으로 대안 고려에서나 대안의 결과 평가에서 중요한 것만 고려하는 것으로서 합리모형 방식이 적용한다. 그 뒤 근본적 결정의 테두리 안에서 세부적인 결정이 이뤄진다는 것이다. 세부적 결정에서는 점증적 방식을 적용하여, 약간만 변화된 대안들에 대해 세밀한

[그림 4-3] 혼합탐사모형

분석이 이뤄진다.

이 모형은 정책이 크게 잘못되는 것을 줄이고 정책 목표 달성이라는 핵심에 좀 더 근접하는 결정을 만드는 데 효과적인 것으로 볼 수 있다.

5) 회사모형

회사모형(firm model)은 사이어트와 마치(R. Cyert & J. G. March)가 주장한 의사결정모형으로, 느슨하게 연결되어 있는 조직의 정책결정을 다루고 있다. 연합모형(coalition model)이라고도 한다. 많은 조직에서 각 단위 사업 부서별로 준독립적인 운영이 이뤄지는 경우가 많은데 이런 조직에서는 다른 부서 상황을 고려하면서 조직 전체의 목적을 극대화하는 결정을 해야 한다.

이 모형의 특징은 다음과 같다(이종수 외, 2012).

(1) **갈등의 준해결**: 결정에서는 관련 집단들의 요구가 모두 다 성취되기보다는 서로 나쁘지 않을 정도의 수준에서 타결점을 찾는 경향이 있다. 이때 밀접한 관련이 있는 이웃 집단의 가치와 목표는 고려해야 할 제약 조건으로 다뤄진다.

(2) **불확실성의 회피**: 결정자들은 가능한 한 불확실성을 줄이거나 회피하는 경향

을 보인다. 그래서 장기 전략보다는 단기 전략에 치중하고, 관련자들과 타협을 하며, 예측 가능한 결정 절차를 선호한다.

(3) **문제 중심의 탐색**: 결정자들은 시간과 능력의 제약 때문에 모든 상황을 다 고려하기보다는 특별한 관심을 끄는 문제 부분에 대해서만 고려한다.

(4) **조직의 학습**: 결정 작업이 반복되는 과정에서 결정자들은 점차 많은 경험을 쌓게 된다. 시간이 흐르고 경험이 많아짐에 따라 결정은 좀 더 세련되고 목표달성도는 높아진다.

(5) **표준 운영절차**(standard operating procedure: SOP): 경험이 축적되어 감에 따라 가장 효율적이라고 생각되는 결정 절차를 마련해 두고 이를 활용해 결정을 한다.

6) 최적모형

드로(Y. Dror)가 주장한 것으로, 기존의 합리적 결정 방식이 지나치게 수리적 완벽성을 추구해 현실성을 잃는 것을 경계하고, 그 반대로 다른 접근 방식들이 너무 현실 지향적이 되는 것을 막는다는 의도로 제시된 것이다. 앞서 살펴본 합리모형도 최적 대안을 추구한다는 면에서 최적모형이라고 할 수 있다.

드로의 최적모형은 정책결정 단계를 다음과 같이 세 단계로 나눈다.

(1) **초정책결정 단계**(meta-policymaking stage): 정책결정을 어떻게 할 것인가에 대한 결정을 하는 단계를 말한다. 즉, 참여자, 시기, 결정을 위한 조직과 비용, 결정 방식들을 미리 결정하는 것을 말한다.

(2) **정책결정 단계**(policymaking stage): 일반적인 결정 과정을 말한다.

(3) **후정책결정 단계**(post-policymaking stage): 결정이 이뤄진 이후에 집행 준비와 집행 과정에서 나타나는 정보에 따른 결정의 수정 작업이 여기에 포함된다.

드로의 최적모형은 정책결정에서는 합리적 분석만이 아니라 결정자의 직관적 판단도 중요한 역할을 하며, 양적 분석뿐만 아니라 질적 분석도 동시에 고려되어야 한다고 주장한다.

7) 쓰레기통모형

코헨(M. Cohen), 마치(J. G. March), 올슨(J. Olsen) 등이 제시한 쓰레기통모형(garbage can model)은 기본적으로 '조직화된 혼란 상태(organized anarchies)'에서의 의사결정을 다루고 있다. 이 이론모형은 현실 속의 정책결정은 어떤 일정한 규칙에 따라 움직이는 것이 아니라 문제, 해결책, 선택 기회, 참여자의 네 가지 요소가 독자적으로 흘러 다니다가 어떤 계기로 교차하여 서로 만나게 될 때 정책결정이 이뤄진다는 것이다.

8) 앨리슨 모형

앨리슨(Graham T. Allison)은 정책결정을 이해하는 모형으로서 다음과 같은 세 가지를 제시했다(유훈, 1995: 264-265).

(1) **합리적 행위자 모형**(rational actor model): 정책결정자로서의 정부를 잘 조정된 유기체로 보는 모형으로서, 정책결정을 명확한 목표를 지닌 행위자의 합리적 선택행위라고 본다.

(2) **조직과정 모형**(organizational process model): 정책결정자로서의 정부를 느슨하게 연결된 준독립적인 하위 조직체들의 집합으로 보는 모형으로서, 정책결정을 합리적 선택행위라고 보는 것이 아니라 조직 행태의 산출(output)로 보는 것이다.

(3) **관료정치 모형**(bureaucratic politics model): 정부를 서로 독립적인 정치적 참여자들의 집합체로 보는 모형으로서, 정책결정은 정치 체제 내의 집단이나 개인 간의 협상의 결과라고 보는 것이다.

앨리슨의 이 세 모형은 정책결정의 유형이라기보다는 어떻게 정책결정이 이뤄지는가를 이해하기 위한 모형이라 할 수 있다. 동일한 현상에 대한 해석이 모형에 따라 달라진다는 것이 앨리슨의 견해다. 앨리슨은 위기결정(crisis decisions)이나 외교정책 분야에서는 합리적 행위자 모형이 대부분의 정책결정 맥락을 구성하고 있다고 주장한다.

Tip

'정책결정의 이론모형 비교분석!'

- **합리모형**(rational model): 공공문제를 해결하기 위한 모든 가능한 대안을 철저히 검토하므로 정책결정의 신뢰성을 높이는 데 기여한다. 자원 배분이 효율적으로 이뤄져야 하는 행정 환경에서 합리적 선택의 중요성을 강조한다. 대규모 투자와 국가 전략적 정책결정에서 활용할 수 있다. 한계점은 정보부족과 시간의 제약으로 인해 모든 대안을 분석하는 것이 현실적으로 어렵다.
- **만족모형**(satisficing model): 제한된 자원과 시간 내에서 적합하고 동의 가능한 대안을 선택할 수 있어 공공부문의 실제 상황에 적합하다. 코로나19 백신 배분과 같이 긴급한 문제 해결에 효과적이다. 한계점은 최적 대안을 탐색하지 않다, 장치적으로 더 나은 대안을 놓칠 수 있다.
- **점증모형**(incremental model): 기존 정책을 기반으로 점진적 변화를 더하여 사회적 반발을 최소화할 수 있다. 급격한 변화보다는 소규모 변화를 통해 행정적 부담을 줄이고 실행력을 높일 수 있다. 예를 들어, 예산 결정, 인프라 개선, 단계적 정책 확대와 같이 광범위하게 적용된다. 한계점은 근본적인 문제 해결에 한계가 있으며 보수적 접근으로 혁신적 변화를 지연시킬 수 있다.
- **혼합탐사모형**(mixed scanning model): 근본적 결정은 합리모형을 적용하고, 세부 실행은 점증모형을 활용하여 장기 전략과 단기 실행을 조화롭게 결합한다. 대규모 프로젝트나 장기적 정책 목표에서 실행 가능성과 전략적 목표를 동시에 고려할 수 있다. 신도시 개발 등 국가적 프로젝트에서 큰 방향성과 실질적 실행을 연결하는 데 유용하다. 한계점은 모형을 병행하는 방식이기 때문에 시간과 자원이 많이 소요될 수 있다.
- **회사모형**(firm model): 부서 간 준독립적 운영과 협력을 통해 복잡한 행정 시스템을 효율적으로 운영할 수 있다. 반복적인 의사결정 과정에서 축적된 경험을 활용해 정책 품질을 지속적으로 개선한다. 공공 병원 시스템, 지방 행정조직 간 협업 모델 등에서 활용될 수 있다. 한계점은 부서 간 갈등과 소통 실패 시 정책효과가 저하될 수 있다.
- **최적모형**(optimal model): 정량적 분석과 직관적 판단을 결합하여 복잡한 정책문제에서 최적의 대안을 도출할 수 있다. 초정책결정, 정책결정, 후정책결정 단계로 정책의 전 과정을 체계적으로 관리한다. 보건정책 설계, 복합적 문제 해결 과정 등 정성적과 정량적 분석을 모두 요구하는 분야에 적합하다. 한계점은 결정자의 직관적 판단에 따라 결과가 좌우될 수 있다.
- **쓰레기통모형**(garbage can model): 현대 행정환경의 비정형적이고 다원적 의사결정 과정을 효과적으로 설명한다. 문제와 해결책을 연결하여 새로운 방식의 정책결정이 이뤄질 수 있다. 대학의 학사제도 개편, 공공조직 내 다중 이해관계자의 협력 과정에서 유용하다. 한계점은 체계적이지 않고 우연성에 지나치게 의존할 우려가 존재한다.

- **앨리슨 모형**(allison model): 합리적 행위자, 조직 과정, 관료정치의 세 가지 관점을 통해 정책결정을 다각도로 분석할 수 있다. 위기의 상황에서 정책결정을 효율적으로 이해하고 조정할 수 있다. 대규모 공공 프로젝트, 외교정책결정 등과 같이 복잡한 의사결정 과정에서 활용된다. 한계점은 각 관점이 서로 상충될 경우 정책결정의 일관성을 유지하기 어렵다.

제4절 정책집행

정책집행은 정책 수단들을 동원하여 정책을 시행하는 것을 말한다. 정책 속에 포함되어 있는 수많은 정책 수단과 계획들은 집행 작업을 거쳐 현실로 나타나야만 원하는 목표를 달성할 수 있다.

정책의 성공적 집행을 위해서는 올바른 정책 수단이 동원되어야 한다. 정책 수단이란 정부가 정책 목적을 달성하기 위해 사용하는 여러 가지 방법을 말한다(Salamon & Lund, 1989: 29). 정책 수단의 유형은 일반적으로 강제적 수단, 혼합적 수단, 자발적 수단으로 나눌 수 있다. 샐러먼(L. M. Salamon) 등은 강제적 수단으로 정부의 직접 시행, 규제, 공기업을 통한 시행 등을 들고 있으며, 혼합적 수단에는 보조금, 조세 감면, 지급 보증을, 그리고 자발적 수단에는 민간부문(시민단체, 시장경제 등)의 자율적 활동을 포함시키고 있다.

정책집행에는 정책의 유형, 사업계획의 성격, 집행 주체의 활동, 정책 대상집단의 특성, 환경적 요인 등 다양한 요소가 영향을 미친다. 정책의 유형에서 편익을 분배하는 분배정책은 집행이 용이하나, 재분배정책은 집단 간의 갈등을 초래함으로써 집행에 어려움이 초래될 수 있다. 그리고 정책에 포함된 사업계획의 성격이 명확하고, 일관성이 있으며, 소망성을 지닐 때 집행의 성공 가능성이 높다. 또한 집행 주체의 활동과 관련하여 집행 담당 조직의 분위기, 집행 구조, 관료 규범, 집행 절차, 재원 등도 정책집행에 큰 영향을 미치며, 정책집행 담당 공무원의 태도와 관련 기관과의 관계도 집행의 성공 여부에 영향을 끼친다. 나아가 정책 대상집단의 규모와 조직화 정도, 집행 주체의 협상 전략도 집행에 영향을 미치며, 경제적・정치적 여건, 대중매체의 관심과 여론의 반응, 정책결정기관의 지지도 등 환경적 요인도 집행의 성과에 큰 영향을 미친다.

제5절 정책분석과 평가

1 정책분석・평가의 의의와 유형

정책분석(政策分析, policy analysis)은 정책대안의 비용과 편익을 '사전(事前)'에 분석하는 활동을 말한다. 이에 반해 정책평가(政策評價, policy evaluation)는 정책의 내용과 집행 및 그 영향 등을 '사후(事後)'에 추정하거나 평가하는 것을 말한다. 그러나 일반적으로는 정책분석과 정책평가의 개념을 구분하지 않고 혼용하는 학자들이 많다.

정책분석의 개념은 다의적으로 사용되고 있다. 맥래(Duncan MacRae)와 윌드(James A. Wilde)는 정책분석을 "여러 대안 사이에서 최선의 정책을 선택하기 위해 이성적인 사고와 실제적인 증거를 활용하는 것"으로 정의하는가 하면, 스토키(Edith Stokey)와 젝하우서(Richard Zeckhauser)는 "합리적인 정책결정자가 목표를 수립하고 이러한 목표를 달성하기 위한 최선의 방법을 탐색해 가는 논리적 과정이 활용되는 분야"라고 정의하고 있다.

정책분석의 활동 유형에는 정책결정 요인에 관한 분석, 정책결정자들에게 제공할 정책 정보의 산출, 정책집행 결과에 대한 사후적 분석인 정책의 모니터링과 평가활동, 특정 정책이 추구하는 의도와 운용에 관한 연구・분석 등이 포함된다.

정책평가는 정책의 내용, 집행의 성공 여부 및 그 영향 등을 추정하거나 평가하는 것을 말한다. 정책평가는 정책 목표가 얼마나 잘 충족되었는가를 파악하기 위해,

정책의 성공과 실패의 원인을 규명하기 위해, 그리고 정책집행 도중에 발생한 문제점을 파악하여 정책집행을 개선하기 위한 목적 등으로 수행된다.

정책평가는 정책집행 과정에서 등장하는 여러 가지 문제점을 해결하여 더 나은 집행 전략과 방법을 모색하기 위해 실시되는 형성적 평가(formative evaluation)와, 정책집행 후 당초 의도했던 효과를 성취했는지 여부를 판단하는 총괄적 평가(summative evaluation)로 나눠 볼 수 있다. 형성적 평가는 과정평가 · 도중평가 · 진행평가 등으로도 불린다. 포괄적 평가(comprehensive evaluation)는 과정평가와 영향평가를 모두 포함하는 평가를 말한다.

2 정책분석 · 평가의 절차와 방법

정책분석 · 평가의 일반적 절차는 “목표의 규명-기준의 설정-인과모형의 작성-연구설계-자료의 수집 및 분석” 등으로 구성된다.

정책분석 · 평가 연구는 정책 목표와 수단 사이의 인과관계를 하나의 가설로 설정하고 이를 검증하기 위해 관련 자료를 분석한 뒤, 그 결과를 해석하고 처방하는 절차로 이뤄진다. 정책분석 · 평가는 타당성을 지녀야 한다. 정책분석 · 평가에서의 타당성은 구성적 타당성, 통계적 결론의 타당성, 내적 타당성, 외적 타당성의 네 가지로 구분할 수 있다.

(1) **구성적 타당성**(construct validity): 분석에 사용된 이론적 구성(construct) 요소들이 성공적으로 조작화(operationalize)된 정도를 의미한다.

(2) **통계적 결론의 타당성**(statistical conclusion validity): 통계분석을 통해 얻은 결론이 다른 연구의 결과 및 현실과 어느 정도 부합하는지를 따져보는 것을 의미한다.

(3) **내적 타당성**(internal validity): 분석을 통해 얻은 결론이 다른 경쟁적인 원인들에 의해서라기보다는 해당 처치(treatment)에 기인된 것이라고 볼 수 있는 정도를 의미한다.

(4) **외적 타당성**(external validity): 연구 · 분석을 통해 얻은 결론을 다른 집단 또는

상황에도 적용할 수 있는지, 즉 일반화(generalization)할 수 있는지의 정도를 말한다.

정책분석·평가 연구에서는 진실험적 방법과 준실험적 방법이 사용될 수 있다. 그러나 현실적 제약 때문에 준실험이 많이 사용된다 진실험은 실험집단과 비교집단(통제집단)의 동질성을 확보한 가운데 시행되는 실험을 말하며, 준실험은 무작위 배정을 하지 않아 동질성이 확보되지 않거나 비교집단 없이 행하는 실험을 말한다. 준실험적 연구설계로는 비동질적 비교집단 설계, 사후측정 비교집단 설계, 회귀불연속 설계, 단절적 시계열 설계 등이 있다.

오늘날 정책분석·평가에 대한 중요성이 강조되고 있으나, 아직 그 수준은 초보 단계에 있을 뿐만 아니라 과학적이고 전문적인 면에서의 질도 낮다고 하겠다(이종수 외, 2012).

정책분석·평가의 한계로는 주관적 판단의 개입 등 일반적 문제점 외에 방법론상의 장애, 유용화 과정에서의 평가자의 역할인지, 공식적 저항, 정책 목표의 불확실성, 정책영향의 확산 등을 들 수 있다.

[그림 4-4] 정책분석 · 평가 타당성 구성

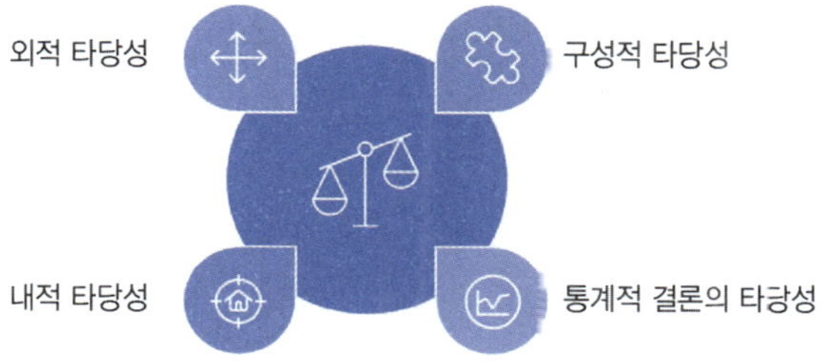

제6절 정책변동

정책변동(政策變動, policy change)은 당초의 정책이 변하는 것을 말한다. 정책변동은 정책 목표·수단·대상집단 등 정책의 내용이 변하는 것뿐만 아니라, 정책집행 방법의 변화까지도 포함한다.

정책변동의 대표적 유형으로는 정책혁신(policy innovation), 정책유지(policy maintenance), 정책승계(policy succession) 및 정책종결(policy termination)의 네 가지가 있다(Hogwood & Perters, 1983: 26; 백승기, 2001: 289-293). 정책혁신은 정부가 이때까지 관여하지 않던 분야에 개입하기 위해 새로운 정책을 결정하는 것을 말하며, 정책유지는 본래의 정책 목표를 달성하기 위해 정책의 기본 골격은 유지하되 상황의 변화에 따라 대응하는 것을 말한다. 그리고 정책승계는 정책의 기본 성격을 바꾸는 것으로 실제 정책 과정에서 가장 많이 나타난다. 정책승계에는 정책의 기본 목표는 그대로 유지하면서 정책을 대폭적으로 수정하거나 또는 기존의 정책을 새로운 정책으로 대체하는 경우 등을 포함한다. 그리고 정책종결은 기존 정책을 완전히 소멸시키는 것을 말한다.

정책종결의 유형은 특정한 정책을 일시에 종결시키는 '폭발형', 서서히 정책을 종결시키는 '점감형', 폭발형과 점감형을 혼합한 '혼합형'으로 나눠 볼 수 있다.

연습문제

1. 로위(T. J. Lowi)가 제시한 정책 유형 분류를 설명하고, 각 정책 유형에 해당하는 사례에 대해 논의해 보세요.
2. 정치체제이론과 집단이론의 차이를 설명하고, 이론들이 정책형성 과정에 어떻게 활용될 수 있는지 논의해 보세요.
3. 정책 과정의 주요 단계를 설명하고, 각 단계에서 발생할 수 있는 문제점과 이를 해결하기 위한 방안을 제시하세요.
4. 합리모형과 혼합탐사모형의 차이를 설명하고, 각각 모형에 적합한 정책결정 상황을 사례로 논의해 보세요.
5. 정책분석과 정책평가의 차이를 설명하고, 각 활동이 정책결정 과정에서 어떻게 활용될 수 있는지 논의해 보세요.

Chapter 05

조직관리

제 1 절 조직이론과 기초적 이해
제 2 절 조직구조론
제 3 절 조직행태론

제1절 조직이론의 기초적 이해

현대 사회는 조직사회다. 조직이 사회생활에서 중요한 행위자로 등장한 현대 사회를 조직사회(organizational society) 또는 조직국가(organizational state)라고 한다(Presthus, 1985; Lauman & Knoke, 1987). 조직사회에서는 개개인의 힘보다 조직의 힘이 더 크고 강하기 때문에 사람들은 문제 해결 및 문제 예방의 수단으로 다양한 조직을 결성한다. 정부조직은 특히 인간이 사회를 이뤄 생활하기 시작하면서 만들어졌으며 국가사회를 운영하기 위한 수단으로 그 역할을 다해 오고 있다.

조직은 "일정한 목표를 달성하기 위해 형성된 분업과 통합의 활동 체계를 갖춘 사회적 단위"로 정의할 수 있다(민진, 2012: 42). 이와 유사하게 행정조직을 정의하자면 "행정조직은 일정한 행정 목표를 달성하기 위해 분업과 통합의 활동 단위를 갖춘 사회적 단위"라 할 수 있다.

조직학의 학문적 뿌리는 사회학과 심리학에 두고 있다. 사회학적 전통과 배경에 뿌리를 둔 조직학은 조직이론(organization theory: OT)으로 발전했으며, 심리학적 배경에 뿌리를 둔 조직학은 조직행태론(organization behavior: OB)으로 발전했다. 조직이론은 조직행태론에 비해 거시적인 관점을 가지고 있으며, 주로 조직구조와 조직설계에 관심을 두고 있다. 반면에 조직 속의 인간 행태를 다루는 조직행태론은 미시적인 분석에 중점을 두고 있다. 여기서는 조직 현상을 좀 더 용이하게 이해하기 위해 조직구조론과 조직행태론으로 나눠 설명하고자 한다.

제2절 조직구조론

1 조직구조의 기본 개념

조직은 구조와 과정 및 규범을 내포하며, 환경과 교호작용을 하는 사회적 단위다.

조직구조(organization structure)는 조직구성원의 "유형화된 교호작용(patterned interaction)"을 말한다. 조직구성원들은 조직 목표를 달성하기 위해 서로 협동하면서 끊임없이 상호작용을 하는 바, 이러한 계속적인 교호작용 속에서 조직구성원들의 행위의 유형이 형성된다. 조직의 구조는 조직의 가장 기초가 되는 핵심적인 요소다. 조직구조의 기본 형태는 기계적 조직구조와 유기적 조직구조로 나눌 수 있다. 이러한 조직구조의 형태는 조직의 기본 변수와 상황 변수의 영향을 받는다.

조직구조의 기본 변수로 복잡성(complexity) · 공식성(formalization) · 집권성(centralization)을 들 수 있다. 이들 변수는 조직구조를 설계하고 분석할 때 사용된다. 복잡성은 수직적 · 수평적 분화의 정도를 가리키는 말이다. 공식화는 조직 내의 직무가 표준화되어 있는 정도를 가리키는 말이며, 집권화는 조직 내 의사결정 권한이 어느 개인, 집단, 계층에 집중되거나 분산되어 있는 정도를 의미한다.

앞서 살펴본 조직의 기본 변수, 즉 복잡성 · 공식성 · 집권성은 조직의 상황 변수, 즉 규모(size) · 기술(technology) · 환경(environment)의 영향을 받게 된다. 예를 들어, 조직 규모가 커지게 되면 어느 정도까지는 복잡성이 증대하다가 어느 수준부터는 체감된다. 그리고 조직의 규모가 커질수록 공식성은 높아지고 분권화가 촉진된다. 또한 일상적 기술을 사용하는 조직의 복잡성은 낮고, 공식성은 높다. 또한 환경의 복잡성과 불안정성이 높으면 조직은 분권화되고, 유기적 구조가 효과적인 조직구조가 된다.

이상의 논의를 요약하면 조직의 '상황 변수'는 '기본 변수'에 영향을 미치고, 조직의 기본 변수는 '조직구조의 형태'에 영향을 미친다고 할 수 있다. 알기 쉽게 표현하면 다음과 같이 나타낼 수 있다.

[조직의 상황 변수(규모 · 기술 · 환경) → 조직의 기본 변수(복잡성 · 공식성 · 집권성) → 조직구조의 형태(기계적 구조 · 유기적 구조)]

조직구조는 조직 내의 수평적 분화 및 수직적 분화 정도에 따라 다양한 형태를 띠고 있다. 대표적인 조직구조는 베버(Max Weber)가 제시한 관료제 조직으로, 분업화와 집권화 및 공식화 정도가 높은 조직 형태다. 조직구조는, 앞서 살펴보았듯이, 기본적으로 기계적 조직구조와 유기적 조직구조로 나눌 수 있으나, 그 밖에 애드호크라시(adhocracy) · 사업부제조직 · 직능조직 · 행렬조직 등으로 구분할 수 있다. 관료제조직은 전형적인 기계적 조직구조다.

조직구조를 설계할 때는 명령 체계, 계선과 참모, 통솔 범위, 집권화와 분권화, 공식화 정도를 고려해야 한다(Daft, 1998: 15-18).

명령 체계(chain of command)는 조직 내 모든 구성원을 연결하는 권한(authority)의 흐름으로 누가 누구에게 보고하는지를 지정한다. 조직의 관리자는 의사결정, 명령지침, 자원 배분에 관해 직위가 부여한 공식적이고 '정당한 권력'으로서의 권한을 행사한다. 따라서 상관은 조직의 계층을 따라 위에서 아래로 권한을 행사하고, 부하는 이에 복종한다(이종수 외, 2012).

계선 부서(line departments)는 조직의 일차적 목표와 관련된 과업을 수행하는 데 반해, 참모 부서(staff departments)는 전문성을 바탕으로 계선기관을 지원하는 일을 한다. 즉, 참모 부서는 지원 부서로 인력, 회계, 연구, 마케팅 등 지원 업무를 수행한다. 군대 조직에서는 작전참모, 인사참모, 군수참모 등이 참모 기능을 수행하며, 우리나라 정부기관에서는 차관보, 담당관 등이 참모 부서에 해당된다.

통솔 범위(span of control)는 한 상관에게 보고하는 부하의 수를 가리킨다. 전통적 조직이론에서는 6명 이내의 좁은 통솔 범위를 주장했다. 통솔 범위는 조직의 계층 수를 결정한다. 일반적으로 좁은 통솔 범위를 가지고 있어 계층 수가 많은 경우 고층조직(tall organization)이라 하고, 넓은 통솔 범위에 따라 계층 수가 적은 것은 저층

조직(flat organization)이라 한다. 최근의 조직이론에서는 비용 효율성, 신속한 의사결정, 관리 권한의 위임을 위해 넓은 통솔 범위를 가지는 저층조직을 선호한다.

집권화와 분권화는, 앞서 살펴보았듯이, 의사결정이 이뤄지는 계층이 위치한 수준을 나타낸다. 집권화(centralization)는 의사결정 권한이 조직 계층의 상층부에 집중되어 있는 것을 말하며, 분권화(decentralization)는 의사결정 권한이 조직의 하위계층에 분산되어 있는 경우를 말한다.

집권 조직은 위기 상황과 같은 불리한 조직환경에 효과적인 조직구조다. 분권조직은 최고관리자의 과도한 의사결정 부담을 경감하고, 조직구성원의 능력과 기술을 더욱 적극적으로 활용할 수 있다는 장점을 지닌다. 또한 분권화는 과업 내용을 가장 잘 알고 있는 조직의 하부 수준에서 의사결정이 이뤄질 수 있고, 환경 변화에 신속한 대응이 가능하다는 장점을 지닌다.

공식화(formalization)는 규칙 등이 문서화(written documentation)된 정도를 뜻한다. 문서에는 조직구성원을 지시하고 통제하는 데 관련된 직무기술서, 공식적 규칙 및 규정, 구체적 정책 및 절차를 포함한다. 공식화의 수준이 높은 과업을 수행하는 조직구성원에게는 재량의 여지가 적다. 따라서 높은 공식화는 과업 수행의 일관성과 능률성을 확보할 수 있다는 장점을 지니나, 조직구성원의 참여와 창의성을 제한한다

[그림 5-1] 조직구조 설계

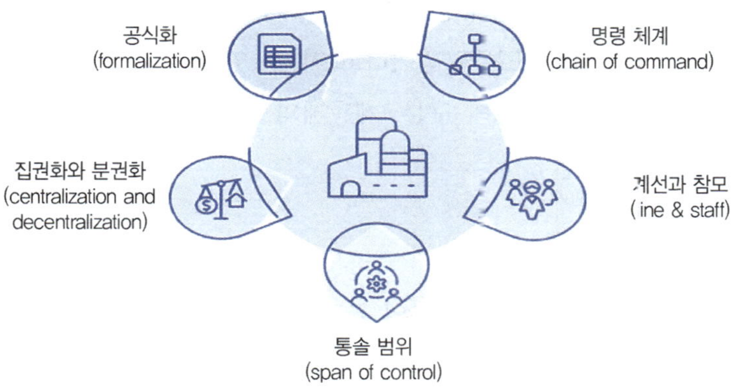

는 단점도 지닌다. 또한 공식화는 지나친 문서주의와 같은 부정적 문제를 낳기도 한다. 최근의 신공공관리론에서는 내부규제를 완화해 조직의 신축성을 제고하고, 조직구성원에게 재량권을 부여할 것을 강조한다.

2 조직구조의 설계

조직의 목표를 가장 효율적으로 달성할 수 있는 조직구조가 무엇인지를 찾는 작업은 조직이론이 탄생한 시점부터 지속적으로 이뤄져왔다. 초기 이론(고전적 조직이론)에서는 행정원리학파를 중심으로 하나의 가장 효율적인 조직구조를 탐색하고 이러한 구조를 설계하기 위한 원리를 제시하는 것이 주를 이루었다. 그러나 이후 사이먼(H. A. Simon)을 필두로 고전적 조직이론의 모순성 및 한계에 대한 비판이 제기됨에 따라 상황론적 접근법이 대세를 이루에 되었다. 이 책에서는 초기 고전적 조직이론의 입장을 원리론으로, 후자를 상황론으로 칭하고자 한다(제갈돈 외, 2017: 164).

1) 원리론

원리라 함은 조직구조를 어떻게 설계하는 것이 가장 바람직한지를 제시한 관점, 기준, 가정을 의미한다. 따라서 원리는 과학적 방법에 의해서 도출되었다기보다는 조직구조의 설계 경험이 있는 학자들의 직관에 근거하여 제시되었다고 할 수 있다. 조직구조의 원리란 조직구조를 수평적으로 어떻게 분화하고 수직적으로 어떻게 계층화할 것인지에 대한 기준 또는 규범이라고 할 수 있다. 이러한 조직구조의 원리로는 분업화의 원리, 계선과 참모의 구분, 계층제의 원리, 통솔 범위의 원리, 명령 통일의 원리 등을 들 수 있다.

(1) 분업화의 원리

원리론의 대표적인 학자 중 한 사람인 귤릭(Luther Gulick)은 「Notes on the Theory of Organization」이라는 논문에서 분업화의 원리를 가장 먼저 소개하면서, 분업을 실시해야 하는 이유를 다음의 세 가지로 설명하고 있다. 첫째, 사람들은 본성, 역량, 기술이 다르고 분업에 의해서 그 솜씨를 최대한 발휘할 수 있다. 둘째, 같은 사람이 동일한 시간에 두 장소에 있을 수 없다. 셋째, 한 사람이 같은 시간에 두 가지 일을 할 수 없다.

분업의 가장 기본적인 원리는 동질적인 업무는 하나로 묶고, 이질적인 업무는 서로 나누는 것이라고 할 수 있다. 여기에서 제기되는 질문은 어떤 기준에 따라 나누는가이다. 이에 대해 행정원리학파는 전문성의 원리와 부서 편성의 원리에 따라 답을 제시한다. 전문성의 원리라는 것은 전문화가 될수록 행정능률이 향상된다는 원리로 주로 하위 단위의 업무를 나눌 때 전문성을 기준으로 분류해야 한다. 그리고 부서 편성의 원리란 목적, 과정, 고객, 장소를 기준으로 부서를 편성할 때 행정능률이 증대된다는 것을 의미하는 것으로 주로 상위 단위의 업무를 분류할 때 활용된다.

(2) 계선과 참모의 구분

분업의 한 형태인 계선(line)과 참모(staff)는 기능이 다른 경우 이를 구분해야 한다. "즉, 계선은 부하에게 업무를 지시하고 직접 실행하는 책임선상에 있는 반면, 참모는 그 선상에서 비켜나 정보제공, 자료분석, 기획 등의 전문지식으로 계산의 관리활동을 돕는 조언자의 역할을 한다"(유인봉, 2010: 375). 따라서 계선관리자가 관리행위에 대한 책임을 지고, 참모는 계선상의 부하에 대해 직접 명령을 내릴 수 없다.

(3) 계층제의 원리

분업으로 인해 나눠진 업무는 다시 조정 및 통제를 위해 상하 계층을 만들고 서열화하여서 지시 · 보고감독 관계를 만들어야 할 필요가 있다. 계층제(hierarchy)에서 서열을 매기는 가장 중요한 기준은 권한과 책임이라고 할 수 있다. "상위 계층은 하위 계층에 일부 권한을 위임하고 결과에 대한 책임을 지우며 이들 계층 간의 이해를 조정한다. '서열'화는 사람이 아니라 직무에 수반되는 책임과 권한을 기준으로 나누는 것이 원칙이다"(유민봉, 2010: 375).

(4) 통솔 범위의 원리

사람이 관리하고 통솔할 수 있는 부하의 수는 한정적이다. 통솔의 범위는 한 사람이 효과적으로 통솔할 수 있는 부하의 수를 정할 수 있다는 가정에서 출발한다. 통솔의 범위라는 것은 상관에게 직접 보고하는 부하의 수이기도 하고 계층제의 원리와 밀접한 관련이 있다. 통솔의 범위가 좁을 경우 계층의 수가 늘어나고 통솔의 범위가 넓을 경우 계층의 수가 줄어들기 때문이다.

(5) 명령 통일의 원리

원리론에서는 하위 계층에서 상위 계층으로 명확한 보고 및 책임 체제를 강조한다. 이러한 체제를 유지하기 위해서는 반드시 부하는 한 명의 상관에게만 보고하고 명령을 받아야 하는 명령의 통일 원리가 작용한다. 즉, 여러 상관으로부터 명령을 받을 경우 명령 간 충돌이 발생할 수 있고, 이는 곧 부하의 업무 효율성에 저해된다는 것이다.

2) 상황론

사이먼의 비판으로부터 시작된 상황론은 조직의 효과성을 극대화하는 하나의 조직구조는 존재할 수 없고, 조직이 처한 상황에 따라 조직의 효과성을 극대화할 수 있는 조직구조가 다 다르다는 것이다. 원리론이 효과적인 조직의 구조적 특성을 규범적으로 제시하는 반면, 상황론은 그러한 특성이 정해져 있지 않고 조직이 처한 상황(변수)에 따라 효과적인 조직구조가 달라진다고 설명한다. 주로 제시되는 상황 변수로는 규모, 기술, 환경, 전략, 권력 등이 있다.

(1) 규모

조직 규모(size)는 조직의 크기를 의미하고, 조직 규모를 측정하는 지표로는 인적자원, 재정적 자원, 물적 수용 능력(예: 병원의 경우 병상 수), 고객의 수, 순자산, 매출액, 시장점유율, 산하기관의 수 및 시설의 수 등이 있다. 조직의 규모는 조직의 구조적 특성(복잡성, 공식화, 집권성)에 다양한 영향을 미칠 수 있고, 연구 결과에 따라 그 효과는 상이하게 나타났다. 조직의 규모가 조직의 구조적 특성 각각에 미치는 영향에 대해서 간략히 설명하면 다음과 같다.

첫째, 일반적으로 규모와 복잡성 간에는 정(+)의 상관관계가 존재한다. 왜냐하면 규모가 커지면 직위 및 구성원의 수가 증가하므르, 수직적·수평적 분화가 촉진되기 때문이다. 그러나 일정 규모 이상이 되면 그 분화되는 속도가 감소한다(Blau & Schoenherr, 1971).

둘째, 일반적으로 규모와 공식성 간에는 정(+)의 관계가 존재한다. 왜냐하면 조직의 규모가 커지면 계층의 수 및 통솔 범위가 증대되고, 그에 따라 직접 감독 비용이 증가하므로 공식화를 통한 통제 조치가 더욱 효율적이기 때문이다.

셋째, 일반적으로 조직 규모와 집권성은 부(−)의 상관관계가 존재한다. 왜냐하면 조직 규모가 커질수록 통제가 어려워지고 관리층의 업무량이 확대되므로 분권화의 필요성이 커지기 때문이다. 따라서 조직 규모가 커져 분화가 될수록 통합의 노력이 더욱더 필요하다.

(2) 기술

기술이란 일하는 방법, 즉 조직 내에서 투입물을 산출물로 전환시키는 지식, 기법, 과정을 의미한다. 조직에서 다루는 기술은 대상 영역에 따라 조직 전체, 하위 수준의 조직 단위, 그리고 개인적 직무의 수준으로 구분할 수 있고, 각 영역에서 요구되는 기술은 차이가 있을 수 있다. 예를 들어, 대학교 조직의 경우 교육이 기본 임무이지만 여러 단과대학, 교무처, 학생처, 사무처, 국제교류처, 도서관, 생활관, 기타 후생조직 등이 있다. 이 중 단과대학이 교육이라는 기술을, 도서관은 도서의 대출과 열람 등의 기술을, 사무처 등은 행정관리라는 기술을 각각 상용한다. 이외에도 기술은 다양하게 유형화할 수 있고, 상황이론(contingency theory)을 주장하는 여러 학자들은 조직의 기술 유형에 따라서 적합한 조직구조가 다르다고 주장하였다.

(3) 환경

환경은 조직 외부를 둘러싸고 있는 모든 요소를 포함한다. 이러한 모든 요소들이 복합적으로 작용하여 만들어 내는 불확실성의 정도가 조직구조의 차원에 영향을 많이 미치고 일반적인 영향 정도는 다음과 같다.

첫째, 환경이 불확실할수록 상황에 유연하고 신축적으로 적응해야 하므로, 조직구조의 복잡성(수직적 분화)은 낮아진다. 둘째, 환경이 불확실할수록 적응 능력과 신축성이 요구되므로, 조직구조의 공식성도 낮아진다. 마지막으로 환경이 불확실할수록 현장 관리자가 신속한 의사결정을 통하여 적응을 잘할 수 있도록 권한이 위임되므로, 집권성도 낮아진다.

3 조직구조의 모형

1) 조직구조의 기본 모형

조직구조의 기본 모형은 크게 기계적 구조(mechanistic structure)와 유기적 구조(organic structure)로 나눌 수 있다(Burns & Stalker, 1961).

기계적 구조는 엄격히 규정된 직무, 많은 규칙과 규정(높은 공식화), 집권적 권한, 분명한 명령 체계, 좁은 통솔 범위, 낮은 팀워크를 특징으로 한 조직구조로 내적 통제에 따른 예측 가능성이 높다는 장점을 지닌다. 반대로 유기적 구조는 적은 규칙과 규정(낮은 공식화), 분권적 권한, 광범위한 직무, 넓은 통솔 범위, 높은 팀워크를 특징으로 한 조직구조로, 환경 변화에 대한 적응성이 뛰어나다는 장점을 지닌다.

기계적 구조의 대표적 조직은 베버의 관료제 모형이다. 관료제는 전문화, 높은 공식화, 좁은 통솔 범위, 비정의성, 엄격한 명령 체계, 계층제적 조정을 특징으로 하는 전형적인 기계적 조직구조를 지닌다. 관료제는 대규모 조직에서 합리성과 효율성을 극대화할 수 있는 효과적인 조직구조로 1960년대까지 지배적인 조직구조의 패러다임으로 인정받았다. 그러나 1970년대 이후 급변하는 조직환경에 따라 탈관료제 모형이 대안으로 제기되었다.

유기적 구조의 대표적인 조직으로는 학습조직(learning organization)을 들 수 있다. 학습조직은 공동의 과업, 소수의 규정과 절차, 비공식적이고 분권적인 의사결정을 특징으로 한다. 학습조직은 모든 조직구성원이 문제 정의와 해결에 관여하고, 조직역량을 증진하기 위해 지속적인 실험을 가능케 하는 대단히 유기적인 조직구조의 특성을 갖고 있다. 학습조직은 세계 경제 통합에 따른 경쟁의 심화와 정보통신기술의 확산 등 환경의 급격한 변화에 따라 탄력적·신축적으로 적응할 수 있는 대응적 조직구조로 관심을 끌고 있다.

현실 속의 조직은 그러나 어떠한 조직도 기계적 또는 유기적 구조 가운데 하나를 배타적으로 채택하고 있지는 않다. 즉, 우리가 일상적으로 접하는 현실의 조직구조들은 기계적 구조와 유기적 구조의 양 극단 사이에 위치한다(이종수 외, 2012).

2) 조직구조의 다양한 모형들

(1) 기능구조

기능구조(functional structure)는 기능부서화 방식에 기초한 조직구조 유형이다. 기능부서화는 유사한 기능을 수행하거나, 유사한 지식이나 기술을 가진 구성원을 동일 부서로 묶는 방식을 말한다. 예를 들어, 제품 생산과 관련된 직위는 생산부로, 판매와 관련된 직위는 판매부로 묶는 방식을 말한다.

기능구조는 기능 내에서 규모의 경제를 실현할 수 있다는 장점을 지닌다. 즉, 유사한 기능적 업무를 묶어 시설과 자원을 공유함으로써 중복과 낭비를 막아 효율성을 높일 수 있다. 기능구조의 단점은 부서들 간의 조정과 협력이 요구되는 환경 변화에 둔감하다는 것이다.

(2) 사업구조

사업구조(divisional structure)는 산출물에 기반하여 조직구조를 만든 것을 말한다. 사업구조의 각 부서는 특정한 하나의 제품을 생산하거나, 한 지역에 봉사하거나, 또는 특정 고객집단에 봉사할 때 필요한 모든 기능적 직위들이 한 부서 내로 배치된 자기완결적 단위다.

사업구조의 각 부서는 기능 간 조정이 용이하므로 환경 변화에 좀 더 신축적이고, 대응적일 수 있다는 장점을 지닌다. 그리고 성과관리에 유리하며, 구성원들에게 포괄적인 목표관을 갖게 해주는 장점도 지닌다. 그러나 사업구조는 산출물별 생산라인의 중복에 따른 규모경제와 효율성에 손실이 있다는 단점을 지닌다. 또한 사업부서 간의 경쟁이 지나칠 경우 조직 전반에 부정적 결과를 초래할 수 있다는 점도 단점이라고 할 수 있다.

(3) 매트릭스구조

매트릭스구조(matrix structure)는 기능구조와 사업구조를 혼합한 조직구조다. 매트릭스구조의 특징은 이원적 권한 체계를 갖는 데 있다. 즉, 조직구성원은 두 명의 상관에게 보고하는 체계를 가진다.

매트릭스구조는 신축성과 적응성이 요구되는 불안정하고 급변하는 조직환경에 효과적이다. 매트릭스구조의 단점은 이중 권한 체계가 개인에 미치는 혼란, 갈등, 좌절이다. 매트릭스구조에서는 특히 기능부서와 사업부서 간의 갈등이 높다. 따라서 갈등 해결에 요구되는 시간과 노력의 낭비가 불가피하다.

(4) 수평구조

수평구조는 핵심 업무 과정을 중심으로 조직구성원을 조직화한 것을 말한다. 즉, 특정한 업무 과정에서 일하는 개개인을 팀으로 모아 의사소통과 조정을 쉽게 한 것을 말한다. 팀구조라고도 한다.

수평구조의 장점은 고객 수요 변화에 신속히 대응할 수 있도록 조직의 신축성을 크게 제고할 수 있는 데 있다. 또한 부서 간의 경계가 엷어 조직 전체의 관점에서 업무를 이해하게 되고, 팀워크 형성과 조정에 유리하다는 장점을 지닌다.

(5) 네트워크구조

네트워크구조란 핵심 역량 위주로 조직의 주요 기능을 합리화하고, 여타 기능은 외부 기관들과 계약 관계를 통해 수행하는 조직구조 유형을 말한다. 네트워크구조는 유기적 조직 유형의 하나로 정보통신기술의 확산으로 채택된 새로운 조직구조의 유형이다.

네트워크구조의 주요 장점은 전 지구적으로 최고 품질과 최저 비용의 자원들을 활용할 수 있으면서도, 아주 간소화된 조직구조를 갖는 데 있다. 또한 환경 변화에 신축적이고, 신속한 대응이 가능하다는 장점을 지닌다. 그러나 네트워크구조는 계약 관계에 있는 외부 기관을 직접 통제하기 어렵다는 단점을 지닌다.

(6) 애드호크라시

애드호크라시(adhocracy)는 항구성(permanency)을 특징으로 하는 관료제 구조에 반대되는 유기적 조직구조다. 애드호크라시는 기계적이고 정태적이며, 일상적인 관료제에 비해 유기성 · 동태성 · 비일상성을 강조하는 조직구조다. 이 개념을 만들어 낸 베니스(Warren G. Bennis)는 애드호크라시를 “다양한 전문 기술을 가진 비교적 이질적인 전문가들이 프로젝트를 중심으로 집단을 구성하여 문제를 해결하는 변화가 빠르고, 적응적이며, 일시적인 체계”로 정의하고 있다. 애드호크라시는 관료제와는 달리 유연성(flexibility) · 적응성(adaptability) · 대응성(responsiveness) · 혁신성(innovation)이 높다는 점에서 유기적 조직구조에 속한다(양창삼, 1992).

애드호크라시는 낮은 수준의 복잡성, 낮은 수준의 공식화, 분권적 의사결정 등의 구조적 특성을 가지고 있다. 애드호크라시는 다양한 조직구조의 모양을 가지고 있으며, 대표적인 것으로 태스크포스, 위원회조직 등을 들 수 있다.

3) 지식정보사회의 조직구조의 변화

20세기 후반 비약적 발전을 거듭한 정보기술(information technology)은 사회의 모든 부문에 걸쳐 혁명적 변화를 가져왔다.

조직구조 측면에서 지식정보사회의 도래는 조직의 신축성을 보장하는 조직이론의 탄생을 강요하고 있다. 환경에 신속하게 적응하기 위해서는 조직의 유연성과 신축성을 극대화시킬 수 있어야 한다. 따라서 지식사회의 조직은 수평적으로 연결된 네트워크구조(network structure)나 가상조직(virtual organization)의 형태를 띠게 된다(Naisbitt, 1988; Toffler, 1990). 이러한 새로운 형태의 조직구조는 관료제의 계층제를 완화시켜 환경에 대한 조직의 신축적인 대응을 가능하게 하기 위한 것이다. 물론 정보화의 진전에 따라 정부관료제의 계층제적 구조가 오히려 강화될 것이라는 우려가 대두되기도 하나 조직의 수평화와 네트워크화는 거역할 수 없는 추세다.

정보화에 의한 새로운 조직 형태의 예로는 후기 기업가조직, 삼엽(三葉)조직, 혼돈정부, 공동정부 등을 들 수 있다(박우순, 1996a: 709-716).

후기 기업가조직(post-entrepreneurial organization)은 신속한 행동, 창의적 탐색, 더 많은 신축성, 직원과 고객과의 밀접한 관계 등을 강조하는 조직 형태다. 삼엽조직은 조직을 구성하는 세 유형의 근로자 집단을 나타내기 위해 붙여진 이름이다(Handy, 1989). 세 유형의 근로자는 핵심적인 소규모 전문직 근로자, 계약직 근로자, 신축적인 근로자를 말한다. 이들로 구성된 삼엽조직(shamrock organization)의 조직구조와 고용 체계는 직원의 수를 소규모로 유지하는 반면에 산출의 극대화를 가능하도록 설계된다. 따라서 조직구조는 계층 수가 적은 날씬한 조직이 되며, 고품질의 상품과 서비스를 적시에 공급할 수 있다는 장점을 지닌다. 혼돈정부(chaos government)는 자연과학에서 비롯된 카오스이론(chaos theory), 비선형동학(nonlinear dynamics), 또는 최근의 복잡성이론(complexity theory) 등을 정부조직에 적용한 조직 형태다.

20세기 말 시작된 정부혁신의 주요 양태로는 정부 기능의 일부를 민간에 양도하거나 위탁하는 민영화와 민간위탁을 들 수 있다. 정부가 공급하는 행정서비스의 생산 및 공급 업무를 제3자에게 위임 또는 위탁하게 되면 정부의 기능은 현저하게 줄어들게 된다. 결과적으로 정부는 기획, 조정, 통제, 감독 등의 중요한 업무만을 수행하게 되는 것이다. 이와 같이 정부의 업무가 축소된 형태를 공동(空洞)정부 또는 공동조직(hollow organization)이라고 한다(Milward, 1994).

이러한 형태의 정부조직은 고객에 대한 복지서비스의 공급을 중시하는 그림자 국가(shadow state), 정부와 제3자와의 계약을 강조하는 대리정부(government by proxy), 제3자 정부(third-party government), 계약정권(contract regime) 등으로 일컬어지기도 한다(Salamon, 1981; Kettl, 1988; Wolch, 1990).

제3절 조직행태론

효과적인 조직관리를 위해서는 조직 내 인간의 본질을 이해해야 하며, 그들의 행위가 어떻게 이뤄지는가를 파악해야 한다. 조직 속의 구성원들의 행태에 관심을 갖는 조직행태론의 주요 연구 분야로는 동기이론, 리더십, 권력, 갈등관리, 의사전달, 의사결정 등이 있다.

1 동기이론

조직구성원의 행동을 효과적으로 관리하기 위해서는 조직구성원들에게 동기를 부여하여 그들의 행동이 조직의 효과성을 겨냥하도록 유도해야 한다. 일반적으로 동기이론은 동기를 유발하는 요인의 내용을 설명하는 내용이론(content theories)과 동기유발의 과정을 설명하는 과정이론(process theories)으로 분류할 수 있다.

1) 내용이론

(1) 머슬로의 욕구계층이론

머슬로(A. H. Maslow)는 인간의 욕구를 다섯 가지로 나눈 욕구계층이론을 제시했다. 그의 이론은 다음과 같은 세 가지 전제 위에 성립한 것이다.

① 인간의 동기는 다섯 가지 욕구(생리적 욕구, 안전 욕구, 사회적 욕구, 존경 욕구, 자아실현 욕구)의 계층에 따라 순차적으로 유발되고, ② 동기로 작용하는 욕구는 충족되지 않은 욕구이며, 충족된 욕구는 동기로서의 힘을 상실한다. ③ 인간은 그러한 다섯 가지 욕구들을 부분적으로 밖에 충족시키지 못하기 때문에 인간은 항구적으로 무엇인가를 원하는 동물(perpetually wanting animal)이라고 하는 욕구계층이론을 주장했다(Maslow, 1943: 370-396; 1954: 92).

이러한 욕구계층이론은 인간의 기본적 욕구를 파악하여 계층별로 분류하고, 그들 간의 관계를 설명함으로써 인간의 행동을 작동시키는 동기를 이해시켜주며, 조직 구성원의 개인적 문제 해결의 개념틀을 제시해주었다는 점에서 높은 평가를 받고 있다.

그러나 욕구계층이론은 다음의 여러 비판도 받고 있다. 즉, 인간의 기본 욕구를 다섯 가지로 분류하는 것의 타당성이 의심스러우며, 어느 욕구가 충족된다 하더라도 그 욕구가 동기 유발 요인으로서의 의미를 완전히 상실하는 것이 아니라 강도가 약화되어 하나의 욕구로서 여전히 존재하고 있을 뿐 아니라, 또한 항상 하나의 욕구가 하나의 행동을 유발한다기보다는 두 가지 이상의 복합적인 욕구가 하나의 행동을 유발한다고 보는 것이 타당하다는 등의 비판이 제기되고 있다.

[그림 5-2] 머슬로의 욕구계층이론

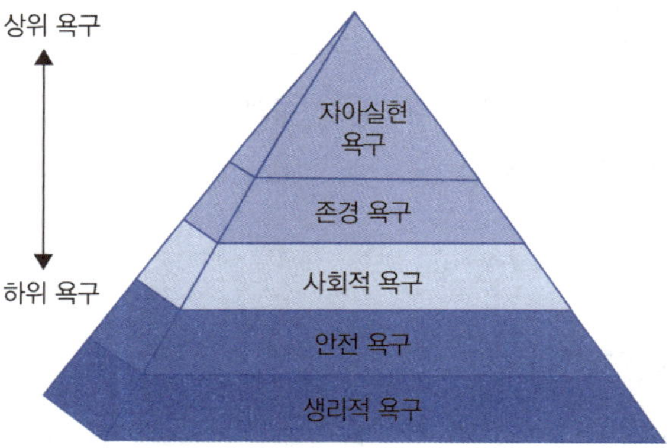

(2) 앨더퍼의 ERG이론

앨더퍼(C. Alderfer)는 머슬로의 욕구계층이론을 수정하여, 기본 욕구로서의 존재 욕구(existence needs), 관계 욕구(relatedness needs), 성장 욕구(growth needs)의 머리글자를 따서 ERG이론을 제시했다. 존재 욕구는 머슬로의 생리적 욕구와 안전 욕구 일부를 포함하며, 관계 욕구는 머슬로의 안전 욕구, 중 대인 관계 차원의 비물리적 안전(원만한 인간관계 등)과 사회적 욕구, 그리고 존경 욕구 중 일부를 포함한다. 그리고 성장 욕구는 머슬로의 존경 욕구 중 일부와 자아실현 욕구를 포함한다.

앨더퍼는 우선 인간의 기본 욕구를 머슬로와는 달리 세 가지로 보았다. 그리고 앨더퍼는 두 가지 이상의 욕구가 동시에 작용하여 복합적으로 하나의 행동을 유발한다고 주장한 점에서, 다섯 가지 욕구 중에서 가장 우세한 하나의 욕구에 의해 하나의 행동이 유발된다고 본 머슬로와는 다르다. 앨더퍼는 또한 욕구 만족 시 욕구발로의 전진적 · 상향적 진행뿐만 아니라 욕구 좌절로 인한 후진적 · 하향적 퇴행을 제시하고 있다는 점에서도 머슬로와 다르다.

앨더퍼의 ERG이론은 머슬로의 욕구계층이론보다는 인간의 동기를 더 현실적으로 설명하는 것으로 평가받고 있다.

[그림 5-3] 앨더퍼의 ERG이론

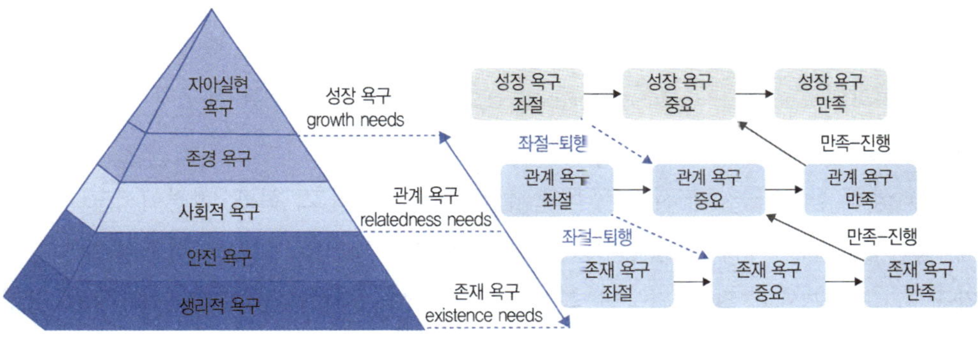

(3) 허즈버그의 욕구충족요인 이원론

허즈버그(Ferderick Herzberg)의 욕구충족요인 이원론은 조직구성원에게 불만족을 주는 요인과 만족을 주는 요인은 상호 독립되어 있다고 주장한다(Herzberg, 1966). 즉, 그는 인간의 기본 욕구의 범주를 불만족을 느끼게 하는 위생 요인(hygiene factors)과 만족을 주고 동기를 유발하는 데 작용하는 동기 요인(motivators)으로 이분화했다.

위생 요인은 '직무의 맥락(job context)'과 관계되는 것으로서 일 그 자체보다도 '직무 환경'과 관련된 요소라 할 수 있다. 주로 조직의 방침 (정책)과 행정, 관리 감독, 상사와의 관계, 근무 환경, 보수, 동료와의 관계, 부하 직원과의 관계, 지위, 안전 등이 여기에 속한다. 그리고 동기 요인은 열심히 일하게 하고 작업 성과도 높여주는 요인으로서 성취, 인정, 직무 내용, 책임, 승진・승급, 성장 등이 여기에 속한다.

허즈버그의 욕구충족요인 이원론은 만족을 주는 요인과 불만족을 방지하는 요인은 서로 다른 차원이라는 것을 제시하여 조직관리의 측면에서 실질적인 공헌을 한 것이 사실이다. 그러나 이 이론 역시 많은 한계점을 갖고 있다. 즉, 개인차에 대한 고려가 없으며, 직무 요소와 동기 및 성과 간의 관계가 충분히 분석되어 있지 않다는 등의 비판을 받고 있다.

(4) 맥클레랜드의 성취동기이론

맥클레랜드(D. McClelland)는 조직구성원들의 성취 욕구를 집중적으로 연구하여 성공적인 기업가가 되게 하는 요인이 성취 욕구라는 점을 입증하고자 했다. 인간의 욕구 중에서 습득된 욕구들을 성취 욕구(need for achievement), 소속 욕구(need for affiliation), 그리고 권력 욕구(need for power)로 분류한 그는 성취 욕구가 강한 사람들의 중요한 특징을 다음과 같이 지적했다.

① 성취 동기가 강한 사람은 목표 설정을 중요시하고, 목표 설정에서도 난이도에 모험성을 가미하여 도전적이다. 물론 실패에 대해서도 비슷한 정도의 두려움을 가진다. 그러면서도 달성 가능한 목표를 설정하여 성과를 높여간다. ② 목표 달성 과정에서 성취 동기가 강한 사람들은 경과 진행 상황과 성과 결과 등에 대한 빠른 환류(feedback)를 원하며, 이를 통해 자신들이 얼마나 잘하고 있는지를 점검한다. ③ 성취 동기가 강한 사람들은 성과 지향적인 동료들과 근무하기를 원한다. ④ 성취 동기가 강한 사람은 자신의 개인적 개선(personal improvement)에 주저하지 않고 적극적이다(이종수 외, 2011).

그는 또한 권력 욕구가 강한 사람은 다른 사람에게 영향력을 행사하거나 통제하려는 생각이 강하며, 논쟁에서 이기려 하고 타인의 행동을 변화시키려 하며, 권위와 지위를 얻기 위해 자신의 영향력을 행사할 대상을 찾는 데 많은 시간을 보낸다는 것이다. 그리고 소속 욕구가 강한 사람은 타인에 대한 권력 행사나 강력한 성취 욕구보다는 타인과의 따뜻하고 친근한 관계를 유지하는 데 많은 시간을 할애한다고 맥클레랜드는 지적한다.

(5) 맥그리거의 X · Y이론

맥그리거(D. McGregor)의 X · Y이론은 인간관을 X · Y형 두 가지로 대별하여 이러한 인간관에 따라 각기 다른 인간관리 전략을 제시한다(McGregor, 1960). 그는 전통적 관리 체제를 정당화시켜주는 인간관을 X이론, 새로운 인간관으로 제안한 것을 Y이론이라고 불렀다. X이론은 머슬로가 말한 욕구 계층 가운데서 주로 하위 욕구를 중요시하는 것이며, Y이론은 상위 욕구를 중요시하는 이론이다.

X이론에 따른 관리전략은 강제 · 통제 · 명령 · 처벌 등을 기초로 하고, Y이론은 자율에 의한 통제를 중시한다고 하면서, 맥그리거는 X이론적 관리전략을 비판했다. 즉, 조직관리에서는 조직구성원에 대한 지시와 통제가 주무기가 되어서는 안 되고, 조직구성원의 잠재력이 능동적으로 발휘되게 하면서 개인과 조직이 원하는 바를 서로 통합시킬 수 있는 Y이론적 인간관이 바탕이 되어야 한다고 주장했다(이종수 외,

[그림 5-4] 맥그리거의 X · Y이론

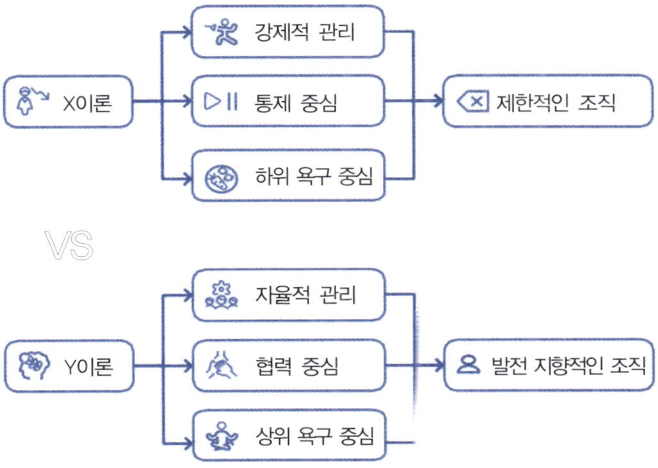

2012).

2) 과정이론

과정이론(process theories of motivation)은 인식절차이론(cognitive process theories of motivation)으로 불리기도 한다. 내용이론이 욕구의 종류와 내용을 바탕으로 한 이론이라면, 과정이론은 정보처리(information processing)나 인식(cognition) 혹은 직무 환경 요인과 상황 등에 초점을 둔다. 과정이론으로는 브룸의 기대이론, 포터와 롤러의 동기 유발 모형, 애덤스의 형평성이론 등을 대표적인 예로 들 수 있다.

(1) 브룸의 기대이론(VIE 모형)

브룸(Victor H. Vroom)의 기대이론(expectancy theory)은 행위와 보상이 어떻게 연결되는가를 살펴봄으로써 개인의 지각에 의한 동기부여의 과정을 설명하려 한다. 기대이론은 욕구와 만족, 그리고 동기 유발 사이에 '기대'라는 인식론적 개념을 개입시킨다는 점에서 내용이론과 구별된다.

브룸의 이론을 구성하고 있는 세 가지 요소는 유의성(valence), 수단성(instrumentality), 기대감(expectancy)이며, 이들의 머리글자를 모아 VIE 모형이라 부른다. 유의성은 개인이 특정 보상에 대해 갖는 선호의 강도를 말한다. 다시 말하면, 직무 수행에서 받을 수 있는 보상에 대해 개인이 느끼는 중요성을 말한다. 수단성은 개인이 지각하는 1차적 결과(예: 성과나 생산성)와 그에 따른 2차적 보상(예: 승진, 승급, 인정)과의 상관 관계에 대한 인지도, 즉 열심히 노력하여 일정한 성과를 이룩하면 그에 대한 보상이 적절하게 주어지는가에 대한 인지 정도를 말한다. 그리고 기대감이란 열심히 노력하면 자신이 특정한 성과를 낼 수 있는지에 대한 주관적 믿음을 말한다. 다시 말해서, 일정한 노력을 기울이면, 일정한 수준의 성과(1차적 결과)를 가져올 수 있으리라는 주관적 확률에 대한 믿음을 말한다.

브룸에 의하면, 개인의 동기는 자기 자신이 달성할 수 있으리라고 기대하는 1차적 결과와 또 1차적 결과가 실제로 2차적 보상을 가져다주리라는 기대감의 복합적 함수에 의해 결정된다. 따라서 개인이 열심히 노력하면 일정한 성과를 거둘 수 있다는 자신감을 지니고 있고, 그러한 성과가 승진이나 보상 등 개인이 원하는 결과를 반드시 가져다주리라는 믿음이 강할 때 개인의 동기는 강하게 작용한다. 그 반면에 아무리 노력해도 성과를 거둘 수 있을 것이라는 자신감이 없고, 비록 자신이 일정한 성과를 거두더라도 조직이 보상을 제대로 해주지 않을 것으로 판단할 경우 개인의 동기는 낮게 나타난다는 것이다.

(2) 포터와 롤러의 동기 유발 모형(EPRS 모형)

포터(L. W. Porter)와 롤러(E. E. Lawler)는 구성원의 욕구를 충족시켜줄 경우 성과가 향상된다는(욕구 충족↑→ 성과↑)는 전통적 동기이론의 인과관계를 거꾸로 설명하는 과정이론을 제시한다. 즉, 이들은 [노력(effort) → 성과(performance) → 보상(reward) → 만족(satisfaction)]이라는 틀을 제시함으로써 기존의 동기부여 과정을 거꾸로 제시[성과(performance)↑→ 만족(satisfaction)↑]한 것이다. 포터와 롤러는 생산성에 영향을 미치는 요인으로 조직원들의 만족이나 사기보다는 오히려 노력이라는 요인을 중시하고 있다. 따라서 직원의 노력이 성과를 낳고 그 같은 성과에 따른 보상을 지급

[그림 5-5] 포터와 롤러의 동기 유발 모형

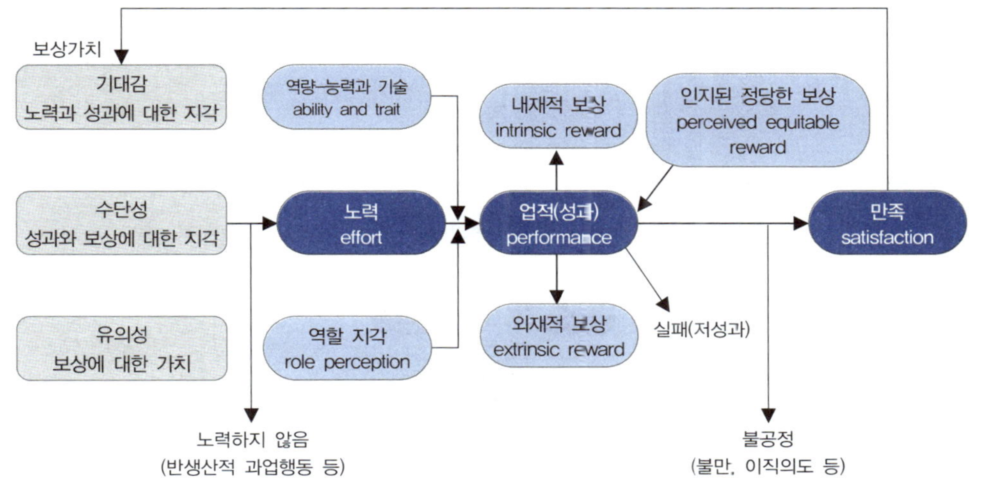

할 때, 직원의 만족은 보장된다는 주장을 편다. 동기부여 과정을 순차적으로 나타내는 머리글자를 따서 EPRS 모형이라 부른다. 그들에 의하면, 개인은 과거에 습득한 경험이나 미래에 대한 기대감에 의해 동기가 유발된다는 사실을 시사한다.

EPRS 모형에 대해서는, 인간은 쾌락주의적 가정이나 경제적 타산에 따라서만 행동하는 것이 아니라는 비판이 제기되고 있다.

(3) 애덤스의 형평성이론

형평성이론(equity theory)은 애덤스(J. Stacy Adams) 등에 의해 체계화된 이론이다(Adams, 1963: 422-436). 이 이론은 개인의 투입(노력, 성과, 기술, 생산량, 제품과 서비스의 질) 대(對) 결과(보수, 승진, 인정, 칭찬, 지위)의 비율을 동일한 직무 상황 내에 있는 다른 사람들의 투입(inputs) 대 결과(outcomes)의 비율과 비교하여[(O/I)f ↔ (O/I)r], 자신의 행동방침을 정한다는 것이다.

형평성이론에 의하면, 인간은 자신의 투입에 대한 산출의 비율보다 비교 대상의 투입에 대한 산출의 비율이 높거나 낮다고 지각하면 비형평성을 느끼게 되고, 이에 따른 심리적 불균형 · 긴장 · 불안감 등을 해소시키기 위해 형평성을 회복할 수 있는 방향으로 자신을 행동을 수정하게 된다는 것이다. 형평성을 회복하기 위한 행동으로는 ① 투입 또는 산출을 변화시켜 조정하는 것, ② 투입과 산출에 대한 본인의 지각을 바꾸는 것, ③ 준거인물을 바꾸는 것, ④ 조직을 이동하는 것 등이 있다.

[그림 5-6] 애덤스의 형평성이론

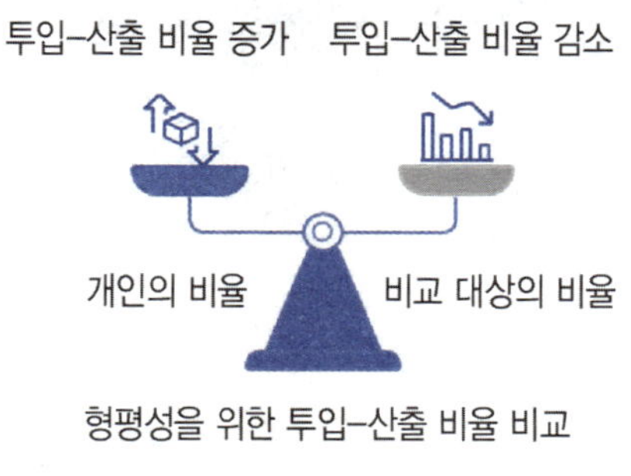

2 리더십이론

1) 리더십의 개념과 리더의 기능

리더십의 개념은 논자에 따라 다양하게 정의되고 있다. 디목(Dimock, 1969)은 "조직 목표의 달성을 위해 구성원이 자발적으로 적극적 행동을 하도록 동기를 부여하고 영향력을 미치는 창의적인 능력"으로 정의하고 있으며, 스토그딜(Stogdill, 1974)은 리더십을 "집단이 목적을 설정하고 그것을 성취하드록 하기 위해 집단활동에 영향을 미치는 과정"이라고 정의한다.

리더십이란 결국 피프너와 프레스더스(Pfiffner & Presthus, 1960)의 정의와 같이, "희구하는 목표를 달성하기 위해 개인 및 집단을 조정하며 동작하게 하는 기술"로 규정할 수 있을 것이다. 다시 말해, 리더십이란 조직구성원으로 하여금 바람직한 조직 목적에 자발적으로 협조하도록 하는 기술 및 영향력으로 볼 수 있다. 또한 리더가 추종자로 하여금 소망스러운 방향으로 행동하게 하는 과정이고, 목표 설정에서 목표 달성에 이르기까지 이를 위해 노력하는 조직의 집단활동에 영향을 미치는 과정이라고 볼 수 있다.

리더십은 그것이 효과적으로 행사될 때 조직의 성과를 제고하는 데 긴요한 역할을 수행한다. 모든 하위 조직이 각각의 임무를 완벽하게 수행하도록 잘 구조화된 컴퓨터와 같은 시스템에는 별도의 리더가 필요하지 않을 수 있다는 관점에서, 리더는 조직의 '불완전한 구조와 과정'을 보완하는 기능을 수행한다고 할 수 있다.

젝스(Jex, 2002)는 리더의 기능을 다음과 같이 제시한다. 즉, 리더는 ① 전략적 방향과 비전을 설정하고(strategic direction and vision), ② 구성원의 동기를 유발하고 코치하며(motivation and coaching), ③ 조직의 정책을 해석하고 집행하며(enforcement and interpretation of organizational policies), ④ 자원을 획득하는 기능(obtaining resources for groups)을 수행하는 등의 중요한 역할을 수행한다고 주장한다.

또한 유클(Yukl, 1994)은 리더의 주요 기능을 다음과 같이 제시한다.

(1) 정보관리(giving-seeking information): 조직활동과 관련된 정보의 수집 · 전파, 직

무책임 및 기대의 명확한 전달, 성과의 모니터링 및 보상의 제공

(2) **의사결정**(making decisions): 조직 목표의 설정, 실행 계획의 수립 및 활동의 조정, 문제의 식별 · 분석 · 해결, 상담 및 권한 위임

(3) **구성원에의 영향력 행사**(influencing people): 구성원에의 가치 · 논리 제공 · 정서자극 등 동기부여, 인정과 보상을 통한 성과 강화

(4) **관계형성**(building relationships): 구성원에 대한 개인적 배려 등 지원활동, 타인과의 네트워크 형성, 갈등의 조정과 팀 형성

이러한 리더의 기능을 좀 더 구체화하여 설명하면 다음과 같다.

① 조직 목표의 설정 및 장 · 단기 계획 수립: 조직 목표의 설정, 조직 목표에의 우선순위 부여, 조직 목표의 구체화 등

② 조직 목표 달성을 위한 조직활동의 조정: 구성원에 대한 동기 유발, 조직의 임무 · 역할의 규정, 업무의 배정 등

③ 전문적인 정보와 경험의 공급원

④ 대내 관계의 통제 및 대외적 대표 기능의 수행

⑤ 보상과 제재의 시행: 상벌 관리

⑥ 갈등의 중재 · 조정

⑦ 임무 수행을 위한 솔선수범

⑧ 집단의 상징으로서 집단의 공과에 대해 책임을 짐

⑨ 조직구성원의 정서적 유대를 유지하는 구심점

2) 리더십의 다양한 이론

전통적 리더십 이론은 자질론(traits theory), 행동유형론(styles of leader behavior), 상황론(situation theory)으로 발전해 왔다. 오늘날에는 변혁적 리더십과 카리스마적 리더십 등이 강조되고 있다.

(1) 자질론(traits): [리더의 자질 → 조직효과성]

자질이라는 것은 지도자 개인이 가지고 있는 속성을 말한다. 지도자가 될 수 있는 사람은 다른 사람들에게서 찾아볼 수 없는 독특한 생래적 속성을 가지고 있다는 것이 이 이론의 출발점이다.

자질론은 두 가지로 나뉘는데, 즉 ① 지도자의 신체적 특성인 신장이라든가 용모 등에서 지도자의 자질을 찾았던 이론과, ② 지도자의 성격 속성을 내세우는 이론으로 나뉜다.

학자들은 지도자의 속성으로 지능, 지배 성향, 공격성, 언어 구사력, 통찰력, 판단력, 결단력, 사교성, 사명감, 육체적 특성 등 다양한 것을 내세우고 있다. 그러나 연구자마다 결론이 달라 결국 지도자의 보편적인 속성을 확인하는 데 실패했다고 볼 수 있다.

바나드(C. Barnard)는 리더의 자질을 ① 박력과 지구력(vitality & endurance), ② 결단력(decisiveness), ③ 설득력(persuasiveness), ④ 책임감(responsibility), ⑤ 지적 · 기술적 능력(intellectual & technical capacity) 등 다섯 가지로 구분했다.

한편 스토그딜(Stogdill, 1982)은 여러 학자들이 경험적 연구에서 밝혀낸 리더의 보편적 특성을 종합하여 다음과 같이 제시하고 있다. ① 사교성(sociability), ② 주도성(initiative), ③ 고집(persistence), ④ 전문성(knowing how to get things done), ⑤ 자신감(self-confidence), ⑥ 주의력과 통찰력(alertness to, and insight into, situations), ⑦ 협조성(cooperativeness), ⑧ 대중성(popularity), ⑨ 적응성(adaptability), ⑩ 언변(verbal facility)

(2) 행동유형론(styles of leader behavior): [리더의 행동 유형 → 조직효과성]

자질이론의 여러 한계로 인해 학자들의 관심은 지도자의 실제 행동을 분석하는 행동유형론으로 옮겨지게 되었다. 즉, 리더의 어떤 행동 유형이 조직의 효과성을 높이게 되는지에 관심을 갖게 되었다. 행동유형론은 눈에 보이지 않는 능력 등 속성보다 지도자들이 실제 어떤 행동을 하는가에 초점을 맞추고 있다.

리더의 행동 유형은, 그 용어가 어떻든 일반적으로 권위형(독재형)과 민주형의 둘로 크게 나눈다. 미시간대학의 연구팀은 리더의 유형을 ① 직무중심형(job-centered

[그림 5-7] 블레이크와 모튼의 관리유형도

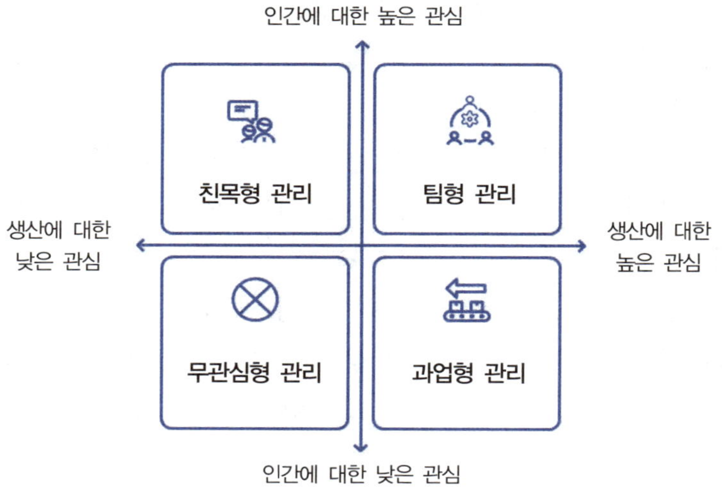

or production-centered), ② 직원중심형(employeecentered)의 둘로 나누었으며, 오하이오주립대 연구팀 또한 ① 구조창설형(initiating structure), ② 배려형(consideration)으로 나눠 그 특성과 효과성을 논하고 있다. 그 밖에 블레이크와 모튼(Blake & Mouton, 1964)은 관리유형도(Managerial Grid)에서, '인간에 대한 관심'과 '생산에 대한 관심'의 두 차원을 기준으로, 리더의 유형을 ① 무관심형(impoverished management), ② 친목형(country club management), ③ 과업형(authority-obedience management), ④ 절충형('organization-man' management), ⑤ 팀형(team management)으로 나눴다.

(3) 상황론(situation theory): [상황적 요인 → 조직효과성]

행동유형론을 매개로 하여 발전된 상황론은 리더가 처한 '상황적 요인'이 지도자를 만든다는 사고방식에서 출발된 것이다. 즉, 리더는 그가 처한 상황적 요인에 적합한 행태를 보일 때 조직의 효과성이 제고된다는 생각이 상황론의 기본적 전제다.

리더의 역할 변화를 초래하는 상황적 요인으로는 부하의 기대와 욕구, 가치관, 경험 등에 더해 업무의 명확성과 난이도, 조직 및 집단의 규모, 목표, 규범, 권력구조, 응집성, 문화, 집단구성원 간의 관계 등이 제시되고 있다.

상황론의 전형적인 예로 널리 인용되고 있는 피들러(Fred Fiedler)의 상황적응적 접근 방법은 L=f(T. S. F.)로 도식화할 수 있다. 그는 리더십의 효율성은 리더의 자질(traits), 상황 요인(situation), 그리고 추종자 특성(follower)의 함수라는 것이다. 그는 상황 요인으로 ① 리더와 부하의 관계(leader-member relationship), ② 과업구조(task structure), ③ 지위 권력(position power)의 세 가지를 제시했다. 피들러는 상황이 아주 유리할 때, 즉 부하들이 리더를 좋아하고 과업구조가 명확하며 지위 권력이 클 때와, 그리고 그 반대로 상황이 아주 나쁠 때는 과업 지향적 리더(task-oriented leader)가 효과적이며, 상황이 어중간할 때는 민주적 리더가 효과적이라고 주장한다.

3) 리더의 유형

(1) 권위형 리더(authoritarian type)

지도자가 독단적으로 중요한 결정을 내리고 부하로 하여금 이에 따르게 하는 유형이다. 권위형은 시간적 여유가 없거나 부하들의 능력이 극히 보잘것없거나 또는 참여에 대한 기대가 작은 조직 상황에서는 효과적일 수 있다. 그러나 상황이 이와 다를 경우에는 일반적으로 조직 성과를 저하시킬 가능성이 크다.

(2) 민주형 리더(democratic type)

권위형과 달리 지도자가 홀로 의사결정을 하는 것이 아니라, 지도자가 부하들의 의견을 반영하여 의사결정을 하는 유형이다. 따라서 이 유형은 개인주의 및 민주주의 문화가 지배적인 사회에서는 구성원의 창의력도 살리고 근무 의욕을 높일 수 있는 장점을 지닌다. 그러나 조직문화가 권위주의적이며 참여에 대한 기대도 별로 없는 경우 시간만 낭비하게 되고 성과도 올리지 못하는 결과가 초래되기 쉽다.

(3) 자유방임형 리더(free-rein type)

권위형과 정반대로 지도자가 스스로 결정하지 않고 오히려 구성원들의 재량에 맡기는 유형을 말한다. 이러한 유형은 구성원의 능력이 고루 우수하고 업무의 내용이 고도로 전문직업적 성격을 가지는 경우 효과적일 수 있다. 그러나 그러한 조건이 갖춰져 있지 않은 경우, 조직의 규율이 서지 않고 일의 진전이 늦어져 조직 성과가 극히 저하되기 쉽다.

(4) 카리스마적 리더(charismatic leader)

"리더 개인의 카리스마, 즉 비범한 능력에 의해 부하들에게 특별한 영향을 미칠 수 있는 리더"를 말한다. 카리스마적 리더는 부하들이 리더를 지원하고 수용하도록 만드는 대인적 매력(interpersonal attraction)이 있는 리더로, 자신감이 강하고, 자신의 소신과 이상을 확신하며, 다른 사람들에게 영향력을 행사하려는 욕구가 강하고, 자신이 부하들을 신뢰하고 부하들에게 기대를 많이 하고 있다는 것을 나타내는 등의 특성을 지닌다.

하우스와 하월(House & Howell, 1992)에 의하면, 카리스마적 리더십에는 리더의 신념의 정당성에 대한 부하들의 믿음, 리더에 대한 무조건적인 수용, 리더에 대한 애정, 자발적인 복종 등의 특징이 포함된다. 카리스마적 리더십 이론은 조직 성과, 구성원의 만족 등에 초점을 두는 전통적 리더십이론과 대조적으로, 부하의 마음속에 긍정적인 이미지를 형성하여 유지하도록 하고, 부하를 신뢰하고 존중하며, 비전을 제시하고 사명감을 강화하는 방법 등을 강조한다. 여기서 리더는 좀 더 의미있는 삶을 약속해주고, 미래에 대한 희망을 주는 사람으로 비쳐진다.

(5) 변혁적 리더(transformational leader)

변혁적 리더는 부하에게 자긍심을 심어주고, 개인적 차원에서 부하를 존중한다는 것을 보여주며, 창조적인 사고를 할 수 있는 여건을 마련해 주고, 부하에게 영감(inspiration)을 제공함으로써 조직 성과를 이끌어 내고자 하는 리더의 유형을 말한다. 변혁적 리더는 인본주의, 평화, 평등, 정의, 자유와 같은 높은 도덕적 가치와 이상에 호소하여 부하들의 의식을 더 높은 단계로 끌어올리려 하는 특성을 지닌다.

바스와 아블리오(Bass & Avolio, 1994)에 의하면, 변혁적 리더십은 다음의 네 가지 요소로 구성되어 있다.

① 카리스마적 리더십(charismatic leadership): 리더가 난관을 극복하고 현상에 대한 각성(disenchantment)을 확고하게 표명함으로써 부하에게 자긍심과 신념을 심어줌.

② 영감적 리더십(inspirational leadership): 리더가 부하로 하여금 도전적 목표와 임무, 미래에 대한 비전을 열정적으로 받아들이고 계속 추구하도록 격려함.

③ 개별적 배려(individualized consideration): 리더가 부하에게 특별한 관심을 보이고 각 부하의 특정한 요구를 이해해줌으로써 부하에 대해 개인적으로 존중한다는 점을 전달함.

④ 지적 자극(intellectual stimulation): 리더가 부하로 하여금 전래적 관행(conventional practice)과 사고(thinking)를 다시 생각하게 함으로써 새로운 관념을 촉발시키게 함.

(6) 임파워링 리더(empowering leader)

임파워링 리더는 비전을 제시하고 권한을 이양함으로써 구성원들로 하여금 조직목표를 위해 일하도록 동기를 유발하고, 또한 자기 강화(self-reinforcement)를 통해 자아실현 욕구를 달성하도록 동기를 부여하는 리더라고 할 수 있다.

코터(J. P. Kotter)는 임파워먼트 리더십이 "영향력 있는 비전을 설계하고 부하의 의욕을 이 비전에 집중 고양시키며, 동시에 부하의 자주성을 중시하고, 적절한 정보를 제공함으로써 형성된다"고 보고 있다. 즉, 그는 리더는 다음의 네 가지 행동을 통해 임파워먼트 리더십을 형성할 수 있다고 한다.

① 비전을 설계한다.

② 상호 의사전달(커뮤니케이션)에 의해 비전을 부하와 공유한다.

③ 비전의 실현을 위해 부하를 관리한다.

④ 비전의 실현을 위해 부하의 의욕을 높인다.

[그림 5-8] 임파워링 리더

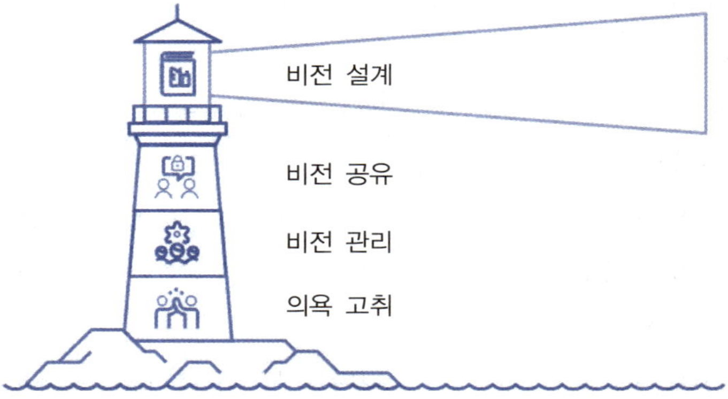

3 갈등의 관리

1) 갈등의 개념과 유형

갈등의 개념은 다양하게 정의될 수 있다. 로빈스(Robbins, 1974: 23)는 갈등을 권력, 사회적 자원, 사회적 가치의 희소성, 상이한 가치 지향성 때문에 발생하는 적대적인 상호작용이라고 정의한다. 조직 내의 의사결정과 관련하여 갈등을 정의해 보면, 갈등이란 한정된 자원에 대한 경쟁이 있거나 선택의 기준이 분명치 못해 여러 대안 중 선택의 곤란을 겪는 상황이라고 할 수 있다(박동서, 1997: 253).

복잡한 현대 조직에는 수많은 형태의 갈등이 존재한다. 개인별로 복잡한 심리과정으로 인해 자신의 내부에서 느끼는 갈등, 목표 설정이나 성과 평가 등에 관한 의견 차이로 생기는 상사와 부하 간의 갈등, 서로 다른 역할로 인한 라인과 스태프 간의 갈등, 자원 확보를 위한 경쟁에서 야기되는 집단 간의 갈등 등 여러 가지 유형의 갈등이 발생하고 있다.

조직 내에서 발생하는 갈등의 유형을 분류하는 기준은 다양하다. 행동의 주체, 갈등의 진행 단계, 표면화된 대립적 행동, 갈등 상황 등 여러 가지 분류 기준이 있다. 일반적으로 조직 내에서 발생하는 갈등은 (1) 개인이 내부적으로 겪는 개인적 갈등(individual conflict), (2) 개인과 개인 사이에서 발생하는 개인 간 갈등(inter-personal conflict), (3) 집단과 집단 사이에서 발생하는 집단 간 갈등(inter-group conflict), 그리고 (4) 조직 간 갈등(inter-organizational conflict)으로 나눠 볼 수 있다(March & Simon, 1958).

2) 갈등의 원인

갈등의 원인에 대해서는 여러 학자가 다양한 의견을 제시하고 있다.

마치와 사이먼(March & Simon, 1958)은 개인적 갈등의 원인을 (1) 비수락성(unacceptability), (2) 비비교성(incomparability), (3) 불확실성(uncertainty)의 세 가지로 구분했다. 그리고 복수 의사 주체 간의 갈등 원인 및 조건으로는 (1) 공동결정의 필요성(need for joint decision making), (2) 목표의 차이(difference in goals), (3) 사실에 관한 인지의 차이(difference in perception)의 세 가지를 들고 있다. 여기서 '공동결정의 필요성'은 갈등 발생의 전제 조건으로 그것은 한정된 자원에의 상호의존성 및 시기상의 상호의존성 등을 의미한다. '목표의 차이'가 갈등의 원인일 경우에는 '사실에 관한 인지의 차이'가 원인일 때보다 갈등 해결이 더 어려워진다.

한편 리터러(Litterer, 1974)는 (1) 상충되는 목표 추구로 인한 승패의 상황(win-lose situation), (2) 제한된 자원의 획득과 사용에 관한 경쟁(competition over means or resource utilization), (3) 지위부조화(status incongruency), (4) 지각의 차이(perceptual difference)

〈표 5-1〉 마치와 사이먼 갈등의 원인

개인적 갈등의 원인		복수 의사 주체 간의 갈등의 원인	
비수락성 (unacceptability)	개인이 특정한 선택이나 결정을 수용할 수 없는 경우 갈등 발생	공동결정의 필요성 (need for joint decision making)	자원에 대한 상호의존성과 시기상의 상호의존성으로 인한 갈등 발생
비비교성 (incomparability)	두 개 이상의 선택지 간의 비교가 불가능하여 갈등 발생	목표의 차이 (difference in goals)	각 주체가 추구하는 목표가 다른 경우 갈등 발생
불확실성 (uncertainty)	결과나 상황에 대한 불확실성이 개인의 결정에 영향을 미쳐 갈등 발생	사실에 관한 인지의 차이 (difference in perception)	동일한 사실에 대해 각 주체가 다르게 인식한 경우 갈등 발생

의 네 가지를 갈등 상황으로 제시했다.

그리고 슈미트와 코찬(Schmidt & Kochan, 1972)은 갈등의 원인으로 (1) 목표의 비양립성, (2) 한정된 자원 경쟁, (3) 상호의존성 등 세 가지를 제시한다.

(1) 목표의 비양립성

목표의 차이 또는 비양립성이란 집단이나 조직활동의 목표, 방향 및 사업 달성의 평가 기준이 서로 불일치함을 의미한다.

(2) 한정된 자원 경쟁

갈등은 집단이나 조직구성원들이 희소 자원(scarce resources)을 서로 차지하기 위해 다툴 경우 발생한다. 이 희소 자원에는 돈과 같은 물질적인 것과 지위, 위신, 명성, 권력 등과 같은 비물질적인 것도 모두 포함된다.

(3) 상호의존성

상호의존성이란 둘 이상의 행위 주체가 각각의 업무를 수행하는 과정에서 상호 간의 자원이나 정보의 제공, 동조 및 기타 협동적인 분위기를 위해 서로 간에 의존하는 정도를 말한다. 조직 내의 단위부서 간 또는 조직 간 상호의존성의 정도가 높으면 높을수록 그만큼 갈등 발생의 기회는 높아진다. 왜냐하면 상호의존성의 존재는 관련 행위 주체들을 상호 제약하는 제약 조건(constraints)으로 작용하게 되기 때문이다.

그 밖에 갈등의 미시적 원인으로는 역할의 분화와 상호 기대의 차이, 인지 및 태도의 차이, 의사전달의 문제 등을 들 수 있다.

3) 갈등 해결의 전략

갈등의 해결 전략은 갈등의 원인이 무엇이냐에 따라 달라진다. 마치와 사이먼(March & Simon, 1958)은 갈등 해결 전략으로 (1) 문제 해결(problem-solving), (2) 설득(persuasion), (3) 협상(bargaining), (4) 책략(politics)을 제시한다. 그 밖에 학자에 따라서는 (5) 위협(threats), (6) 회피(avoidance) 등 다양한 해결 방법을 제시하기도 한다. 갈등의 원인이 단순한 인식의 차이나 의사전달의 문제 등 사소한 요인일 경우 상호 이해 등이 문제 해결 방법으로 이용될 수 있을 것이나, 근본적인 목표의 차이가 있을 경우에는 협상이나 책략 등의 방법이 동원되어야 할 것이다.

(1) 문제 해결

문제 해결은 갈등 당사자들이 상호 설명과 이해를 통해 갈등의 원인이 되는 문제를 공동으로 해결하는 방법을 말한다.

(2) 설득

설득(persuasion)이란 자신의 입장을 양보하지 않고 자신의 입장을 다른 사람에게 이해시켜 상대방을 자신의 입장으로 끌어들이는 능력이라고 하겠다. 설득에는 다양한 방법이 동원될 수 있을 것이나, 린드블롬(C. E. Lindblom)은 특히 분석의 중요성을 강조하고 있다.

(3) 협상

협상(negotiation/bargaining)이란 어떤 공통된 문제에 대해 당사자 상호 간에 합의(mutual agreement)를 형성함으로써 상충되는 이익을 조정해 나가는 과정이라고 할 수 있다(Anderson, 1979: 79). 협상은 '주고받는' 하나의 교환 관계로서 서로 간에 수용 가능한 행동 대안을 만들기 위해 상호 입장을 조정하는 과정을 거치게 된다.

(4) 책략

책략은 협상과 유사하나, 협상과 다른 점은 당사자들이 협상의 장(arena of bargaining)이 고정되어 있지 않다고 생각한다는 점이다. 예를 들어, 열세에 놓인 측이 '협상의 장' 바깥에 있는 유력한 후원자를 동원해 유리한 타결을 모색하는 것이 책략에 속한다고 하겠다.

(5) 위협

경우에 따라서는 위협 등의 방법을 통해 '조작된 합의(manipulated agreement)'를 이끌어내는 갈등 해결 방법도 사용될 수 있을 것이다. 홀스티(Holsti, 1977: 177-178)는 위협을 적극적 위협(positive threats)과 소극적 위협으로서의 박탈 위협(threats of deprivation)의 두 가지로 나누고 있다. 적극적 위협은 새로운 불이익을 '부과'하는 형태를 띠고, 소극적 위협은 이미 제공하거나 약속한 보상 및 이익을 '유보' 또는 '철회'하는 형식을 띤다.

(6) 회피

회피란 자신의 이익이나 상대방의 이익 모두에 무관심한 갈등 해결 방안이다.

그 밖에 현실 속의 구체적 갈등 해결 방법을 보면, 상위 목표를 제시하여 갈등을 해결하거나, 상관의 명령에 의하거나, 구조적 개편을 하는 방법 등을 통해 갈등을 해결하는 경우가 많다. 구조적 개편의 방법으로는 갈등을 일으키는 조직 단위의 합병, 지위 체제의 개편, 업무 배분의 변경, 조정 담당 직위 또는 기구의 신설, 인사 교류, 이의제기 제도의 실시, 보상 체제의 개편 등을 들 수 있다.

4 의사전달과 의사결정

의사전달(communication)이란 복수의 행위 주체가 정보를 교환해서 의미를 공유하는 과정을 말한다(O'Reilly Ⅲ & Pondy, 1979: 121). 의사전달이란, 즉 유기체로서의 개인이나 조직이 기호를 사용해 다른 유기체인 개인이나 조직에게 정보나 메시지를 전달하고, 그것을 해당 개인이나 조직이 수신해 전달자와 피전달자 간에 상호 공통된 이해에 도달하며, 나아가서 상호 간의 행동에 영향을 미치거나 계획적인 변화를 가져오게 하는 행동 과정 및 기능이라고 할 수 있다.

조직 내 인간의 행동은 의사전달을 매개로 하여 끊임없이 상호작용을 한다. 따라서 조직 내의 다른 과정들도 의사전달에 의존하고 있으며, 의사전달의 형태와 기술은 조직의 활동 범위와 조직구조, 조직구성원의 만족도 · 태도, 의사결정과 동기부여 등에도 영향을 주는 주요 요소다. 결국 조직의 효과성을 높이는 데 합리적인 의사전달은 필수적이라고 할 수 있다.

의사전달에서의 기본적인 구성 요소로는 발신자, 코드화, 발송, 통로, 수신자, 해독, 환류, 장애 등 여덟 가지가 있다.

의사전달의 유형에는 공식적 의사전달과 비공식적 의사전달이 있다. 공식적 의사전달이란 조직의 공식적 통로와 수단에 의해 이뤄지는 의사전달을 말한다. 이에 반해 비공식적 의사전달이란 비공식 집단과 더불어 자생적으로 형성되는 의사전달로 비공식적 통로를 통해 이뤄지는 의사전달을 말한다. 비공식적 의사전달은 조직체계를 뒤흔드는 등 조직 내에서 바람직하지 못한 결과를 야기하기도 하나, 긍정적 기능을 수행하기도 한다. 공식적 의사전달은 방향을 기준으로 하여 하향적 의사전달, 상향적 의사전달, 수평적 의사전달, 대각선적 의사전달로 분류된다.

의사전달의 장애 요인으로는 매체의 불완전성, 지각의 착오, 환류의 차단, 과다한 정보, 시간 압박 등 상황 관련 장애, 계서제로 인한 의사전달 장애 등을 들 수 있다. 이러한 장애 요인을 극복하기 위해서는 자유로운 의사전달 통로를 만들어주고, 상 · 하급자 간의 인간적 분위기를 조성해주는 등 대인관계를 개선해야 하며, 발신자는 언어적 · 비언어적 정보를 적절히 활용하여 수신자의 이해를 도와주고, 신뢰성을 회복해 합리적인 의사전달이 이뤄질 수 있는 분위기를 조성해야 한다. 그리고 적절한 의사전달 매체를 선택해야 하며, 발신 내용이 정확하게 수신되었는지를 발신자가 알 수 있도록 하고, 정보 과다 요인이 발생하지 않도록 해야 한다.

의사전달 이외에 조직 내의 과정에서 중요한 것 중의 하나가 의사결정이다. 의사결정이란 몇 가지 대안 중에서 어느 하나를 선택해서 문제를 해결하는 과정을 말한다(Gore, 1964: 19; Luthans, 1973). 따라서 행정에서의 의사결정은 행정 목적을 달성하기 위한 여러 대안을 모색하고 그 중 가장 효과적이고 실행 가능한 최선의 대안을 선택하는 행위라고 할 수 있다(오석홍, 1990: 602-603).

의사결정 모형으로는 앞서 정책결정의 이론모형에서 살펴보았듯이 합리모형, 만족모형, 점증모형, 혼합탐사모형, 회사모형, 최적모형, 쓰레기통모형, 앨리슨(Allison)

모형 등 여러 가지가 있다.

5 생산성 향상을 위한 포괄적 관리 기법

덴하트(Denhardt, 1999: 330-337)는 생산성을 제고할 수 있는 조직의 포괄적 관리 기법으로 목표관리, 직무 개선, 품질관리 서클, 인센티브 프로그램 등 다음의 네 가지를 소개하고 있다.

1) 목표관리

목표관리(Management By Objectives: MBO)는 조직의 상하 구성원이 참여 과정을 통해 조직 단위와 구성원 개개인의 목표를 명확히 설정하고, 그에 따라 생산활동을 자유롭게 수행하도록 한 뒤, 업적을 측정 · 평가함으로써 관리의 효율화를 기하려는 포괄적 조직관리 체제를 말한다(이종수, 2013c).

목표관리의 주요 특징은 참여적 과정을 통한 명확한 목표의 설정과 업적의 평가에 있다. 목표관리는 광범위하고 추상적인 목표를 명확하게 구체화하고 조직 단위와 구성원 개인들이 달성해야 할 목표를 계량적으로 제시할 경우 조직의 전반적 생산성이 제고될 것이라는 가정에 입각해 있다. 목표관리는 또한 업적의 평가를 강조하는 결과 지향적 관리 체제다. 업적은 일반적으로 작업의 양과 질, 효과성, 완수 일자 및 목표 비용 등의 기준에 의해 평가된다.

2) 직무 개선

직무 개선(quality of work-life: QWL)은 직무의 질을 개선함으로써 조직의 전반적인 생산성을 제고하고자 하는 관리 기법을 말한다. 직무 개선의 주창자들은 직무의 질을 개선하는 것이 결근과 이직을 감소시키고, 직무 만족을 제고하며, 조직과 그 목표에 대한 헌신을 유도함으로써 궁극적으로 조직의 전반적인 생산성을 향상시킬 것이라고 믿는다.

직무의 품질을 판단하는 일반적 기준은 다음과 같다(Walton, 1975).

① 적절하고 공정한 보상, ② 안전하고 건강한 작업 조건, ③ 인간 능력의 활용 및 발전 기회, ④ 지속적 성장과 안전을 위한 기회, ⑤ 작업 조직에서의 사회적 통합, ⑥ 작업 조직에서의 합법성, ⑦ 균형있는 총체적 생활 공간, ⑧ 작업생활의 사회적 적합성 일부 학자들은 QWL의 특징으로 자율성, 책임성 및 개인에의 권한 위임의 세 국면을 강조한다. 또 다른 학자는 "조직의 생산성이 의미있고 재미있으며 또한 도전적인 작업과 연결되도록 직무를 어떻게 설계할 수 있느냐"가 QWL의 주된 관심이라고 주장한다. 이러한 관심은 직무다양화 기법으로 연결된다.

직무다양화(職務多樣化, job enrichment)는 직무담당자의 책임성과 자율성을 제고하고 직무 수행에 관한 환류가 원활히 이뤄지도록, 권한을 말단 조직에 분산·위임하고 직무의 내용을 개편하는 것을 말한다. 허즈버그(Frederick Herzberg)가 제창한 직무다양화는 계층제적 조직에서 계층 분화가 고정화되어 행정관리의 과정이 수직적으로 분단되는 것을 방지하기 위해, 직능 내지 권한을 말단 조직에 분산·위임하는 직무 개편을 말한다. 이러한 직무다양화는 직무집단에 대한 재량의 존중을 의미하는 것으로 직원의 능력 개발에 효과적이다(이종수, 2013c).

3) 품질관리 서클

품질관리 서클(quality circles)의 개념은 오랫동안 공사(公私) 조직에 널리 이용된 개념이다. 품질관리 서클의 중요한 원칙들은 '총체적 품질관리(Total Quality Management: TQM)' 또는 '자율관리 팀(self-management team)' 기법이라는 이름으로 알려져 왔다.

품질관리 서클은 작업 과정에서 드러나는 문제점을 식별·분석·해결하기 위해 정기적으로 만나는, 서로 관련된 유사한 작업을 수행하는 소규모 집단을 말한다. 품질관리 서클은 6~12명의 직원으로 구성되고, 제1선 감독자에 의해 이끌어지며, 작업 부서 바깥의 전문가의 도움을 받으면서 운영된다. 품질관리 서클의 건의 사항은 상위 감독자에게 제시되고 계서제를 따라 상위 계층으로 전달된다. 품질관리 서클은 통상 일주일에 한 시간씩 정기적으로 모임을 갖는다.

품질관리 서클의 첫 과업은 해결해야 될 문제를 선정하는 일이다. 일반적으로 서클은 브레인스토밍에 의해 문제를 선정하며, 이때 자유롭게 의견이 개진되도록 하기 위해 평가나 비평 없이 주제들을 제시하도록 하여 목록을 작성한다. 다음으로 주제 목록을 검토하여 하나의 문제를 선정한다. 서클 구성원들은 뒤이어 문제를 분석하고 해결책을 발전시킨다. 분석 단계에서는 관련 자료와 정보를 수집한 뒤, 문제의 원인과 가능한 해결책을 식별한다. 각 해결책은 효과성과 실현가능성을 기준으로 검토된다. 해결책이 정해지면 관리층에 정식으로 보고된다. 관리층은 이 해결책을 수용하여 서클 구성원들과 함께 시행하게 된다.

품질관리 서클 프로그램의 성공 요건은 최고관리자의 적극적 지원 여부에 달려 있다. 그러나 품질관리 서클 운동의 진정한 핵심은 프로그램 참여자 자신들이다. 즉, 서클 프로그램은 고도로 동기 유발되고 적절한 훈련을 받은 서클 지도자와 구성원들 없이는 성공할 수 없다(이종수 외, 2005).

4) 인센티브 프로그램

여러 공사(公私) 조직은 오늘날 조직의 생산성 향상을 위해 다양한 인센티브 프로그램을 활용하고 있다. 그 가운데 일반적인 것으로는 성과 보너스, 작업량 보너스, 수익분배제도, 제안상제도, 행태보상제도, 종업원인정제도 등이 있다.

성과 향상에 대한 인센티브제도로는 임금 인상 외에 다양한 유형의 인센티브 프로그램이 있다. 성과에 대한 보상은 금전적인 것이 일반적이나, 그 밖에도 상품이나, 휴식과 같은 비금전적인 것이 있을 수 있다. 인센티브제도는 산출의 양과 질을 제고하고 구성원의 행태를 개선(사고 및 결근의 감소 등)하려는 데 주된 목적이 있다.

연습문제

A.

A도시는 대규모 도시 재개발 프로젝트를 추진하는 과정에서 기존 행정조직의 비효율성을 극복하기 위해 조직구조를 개편하기로 결정했다. 개편의 배경에는 ① 기존 조직은 전통적인 관료제 구조를 기반으로 하여, 업무 분담이 명확하고 규칙적이었으나 부서 간 협력이 복잡하고 의사결정 과정이 복잡해 신속한 대응이 어려웠다. ② 도시 재개발 프로젝트는 환경 관리, 토지 개발, 교통 체계 설계 등 다양한 부서의 협력이 필요한 복합적 성격의 사업이었으나, 부서 간 의견 충돌로 프로젝트가 지연되고 있다. 이에 A도시는 기능 중심 구조에서 매트리스 조직으로 전환하여 부서 간 협력을 강화하고, 프로젝트 중심의 유연한 구조로 개편하기로 했다.

1. A도시가 기존 관료제 구조에서 매트릭스 조직으로 전환한 주요 이유는 무엇인가? 매트릭스 조직 구조의 장·단점에 대해 작성해 보세요.
2. 매트릭스 조직에서 발생할 수 있는 이중 권한 체계로 인한 문제를 해결하기 위한 방안을 작성해 보세요.
3. A도시의 사례를 바탕으로 조직구조 설계 시 고려해야 할 핵심 요소에 대해 작성해 보세요.

B.

중앙정부의 B부처와 C부처는 신재생에너지 확대 정책을 추진하는 과정에서 심각한 갈등을 겪었다. B부처는 환경보전과 탄소 배출 감축 목표를 최우선으로 하며 신재생에너지 도입을 강력히 추진하고 있었다. 반면 C부처는 경제성과 기업 경쟁력을 우선시하며, 급격한 전환이 산업에 미칠 부정적 영향을 우려하였다. 이러한 갈등으로 정책집행이 지연되었고, 민간기업과 국민 사이에 정부의 정책 신뢰도가 하락하는 상황에 직면하였다.

1. B부처와 C부처가 직면한 갈등의 주요 원인을 분석하고, 이러한 갈등이 정부 정책집행에 미친 부정적 영향을 작성해 보세요.
2. 갈등 해결을 위해 정부가 사용할 수 있는 중재 및 협상 전략은 무엇이며, 이러한 전략이 두 부처 간 협력을 촉진하는 데 어떤 효과를 가져올 수 있는지 작성해 보세요.
3. 정책집행 초기 단계에서 이러한 갈등을 예방하기 위해 중앙정부가 취할 수 있는 시스템적 조치와 행정적 절차를 제안해 보세요.

Chapter 06

인적 자원의 관리

제1절 인사행정의 기초적 이해

1 인사행정의 개념

인사행정(public personnel administration)이란 "정부활동의 수행에 필요한 인적 자원의 효율적 관리활동"을 의미한다. 다시 말하면, 정부활동의 수행에 필요한 인적 자원(human resource)을 충원하고, 유지하며, 근무 의욕을 고취하고, 통제하는 일련의 활동을 말한다.

이러한 인사행정은 인적 자원의 효율적 관리를 목표로 한다는 점에서 사기업의 인사관리와 유사하다. 그러나 인사행정은 공공성을 추구하는 공공조직의 인력 관리 활동이라는 점에서 사기업의 인사관리와 근본적 차이를 지닌다. 즉, 인사행정은 강한 공공성을 지니는 바, 엄격한 공공 통제를 받고, 공익 실현을 목표로 한다는 점에서 사기업의 인사관리와 다른 특징을 지닌다.

인사행정과 인사관리 양자 간의 차이를 구체적으로 살펴보면 다음과 같다(이종수 외, 2005).

(1) 인사행정은 행정의 공공성으로 인해 봉사성과 평등성을 추구한다.
(2) 인사행정은 행정의 독점성으로 인해 능률성 추구에 한계가 있다.
(3) 법령 제약성으로 인해 인사행정에서는 재량의 여지가 적을 뿐만 아니라 법적 규제가 강하다.
(4) 행정에 대한 국민의 통제는 인사행정의 탄력성을 약화시키는 원인이 된다.
(5) 정치적 환경 속에서 작동하는 인사행정은 정치적인 압력을 받을 소지가 많다.

2 인사행정의 과정

인사행정이 이뤄지는 과정과 내용은 관점에 따라 다양하게 설명될 수 있다. 여

[그림 6-1] 인사행정의 과정

인적 자원 계획	→	공직구조의 형성	→	임용	→	능력 발전	→	동기부여	→	규범과 통제
• 인적 자원 계획		• 직무설계 • 공직구조의 형성		• 모집 • 시험 • 임용		• 교육훈련 • 성과관리		• 사기 • 보수		• 공무원단체 • 행동규범 • 징계

기서는 [그림 6-1]과 같이 그 과정을 나타내고자 한다.

인적 자원 계획은 정부조직에 필요한 인적 자원 계획의 수요와 공급에 관한 예측을 하고, 그것을 토대로 최적의 공급 방안을 모색하는 활동을 말한다. 인적 자원 계획이 수립되면 정부조직 속의 구체적 직위에 대한 직무설계를 하고 공직구조를 형성해야 한다. 공직구조 형성 작업이 끝나면 이에 필요한 인적 자원을 모집하고 충원하는 임용을 하게 된다. 그 다음 공무원 개개인의 능력을 발전시키기 위한 활동과, 근무 의욕을 고취하기 위한 동기부여 활동이 전개된다. 마지막으로, 공무원들의 활동이 정부의 목표와 일치되도록 그들을 유도하고 통제하는 기능이 필요하다. 이를 위해 정부는 공무원들에게 엄격한 의무와 행동규범을 요구하고, 이것을 위반하는 공무원에게는 그에 상응하는 제재 조치를 취하게 된다.

제2절 인사행정제도의 발달

1 직업공무원제도

1) 직업공무원제도의 의의

직업공무원제(career civil service system)란 젊은 인재들을 공직에 유치해 그들이 공직에 근무하는 것을 명예롭게 생각하면서 일생 동안 공무원으로 근무하도록 운영하는 인사제도다. 따라서 직업공무원이란 단순히 일생을 공무에 바쳐 봉사하는 것과도 다르며 또한 실적주의와도 다르다.

직업공무원제를 실적주의와 동일시할 수 없는 논거는 다음과 같다(박동서, 1997).

(1) 실적주의가 확립되었다고 해서 공무원이 생애를 통해 장기 근무한다고 언제나 말할 수 없다.

(2) 직업공무원제는 장기 근무를 요청하므로 젊은 사람을 채용하는 것을 중요시한다.

(3) 직업공무원제는 실적주의에서 요구되는 정치적 중립의 요건을 당연히 내포하는 것은 아니다.

(4) 이미 직업공무원제적 성격이 강한 인사제도를 확립한 유럽 여러 나라는 그것을 약화시키고 점차적으로 개방형(open career)을 도입하고 있으며, 이미 실적주의를 확립한 미국에서는 폐쇄형(closed career)의 직업공무원제를 부분적으로 받아들이고 있어 양자는 점차 상호 접근해 가고 있다.

2) 직업공무원제의 확립 요건

직업공무원제를 확립하기 위해서는 다음과 같은 몇 가지 수립 요건이 필요하다.

(1) 실적주의의 확립

직업공무원제도가 확립되기 위해서는 그 기반으로서의 실적주의가 먼저 정착되어야 한다.

(2) 공무원에 대한 높은 사회적 평가

관직이 특권이나 치부의 수단으로서가 아니라, 공공봉사의 차원에서 높은 사회적 평가를 받아야 한다.

(3) 젊은 사람의 채용

가능한 한 학교를 갓 나온 젊은 사람을 채용하여 평생에 걸쳐 당해 직렬의 상위

까지 승진할 수 있게 해야 그들이 일생 동안 근무할 가능성이 높아진다.

(4) 능력 발전

공무원 개개인이 지니고 있는 소질을 재직자훈련, 전보 및 승진을 통해 발전시켜주어 그들의 소질·능력·흥미와 일치되는 직책을 담당케 해야 한다.

(5) 보수와 연금제도의 적정화

공무원들이 생활에 대한 불안감 없이 근무할 수 있도록 보수가 적정화되고, 또한 합리적인 연금제도의 확립을 통해 퇴직 후의 생활에 대해서도 안정감을 가질 수 있도록 해야 한다.

(6) 적절한 인력수급 계획

정부는 인사의 불공평·침체를 방지하기 위해 직급별 수급 계획을 세워야 한다. 이러한 계획을 세우려면 이직률, 공무원의 연령 구조, 직급별 평균 근무 연수, 정부의 직무 계획 등을 파악해야 한다.

3) 직업공무원제도의 평가와 전망

직업공무원제는 유능한 인재의 확보, 공무원의 신분 보장, 행정의 안정성과 계속성 유지 등의 장점이 있으나, 반드시 직업공무원제도가 행정의 능률성과 민주화를 보장한다고는 볼 수 없다.

즉, 공무원이 사회 변동이나 혁신에 보수적인 경향을 띨 우려가 있으며, 폐쇄형 직업공무원제가 외부로부터 전문가의 흡수를 허용하지 않을 뿐 아니라, 결과적으로 관료집단이 특권 집단화하여 관료제적 병리가 나타날 가능성이 있다는 점 등은 직업공무원제가 비판받는 근거가 되고 있다.

그러나 직업공무원제의 문제점이 여러 각도에서 지적되고 있지만 현대 행정국가 하에서 전문 관료의 육성 및 유지를 위해서는 직업공무원제의 확립이 필요하다고 하겠다.

2 엽관주의와 실적주의

1) 엽관주의

엽관주의(spoils system) 또는 정실주의(patronage)란 공직 임용에서 인사 기준을 능력 · 자격 · 업적이 아니라 정치적 연고와 당파성 · 개인적 충성심 · 학벌 · 지연 · 혈연 등에 두는 제도를 의미한다. 특히 엽관주의는 정당에의 충성도와 공헌도를 관직의 임용 기준으로 삼는 인사행정제도를 말한다. 엽관주의와 정실주의를 굳이 구분하여 사용할 경우, 미국에서 발전한 엽관주의는 정치적 요인을 중요시하는 데 비해, 영국에서 발전한 정실주의는 학연 · 혈연 등 귀속성(ascriptiveness)을 중시하는 것으로 구분할 수 있다.

엽관주의는 민주정치의 발달과 같은 맥락에서 생성 · 발전했다. 즉, 엽관주의는 19세기 초 정치적으로 자유민주주의가 어느 정도 정착된 미국에서 관료기구와 국민과의 동질성을 확보하기 위한 수단으로 발전했다. 엽관주의는 입법국가 시대의 행정의 단순성 때문에 가능하게 된 제도이기도 하다. 당시의 행정은 질서 유지적인 단순업무가 주를 이뤄 보통 사람들도 누구나 공무원의 직무를 담당할 수 있는 것으로 인식해 공직의 개방이 훨씬 수월하게 이뤄질 수 있었다.

이러한 엽관주의는 국민의 요구에 대한 관료적 대응성을 향상시키고, 행정의 민주화에 기여하며, 대통령의 정책 실현을 용이하게 해주고, 정당정치의 발전에 기여할 수 있다는 장점을 지닌다. 다른 한편으로 이러한 엽관주의는 행정의 능률성 · 공정성 · 계속성 · 안정성 · 일관성을 훼손하고, 정당의 과두적 지배를 촉진함으로써 매관매직이나 뇌물 수수 등의 정치적 · 행정적 부패를 초래한다는 단점을 지닌다(이종수 외, 2012).

2) 실적주의

실적주의(merit system)란 공직에의 임용이 능력과 자격에 의해 이뤄지는 제도를 의미한다. 실적주의는 행정이 복잡화, 전문화되는 등 정치적 · 사회적 환경이 변화하고 엽관주의의 폐해가 극심해짐에 따라 엽관주의에 대한 비판운동에서 출발했다.

실적주의의 의미를 좀 더 구체적으로 살펴보면 다음과 같다(박동서, 1997).

(1) 기회 균등, 즉 국민은 누구나 인종·종교·지연·학벌 등의 이유로 공직 임용에서 차별을 받지 않는다는 것을 의미한다.

(2) 개인이 지니고 있는 능력·자격·실적(achievement, merit)이 인사임용의 기준이 된다는 것을 의미한다.

(3) 공무원의 정치적 중립을 지향한다. 정치적 중립성이란 집권정당이 어느 정당이든 간에 맡은 바 직무를 성실히 수행하는 것을 의미한다.

(4) 공무원의 신분 보장, 즉 공무원은 법령이 규정하는 바에 따라 근무하는 한 그의 공무원으로서의 신분을 위협받는 일이 없이 보장된다는 것을 의미한다. 이러한 신분 보장의 제1차 목적은 정권 교체에 흔들림 없이 관료집단이 국가 안정화의 중심 수단이 되어야 한다는 것을 의미한다.

영국의 실적제는 1853년 발표된 「노스코트-트레벨리언 보고서(Northcote and Trevelyan Reports)」, 그리고 이 보고서를 토대로 하여 제정된 1855년의 추밀원령(樞密院令) 및 1870년의 추밀원령에 의해 제도적 기초를 확립했다. 미국에서의 실적제는 1883년 펜들턴법(Pendleton Act)의 제정으로 제도화되었다.

전술한 엽관주의는 시대의 변천과 함께 많은 문제점을 노출했다. 정권이 바뀔 때마다 공무원이 교체됨으로써 행정의 계속성·안정성·지속성이 위협을 받게 되었으며, 행정의 능률성과 전문성이 향상될 수 없었다. 행정의 복잡화와 전문화 추세에도 불구하고 행정 경험이 부족한 사람이 임용되어 행정의 능률을 저하시켰으며 불필요한 공직이 남설되어 재정적 낭비를 초래했다. 국민에 대한 충성보다는 집권자에 대한 충성이 중시되어 행정의 공공성이 약화되고, 공무원의 신분이 보장되지 않음으로써 부정부패의 원인을 제공하게 된 것이다. 이러한 엽관주의의 폐해가 실적주의 수립의 직접적인 계기가 된 것이다.

그리고 행정국가의 대두 또한 실적주의 수립의 환경적 기반을 제공하게 되었다. 자본주의의 비약적인 발전과 사회적·경제적 조건의 변동에 따라 국가는 중립적 조정자・통제자의 역할을 담당하게 되었으며, 행정 기능이 양적으로 증대되고 질적으로 변동하게 됨으로써 전문적 능력을 갖춘 유능한 공무원이 요구된 바, 이러한 여러 요인이 작용하여 실적주의 수립의 환경적 토대를 이룬 것이다.

실적주의는 공직 취임에의 기회 균등을 보장하며, 공개경쟁시험 등을 통해 유능한 인재를 임용함으로써 행정의 능률성을 높일 수 있고, 공무원의 정치적 중립을 통해 행정의 공정성이 확보되고, 공무원의 신분 보장을 통해 행정의 안정성과 계속성을 확보할 수 있다는 장점을 지닌다. 다른 한편으로 실적주의는 반엽관주의에 지나치게 집착함으로써 인사행정을 소극적・경직적・비능률적으로 만들고, 강력한 신분 보장으로 인해 직업공무원들에 대한 정치적 상관들의 통제력 확보를 어렵게 하는 단점을 지닌다.

결국 엽관주의와 실적주의는 각기 장・단점을 지니는 만큼 상호 조화적으로 활용될 수밖에 없다. 즉, 정무직 공무원 등 상위직의 경우는 집권자와 정치적 이념을

〈표 6-1〉 엽관주의와 실적주의

구분	엽관주의(spoils system)	실적주의(merit system)
임용 기준	정치적 연고, 충성심, 학벌 등을 기준으로 임용	개인의 능력, 자격, 적성, 실적을 기준으로 임용
배경	민주정치의 발달과 관료기구의 동질성 확보를 위해 등장	엽관주의의 폐해 극복과 행정의 복잡화・전문화에 따라 등장
특징	정권 교체 시 대규모 공직 인사 교체로 행정의 정치적 성향 반영	공무원의 정치적 중립과 신분 보장을 통해 행정의 지속성과 안정성 확보
장점	– 정당정치 발전에 기여 – 국민의 요구에 대한 관료적 대응성 강화 – 정책 실현 용이	– 공직 취임의 기회 균동 – 유능한 인재 확보 – 행정의 공성성, 안정성, 지속성 확보
담점	– 행정의 전문성 저하 – 부정부패와 매관매직 우려 – 행정의 안정성과 일관성 저해	– 인사행정의 경직성 증가 – 지나친 신분 보장으로 무사인일 초래 – 정치적 유연성 부족
적용 대상	정무직 공무원(상위직, 정책결정에 정치적 동질성이 중요한 직위)	중・하위직 공무원(행정의 공정성과 능률성이 중요한 직업 공무원)
현대적 활용	정무직과 고위직 임용 시 제한적으로 적용	중・하위직 공직 임용의 주요 기준으로 활용

공유하는 것이 정책의 추진에 유리하기 때문에 엽관주의가 바람직하다고 할 수 있으나, 절대 다수를 점하는 중·하위직 직업공무원들은 실적에 의해 임용하는 것이 행정의 능률성과 공정성, 안정성, 계속성 확보에 유리하다. 오늘날 대부분의 국가에서는 엽관주의와 실적주의의 양 제도를 적절하게 혼합해 운용하고 있다(이종수 외, 2011).

3 대표관료제

대표관료제(representative bureaucracy)는 "사회를 구성하는 주요 집단으로부터 인구 비례에 따라 관료를 충원하고, 그들을 정부관료제 내의 모든 계급에 비례적으로 배치함으로써 정부관료제가 그 사회의 모든 계층과 집단에 공평하게 대응하도록 하는 제도"로 정의될 수 있다(이종수 외, 2011). 즉, 대표관료제는 정부관료제가 그 사회의 인적 구성을 반영하도록 구성함으로써 관료제 내에 민주적 가치를 주입시키려는 의도에서 발달된 개념이다.

대표관료제 이론은 "관료들은 누구나 자신의 사회적 배경(출신 집단)의 가치나 이익을 정책 과정에 반영시키려 노력한다"는 명제를 전제로 하고 있다. 그러나 근래에는 이러한 가정에 대한 의문이 제기되고 있다. 대표관료제의 가정에 대해 의문을 제기하는 학자들은 대표관료제를 소극적(passive) 측면과 적극적(active) 측면(Mosher, 1982: 15-16), 혹은 상징적(stand for) 측면과 행동적(act for) 측면으로 구분한다. 대표의 적극적 측면에서는 관료들이 출신 집단의 이익을 위해 적극적으로 행동할 것을 기대한다. 반면에 소극적 개념에 의하면, 관료는 다른 사람들을 위해 실제로 행동하는 것이 아니라, 단지 그들을 상징적으로 대표할 뿐이다(Mosher, 1982: 14-15).

대표관료제의 필요성은 오늘날의 대의정치 제도 아래서 직업공무원들의 대표성(representativeness)을 확보할 수 있는 제도적 장치가 효율적으로 작동하지 못하고 있다는 데에서 찾아볼 수 있다. 즉, 행정의 전문화로 인해 직업공무원들에 대한 정치적 상관들의 통제가 실효성을 상실해 가는 상황에서, 관료들의 주관적 책임성 제고를 통해 정부의 대응성(responsiveness)을 향상시킬 수 있을 것이라는 점에서 대표관료제 이론이 주목받게 된 것이다.

대표관료제는 다음과 같은 여러 가지 효용성을 지닌다. 즉, 대표관료제는 국민의 다양한 요구에 대한 정부의 대응성을 향상시키며, 기회 균등의 원칙을 보장함으로써 관료제의 국민 대표성과 사회적 형평성의 제고라는 민주적 이념을 구현하고, 정부정책에 대한 관료의 책임성을 제고하는 한편, 정부관료제에 다양한 집단을 참여시킴으로써 정부관료제의 민주화에 기여한다. 대표관료제는 또한 정부가 민주적인 정책결정을 하도록 도와 줄 뿐만 아니라, 정부가 좀 더 합리적인 정책을 선택할 수 있도록 도와주고, 소외집단의 요구에 대한 정부정책의 대응성을 높임으로써 정부정책에 대한 국민의 신뢰감을 높이고, 정책의 집행을 용이하게 하며, 정부활동의 능률성을 향상시킨다. 대표관료제는 이어 소외된 집단을 정부에 참여시키고 활용함으로써, 국가적인 견지에서 인적 자원을 효율적으로 관리하도록 도와주며, 나아가 전통적으로 차별을 받거나 소외되던 집단의 사회·경제적 지위를 향상시킴으로써 소외집단 구성원의 반사회적 행위를 감소시키는 효용성을 지닌다.

그러나 대표관료제의 반대론자들은 여러 각도에서 다양한 비판을 제기하고 있다. 적지 않은 비판론자들은 소극적 대표가 적극적 대표를 보장하지 못할 뿐만 아니라, 적극적 대표가 강조될 경우 사회적 갈등을 야기하고 민주주의에 위협 요소로 작용할 수도 있다는 문제점을 지적하기도 한다. 그리고 대표관료제가 할당제(quota system)를 강요하게 됨으로써, 결과적으로 현대 인사행정의 기본 원칙인 실적주의를 훼손시키고, 나아가 행정 능률을 저하시키며, 아울러 역차별(reverse discrimination) 문제를 야기한다는 문제점 등이 제기되기도 한다.

대표관료제와 관련하여 우리나라에서는 1990년대 이후 공무원집단의 여성 대표성을 높이기 위해 여성채용목표제(현재는 '양성평등채용목표제'로 용어가 바뀜)를 도입하여 운영하고 있으며, 참여정부 들어서는 장애인과 과학기술 인력, 지방대 출신을 배려하기 위한 균형인사를 추구했다.

제3절 공직구조의 형성

실적주의의 적용을 받는 경력직 공무원을 분류하는 방식으로 가장 대표적인 것은 계급(rank)을 중심으로 공직의 계층구조를 형성하는 계급제와, 직무를 중심으로 공직을 구조화하는 직위분류제다. 오늘날 대부분의 나라에서는 순수한 형태의 직위분류제와 계급제를 채택한다기보다 양 제도의 장점을 혼합한 형태를 많이 활용하고 있다. 다음에서는 계급제와 직위분류제의 개념 및 특성을 살펴보고자 한다.

1 계급제

계급제는 인간을 중심으로 공직을 분류하는 것으로서, 공무원 개개인의 자격과 능력에 기반한 계급(rank)으로 분류하는 것을 의미한다. 이 제도는 주로 농업사회의 오랜 전통을 지닌 한국·일본·독일·프랑스 등이 운용하고 있다.

계급제의 주요 특징은 이 제도를 채택한 대부분의 나라가 과거 신분 체계의 영향을 받아 4대 계급으로 분류하고 있으며 계급 간의 사회적 평가·보수·자격 요건·교육면에서 심한 차이를 두고 있다. 또한 계급 간의 승진을 특별히 어렵게 하여 원칙적으로 어느 한 계급에 임용되면 일생 동안 동일한 계급에 머물거나 한정된 계급밖에 승진하지 못하도록 하고 있다. 한국에서는 계급제에 직위분류제 요소를 가미한 제도를 운영하고 있다.

계급제는 직위분류제와 비교하여 장래의 발전가능성과 잠재력을 지닌 사람을 채용할 수 있게 하고, 인력 활용의 융통성과 효율성을 높여 탄력적 인사관리를 가능하게 하며, 직업공무원제 확립을 용이하게 하고, 일반행정가 양성에 유리하며, 공무원의 직업적 연대의식과 일체감 제고를 통해 능률성을 제고할 수 있는 장점을 지닌다. 또한 계급제 속에서 순환보직제를 통해 여러 부서 경험을 두루 쌓게 되는 공무원은 시야와 이해력이 넓어 다른 부서의 공무원과 협조가 원활하게 이뤄질 수 있다. 그리고 계급제는 공무원의 신분 보장에 유리하다.

반면에 계급제는 '동일 직무에 대해 동일 보수를 지급하는' 직무급 체계의 확립을 어렵게 하고, 행정의 전문화에 부응하지 못하며, 의사결정의 합리화를 기하기 어렵고, 적임자의 임용을 담보할 수 없어 능률성을 떨어뜨리며, 신분 보장과 폐쇄형 임용 체제로 인해 무사안일을 부추기고 공무원을 특권집단화할 우려가 높다는 단점을 지닌다(이종수 외, 2005).

2 직위분류제

직위분류제는 직책을 중심으로 공직을 분류하는 것으로서, 각 직위를 직무의 난이도와 책임의 경중도에 따라 등급(class)으로 분류하는 것이다. 직위분류제는 미국과 이의 문화적 영향을 받은 캐나다, 필리핀, 중남미 국가들이 대표적으로 채택하고 발전시켰다. 우리나라는 계급제를 기본으로 하고 채용, 승진 및 전직 등에 직위분류제의 요소를 활용하고 있다.

직위분류제의 장점은 다음과 같다. 직위분류제는 담당 직책이 요구하는 능력의 소유자를 임용하게 됨으로써 채용시험, 전직, 승진 등의 인사배치를 할 때 좀 더 적합한 기준을 제공한다. 또한 직위분류제는 훈련의 수요를 쉽게 파악할 수 있게 해주고, 직무급의 수립을 용이하게 해준다. 그리고 근무성적평정 기준의 설정에 유익하며, 횡적으로 직무의 한계와 종적으로 지휘·감독 관계가 분명하여 권한과 책임의 한계를 명백하게 함으로써 조직관리의 합리성을 기할 수 있다. 그 밖에 행정의 전문화와 정원관리 등을 용이하게 한다는 장점을 지닌다.

그러나 직위분류제는 폭넓은 안목을 지닌 일반행정가의 양성을 어렵게 하고, 인사관리의 신축성을 확보할 수 없어 조직 및 직무의 변화에 잘 대응하지 못하게 하며, 상위 직급에서의 업무 통합을 어렵게 한다는 등의 단점을 지닌다.

계급제와 직위분류제는 상호 대립되는 것처럼 보이나 사실은 상호 보완적으로 활용되고 있다. 즉, 계급제를 채택한 국가에서는 점차 직위분류제적 요소를 더 많이 가미하고 있으며, 반대로 직위분류제를 채택한 미국 등의 국가에서는 계급제적 요소를 도입함으로써 상호 약점을 보완해 나가는 추세를 보이고 있다.

제4절 인사관리 과정

1 임용

임용은 정부조직에서 사람을 선발하고, 움직여 쓰는 활동을 말한다. 임용에는 정부조직 바깥에서 사람을 선발하여 쓰는 신규채용, 즉 외부임용과 정부조직 안에서 사람을 움직여 쓰는 내부임용이 있다. 임용의 유형은 [그림 6-2]와 같이 나타낼 수 있다.

[그림 6-2] 임용의 유형

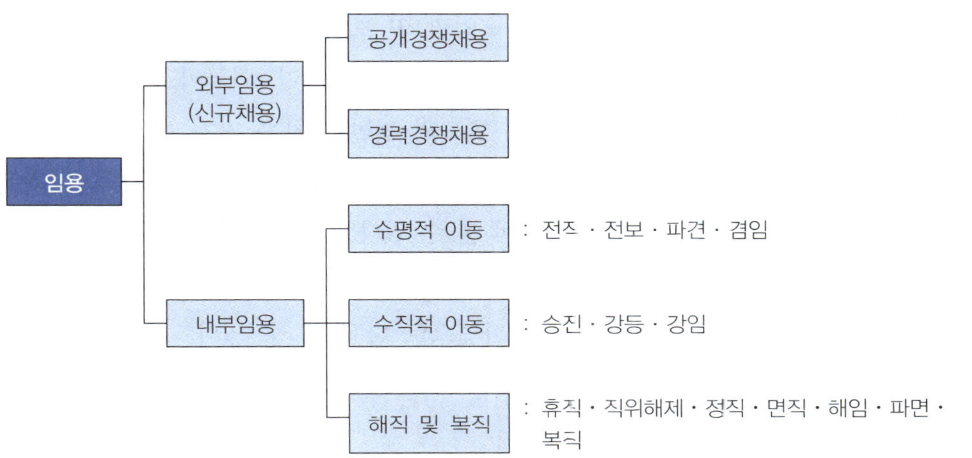

우리나라의 일부 학자는 임용을 정부조직의 '결원 보충활동'으로 좁게 정의하여 휴직・면직・복직・파면・해임 등의 임용 행위를 그 범위에서 제외하고 있다. 이 경우 임용은 행정조직에 결원이 발생할 경우 행정조직 바깥에서 사람을 선발하여 받아들이는 외부채용, 즉 외부임용과 정부조직 안에서 사람을 움직여 쓰는 배치전환만을 의미하는 것으로 좁게 해석될 우려가 있다. 넓은 의미의 임용 속에는 승진, 강등, 강임, 전직과 같이 정부조직 안에서 사람을 움직여 쓰는 내부 인사 운용(internal staffing)은 물론 파면・해임 등 공무원 신분을 소멸시키는 해직(separation) 조치까지 포함되어야 할 것이다.

이 책에서는 따라서 임용을 넓은 의미로 사용하여, "정부조직에서 사람을 선발하고, 움직여 쓰는 활동"으로 정의하고자 한다(이종수, 2013c). 공무원 임용령(제2조)에서도 "'임용'이란 신규채용・승진임용・전직・전보・겸임・파견・강임・휴직・직위해제・정직・강등・복직・면직・해임 및 파면을 말한다"고 규정함으로써, 임용의 의미를 외부임용, 즉 신규채용뿐만 아니라 내부 인사 운용과 해직까지를 포괄하는 넓은 의미로 사용하고 있다.

외부임용, 즉 신규채용의 방법으로는 공개경쟁채용과 경력경쟁채용[1]의 두 가지가 있다. 신규채용 가운데 공개경쟁채용의 일반적 절차는 [모집 → 시험 → 채용후보자 명부 작성 → 임용 추천 → 시보임용 → 임명 및 보직]으로 이뤄진다. 경력경쟁채용은 경력직 공무원 퇴직자의 재임용, 관련 자격증의 소지자, 외국어 능통자, 북한이탈주민 등을 대상으로, 경쟁을 제한하는 별도의 선발 절차를 거쳐 채용한다.

정부조직 안에서 사람을 움직여 쓰는 내부임용의 유형은 수평적 이동, 수직적 이동, 그리고 해직 및 복직으로 크게 나눠 볼 수 있다. 수평적 이동은 다시 전직・전보・파견・겸임으로, 수직적 이동은 승진・강등・강임으로, 그리고 해직 및 복직은 휴직・직위해제・정직・면직・해임 및 파면으로 나눠 볼 수 있다.

---

1) '경력경쟁채용'이란 용어는 기존의 '특별채용'에 해당하는 것으로, 2008년 외교부 등의 특별채용 비리가 큰 사회적 물의를 빚자 정부는 2010년의 법 개정을 통해 '경력경쟁채용'이라는 용어로 바꾼 것이다.

2 능력 개발

능력 개발은 조직구성원의 역량과 능력을 향상시키는 것을 말한다. 여기에서는 교육훈련, 근무성적평정 등을 중심으로 다루고자 한다.

1) 교육훈련

교육훈련(education and training)은 공무원에게 직무 수행상 필요한 지식과 기술을 연마시키고 가치관과 태도를 발전 지향적으로 개선시키고자 하는 인사 기능을 말한다. 오늘날 공무원 교육훈련의 의미는 지식과 기술의 연마뿐만 아니라 잠재적인 능력을 종합적으로 개발하는 활동을 포함하는 광의의 뜻으로 사용된다. 우리나라에서와 같이 공무원 인사가 폐쇄형으로 이뤄지고 공무원의 신분이 법적 보장을 받고 있는 경우, 기술과 환경의 변화에 대응하여 교육훈련을 통한 능력 발전은 더욱 중요한 의미를 지닌다.

교육훈련의 방법은 훈련의 목적, 대상자의 특징에 따라 그 효과가 다르다. 훈련의 목적에 따른 훈련 방법을 분류해 보면, ① 지식의 습득을 위한 방법: 강의, 토론회, 사례 연구, 시찰, 시청각교육, 사이버 강좌 등, ② 기술 연마를 위한 방법: 사례 연구, 모의연습, 현장훈련, 전보・순환보직, 실무수습, 시청각교육 등, ③ 태도・행동의 교정을 위한 방법: 사례 연구, 역할연기, 감수성훈련 등이 있다.

공무원 교육훈련의 종류는 교육훈련의 목적과 훈련을 받는 공무원의 계층, 훈련 기간, 훈련 장소, 훈련 방법의 성격 등에 따라 여러 가지로 나눌 수 있다. 교육훈련의 종류는 목적과 내용 등의 기준에 의해 적응훈련(orientation training), 정부 고유 업무 담당자 훈련, 일반 재직자훈련(refresher and extension course), 감독자훈련(supervisory training), 관리자훈련(executive training), 윤리교육훈련(ethical education and training) 등으로 나눌 수 있다.

적응훈련은 특정 직책을 담당하기 전에 받는 신규채용자 훈련, 승진 대상자 훈련 등을 말한다. 적응훈련에서는 소속 직장 전체의 성격과 업무 상황을 알려주고,

직무 수행에 필요한 기초 지식을 습득하게 한다. 정부 고유 업무 담당자 훈련은 경찰·소방 등 민간부문에서 배울 기회나 경험을 쌓을 수 없는 직책을 부여받는 사람에게 실제 업무를 담당하기 전에 실시하는 훈련을 말한다. 그리고 보수교육(補修教育)이라고도 하는 일반 재직자훈련은 재직 공무원을 대상으로 새로운 지식이나 기술 또는 법령의 내용을 습득시키고, 근무 태도와 가치관을 개선시키기 위해 정기적 또는 수시로 실시하는 훈련을 말한다. 감독자훈련과 관리자훈련은 부하를 지휘·감독하는 간부직 공무원에 대한 훈련이다. 감독자훈련은 과장급을 대상으로 한 교육훈련으로 인간관계·의사전달·인사관리·부하의 훈련·사무관리·사무 개선 등을 교육한다. 국장급 등 고위공무원을 대상으로 한 관리자훈련은 공무원들의 관리 능력, 즉 정책결정과 지도에 필요한 능력을 향상시키는 훈련을 말한다. 정신교육이라고 불리는 윤리교육훈련은 공무원의 윤리성을 제고할 목적으로 가치관과 태도의 발전적 변화를 모색하는 교육훈련을 말한다.

우리나라에서는 최근 액션 러닝(action learning)과 역량기반 교육훈련(competency based curriculum: CBC) 등이 강조되면서 실천학습과 개인 역량 개발을 강화하고 있다. 또한 국제교류 협력사업의 일환으로 외국 공무원을 대상으로 한 교육훈련도 강화하고 있다. '액션 러닝'이란 교육 참가자들이 소규모 팀을 구성하여 실제 현안 문제를 해결하면서 동시에 문제 해결 과정에 대한 성찰을 통해 학습하도록 지원하는 행동학습(learning by doing) 교육 방식을 말한다. 주로 관리자훈련에 사용된다. '역량'이라는 개념은 특정 직무에서 탁월한 성과를 나타내는 고성과자(high performer)에게서 일관되게 관찰되는 행동적 특성을 의미한다. 각급 공무원교육원에서 강조되고 있는 '역량기반 교육훈련'은 조직의 실질적인 성과 창출에 필요한 역량을 파악하여 현재 수준과 요구 수준 간의 격차를 확인한 후 이를 해소하기 위한 교육훈련 체계라 할 수 있다.

2) 성과관리와 근무성적평정

우리나라의 현행 '근무성적평정' 제도는 '성과관리'의 큰 틀 속에 포함되어 다뤄지고 있다. 성과관리제도는 공무원 개인의 성과관리와 조직의 성과관리로 나뉜다.

개인의 성과관리는 4급 이상의 공무원을 대상으로 하는 성과계약 등 평가와 5급 이하 공무원을 대상으로 하는 '근무성적평가', 경력평정 및 가점평정 등으로 구분된다. 조직의 성과관리는 기관별 주요 정책과제・재정사업・행정관리 역량 등을 평가하는 정부업무평가와, 균형성과(BSC) 모델을 적용하여 재무・내부 프로세스・고객・학습과 성장 등을 평가하는 각 부처 성과관리시스템으로 구분된다.

근무성적평정(performance evaluation or appraisal)이란 공무원이 근무하고 있는 조직체에서의 근무 실적, 직무 수행 능력 및 태도 등을 체계적・정기적으로 평가하는 것을 말한다. 평가 결과는 보수・승진・배치전환・교육훈련 등의 인사행정에 반영된다. 조직구성원의 근무 실적과 직무 수행 능력을 측정하여 인사에 반영하는 근무성적평정제도는 피평정자의 동기 유발을 통해 조직 전체의 생산성을 높이고자 하는 데 주된 목적이 있다.

근무성적평정의 유형은 다양하게 분류할 수 있다. 근무성적평정의 유형은 평정 방법을 기준으로 하여 도표식 평정 척도법(graphic rating scale), 강제배분법(forced distribution), 사실기록법, 서열법, 목표관리제 평정법, 체크리스트(check list) 평정법, 강제선택법(forced choice method), 중요 사건 기록법(critical incident method), 행태 기준 평정 척도법(behaviorally anchored rating scales: BARS), 행태관찰 척도법(behavioral observation scales: BOS)으로 나눠 볼 수 있다.

도표식 평정 척도법은 도표로 된 평정표를 사용하는 근무성적평정 방법으로 가장 많이 이용되고 있으며, 평정표의 작성이 용이하고 평정이 쉽다는 장점을 지닌다. 강제배분법은 근무성적평정 결과가 과도하게 집중되거나 관대화되는 것을 막기 위해 성적 분포의 비율을 A: 20%, B: 30%, C 이하 50% 등으로 미리 정해놓는 평정 방법을 말한다. 사실기록법은 공무원의 근무성적을 객관적인 사실에 기초하여 평가하는 것을 말하며, 서열법은 피평정자 간의 근무성적을 서로 비교할 때 평정 요소를 세구분한 객관적 지표에 의하지 않고, 피평정자의 전체적인 근무 상황을 포괄적으로 비교하여 서열을 정하는 방법을 말한다.

목표관리제 평정법은 상・하급자 간에 협의를 통해 부서 및 개인의 목표를 명확히 설정하고 일정 기간(근무성적평정 기간) 동안 목표활동을 수행하게 한 뒤, 성과를 평가하여 보상 체제에 반영하는 평가제도를 말한다. 체크리스트 평정법은 공무원 평정에 적절하다고 판단되는 표준 행동 목록을 미리 작성해 두고, 이 목록에 단순히 가부를 표시하게 하는 방법을 통해 공무원의 근무성적을 평가하는 방법을 말한다. 강제선택법은 2개 또는 4~5개의 항목으로 구성된 각 기술 항목의 조(組) 가운데서 피평정자의 특성에 가까운 것을 강제적으로 골라 표시하도록 하는 평정 방법을 말하며, 중요 사건 기록법은 피평정자의 근무 실적에 큰 영향을 주는 중요 사건들을 평정자로 하여금 기술하게 하거나 또는 중요 사건들에 대한 설명구를 미리 만들어 평정자로 하여금 해당되는 사건에 표시하게 하는 평정 방법을 말한다.

또한 도표식 평정 척도법과 중요 사건 기록법의 장점을 통합한 행태 기준 평정 척도법(BARS)은 직무분석에 기초하여 중요한 과업(task) 분야를 선정하고, 각 과업 분야의 행태를 '바람직함'을 기준으로 몇 개의 등급으로 구분한 뒤 점수를 할당하는 평정 방법을 말한다. BARS와 도표식 평정 척도법을 혼합한 행태관찰 척도법(BOS)은 도표식 평정 척도법과 유사하게 사건의 빈도 수를 표시한 등급을 사용하되, 행태에 관한 구체적인 사건·사례를 기준으로 평가하는 평정 방법을 말한다.

근무성적평정 유형은 또한 평정자를 기준으로 하여 피평정자가 자신의 근무성적을 스스로 평가하는 자기평정법(self-rating), 피평정자들이 상호 평정하는 동료평정법(peer rating), 피평정자의 상관인 감독자가 평정하는 감독자평정법, 부하들이 상관을 평정하는 부하평정법, 피평정자의 상급자·동료·부하·고객 등이 참여하여 평정하는 집단평정법(다면평가제) 등으로 나눠 볼 수 있다. 참여정부 시절 전 정부 부처에 도입·시행되었던 다면평가제는 2010년부터 그 결과를 역량 개발, 교육훈련 등에 활용하되 승진, 전보, 성과급 지급 등에는 참고 자료로 활용하도록 제도가 변경됨에 따라 사실상 유명무실화되었다.

근무성적평정 과정에는 평정 결과를 왜곡시키는 여러 가지 오류, 즉 연쇄 효과(halo effect), 집중화 경향(central tendency), 관대화 경향(tendency of leniency), 규칙적 오류(systematic or constant error)와 총계적 오류(total error), 시간적 오류(primacy effect and recency effect), 선입견(personal bias)에 의한 오류 등이 개입된다.

연쇄 효과는 한 평정 요소에 대한 평정자의 판단이 연쇄적으로 다른 요소의 평정에도 영향을 주는 현상을 말한다. 집중화 경향은 평정자가 모든 피평정자들에게 대부분 중간 수준의 점수를 주는 심리적 경향을 말하고, 관대화 경향이란 평정 결과의 분포가 우수한 쪽에 집중되는 경향을 말하며, 이에 반해 평정 결과의 점수 분포가 낮은 쪽에 집중되는 경향을 엄격화 경향이라 한다. 이러한 집중화 경향, 관대화 경향 및 엄격화 경향의 폐단을 막기 위해서는 강제배분법을 활용할 수 있다. 한편 어떤 평정자가 다른 평정자들보다 언제나 후한 점수 또는 나쁜 점수를 주는 것을 규칙적 오류(systematic or constant error)라 하고, 평정자의 평정 기준이 일정치 않아 관대화 및 엄격화 경향이 불규칙하게 나타나는 경우를 총계적 오류(total error)라 한다.

우리나라 정부에서는 근무성적평정이 완료되면 해당자에게 평정 결과를 알려주도록 하고 있으며, 근무성적평정 결과에 이의가 있는 경우 확인자에게 이의를 신청할 수 있도록 하고 있다. 그리고 이의신청 결과에 불복하는 경우 근무성적평가위원회에 근무성적평가 결과의 조정을 신청할 수 있도록 하고 있다(공무원 성과평가 등에 관한 규정 제21조).

Tip

'근무성적평정 유형 비교분석'

- **도표식 평정 척도법**: 표로 작성된 척도를 기준으로 피평정자의 근무 태도, 직무 수행 능력, 성과 등의 평가에서 사용된다. 비교적 간단하고 적용하기 쉬운 편으로 대규모 조직에서 활용이 가능하나, 평가자의 주관적 판단에 따라 결과가 왜곡될 가능성이 있다.
  예를 들면, 지방자치단체의 민원 처리 부서에서 공무원 A씨는 업무 태도, 민원 응대 시간, 처리 정확도를 기준으로 1~5점 척도로 평가를 받는다. A씨는 3개 평가항목에서 평균 4점 이상을 받아 승진 후보로 고려될 수 있다.
- **강제배분법**: 평정 결과를 미리 정해진 비율에 따라 배분한다. 평가 결과의 관대화나 집중화를 방지하는 데 효과적이나, 실제 능력 차이를 왜곡할 가능성이 크다. 강제배분법 사례로는 중앙정부의 한 부처에서 직원 100명을 성과에 따라 A(20%), B(30%), C(50%) 분포에 맞춰 성과를 배정하였다. 부서 직원의 대부분이 높은 목표를 달성했음에도 불구하고, 강제적으로 특정 비율을 맞추기 위해 일부 직원이 낮은 등급을 받게 되어 직원들이 공정성에 대한 의문을 제기할 수 있다.
- **사실기록법**: 피평정자의 업무와 관련된 객관적인 사실만을 기록하여 평가한다. 주관적 판

단의 개입을 최소할 수 있지만, 기록을 누락하거나 지나치게 강조할 경우 공정성이 훼손될 가능성이 있다.

- **서열법**: 피평정자의 전체적인 근무 상황을 비교하여 서열을 정하는 방식으로 비교적 간단하고 이해하기 쉬운 방법이다. 반면 평가 기준이 불명확하며, 상대적 비교로 인한 불공정성이 있으며, 평가자 편향 및 직원 간 경쟁 심화를 초래할 수 있다.
- **목표관리제 평정법**: 상급자와 피평정자가 협의하여 목표를 설정하고, 달성 여부를 평가할 수 있다. 평가 기준이 명확하며, 목표 달성을 위한 동기부여가 가능하나, 목표 설정이 어렵고 장기적 과제 평가에 한계가 있다.
- **체크리스트 평정법**: 미리 정해진 행동 목록에 대해 '예' 또는 '아니오'로 체크하여 평가한다. 평가가 간단하고 비교적 객관적이나, 평정 항목이 포괄적이지 않으면 정확한 평가가 어렵다. 항목 중심으로 평가되므로 업무 태도나 의사소통 능력 같은 정성적 요소가 배제될 수 있다. 또한 평가자가 체크리스트 항목을 해석하거나 판단하는 과정에서 주관적 편향이 개입될 수 있다.
- **강제선택법**: 피평정자의 특성을 나타내는 몇 가지 진술 중 가장 적합한 것을 선택하도록 강제한다. 평가자의 편향을 줄일 수 있으나, 피평정자의 종합적인 능력을 평가하기 어렵다. 선택지의 기준이 명확하지 않아 평가자와 피평정자 간 해석의 차이가 발생할 수 있으며, 평가 항목이 명확하거나 단순하면 피평정자가 자신이 점수에 관대화 평가할 수 있다.
- **중요 사건 기록법**: 직무 수행 과정에서 발생한 중요한 사건을 기록하고 평가한다. 실제 사례를 바탕으로 구체적으로 평가가 가능하나, 사건 기록의 주관성과 중요한 사건만 평가되는 한계가 있다. 특정 사건만 강조되므로 지속적인 노력이나 일상적 업무는 평가에 반영되지 않을 수 있다. 구성원 간의 사건의 성격이 다를 경우, 상대적 중요도를 객관적으로 비교하기 어렵다.
- **행태 기준 평정 척도법**: 직무 행동을 세분화하여 각 행동 수준에 점수를 할당하여 평가한다. 평가 기준이 구체적이며 신뢰성이 높으나, 평가 준비 과정이 복잡하다. 세부 행동 기준을 설정하고 평가 기준을 설계하는 데 많은 시간과 노력이 소요되며, 특정 직무에 맞춤 기준을 다른 직무에 적용하기 어려워, 모든 구성원에게 공통적으로 사용하기 힘들다.
- **행태관찰 척도법**: 행동 빈도를 기준으로 평가하며, 도표식 평정 척도법과 유사하나, 구체적 행동에 초점을 둔다. 빈도 기반의 객관적 평가가 가능하나, 평가 기준 설정과 관찰에 시간이 소요되는 단점이 있다. 행동 빈도가 높아도 실제 성과나 질적 기여도가 낮을 경우 평가의 신뢰성이 떨어질 수 있고, 특정 행동의 빈도만 강조되므로 창의성, 문제 해결 능력 등 다른 요소들이 평가되지 않을 가능성이 있다.

3 동기부여

동기부여(動機附與, motivating)는 조직구성원으로 하여금 업무를 적극적으로 행할 의욕을 일으키도록 동기를 유발하는 것을 말한다. 동기부여를 위한 인사행정 수단으로는 여러 가지가 있다. 고충처리제도(grievance procedure), 제안제도(suggestion system), 그리고 보수행정과 관련된 제도들이 이러한 범주에 속한다. 그리고 제5장 제3절에서 다룬 '동기이론'과 '생산성 향상을 위한 포괄적 관리 기법'의 내용이 모두 '동기부여'와 관련이 있다고 하겠다.

그러나 여기에서는 고충처리제도, 제안제도, 그리고 보수행정과 관련된 내용만을 한정적으로 다루고자 한다.

1) 고충처리제도

공무원 고충처리제도는 공무원이 직장생활과 관련하여 제기하는 고충을 심사하여 그 해결책을 강구하는 활동을 말한다. 우리나라에서는 공무원고충처리규정(대통령령 제24425호)을 두어 이를 처리하고 있다. 이 규정 제2조에서 "공무원은 누구나 근무 조건 · 인사관리, 기타 신상문제에 대하여 인사상담 및 고충심사(이하 "고충심사"라 한다)를 청구할 수 있다"고 규정하고 있다.

이 규정에 따르면, 심사 대상은 근무 조건, 인사관리 및 기타 신상 문제에 한정되며, 이의 처리는 각급 고충심사위원회에서 하도록 하고 있다. 고충심사위원회의 결정은 기속력은 없으나 임용권자에게 결정 결과에 따라 고충 해소를 위해 노력할 의무를 부과한다.

우리나라에서는 이 제도가 1981년 만들어지긴 했으나 그 활용도가 높지 못하고, 주로 하급 공무원의 승진, 전보와 관련된 고충들이 제기되고 있다.

2) 제안제도

제안제도는 공무원의 창의적 의견과 고안을 장려하고 개발하여 정부 시책에 반영함으로써 행정의 능률화와 경비의 절약을 기하며, 공무원의 참여 의식과 문제 해결 능력의 증진 및 사기 앙양을 목적으로 시행되는 제도다. 다시 말하면, 공무원의 성취 의욕을 자극함으로써 사기 앙양을 도모하고 그 결과로 행정 개선에 기여하게 하자는 제도인 것이다.

제안의 종류는 대상의 선정을 자유롭게 하는 자유 제안, 정부가 과제를 지정하는 지정 제안, 직무 수행 과정의 문제 해결책을 제시하는 직무 제안 및 추천 제안으로 구분된다. 제안의 심사는 제안심사위원회에서 하며, 그 결과 제안제도의 목적에 부합하다고 판단되어 채택된 제안에 대해서는 그 등급에 따라 포상과 인사상의 특전이 부여된다.

우리나라에서는 1960년대 후반 부분적으로 시작되어 1973년에 법제화되었다. 제안의 기간이 별도로 정해져 있지 않음에도 불구하고 이를 장려하기 위해 매년 일정한 기간을 정해 특별히 제안을 모집하는 등 노력을 기울이고 있으나 그다지 활발하지 못한 편이다. 관련 법령으로는 '공무원제안규정'(대통령령 제24425호)과 '공무원제안규정 시행규칙'(행정안전부령 제1호)이 있다.

3) 보수행정

보수는 공무원에게 근무의 대가로 지불되는 보상 중의 하나다. 공무원은 근무의 대가로 보수를 지급받는 외에 승진을 하기도 하고 신분의 유지를 보장받기도 하며, 연금이나 보험 등의 혜택을 받기도 한다. 그 중 보수는 정부가 공무원에게 금전적으로 지급하는 경제적 보상에 해당된다. 공무원의 보수는 정부 재정으로 지급되며 공무원의 노동권은 법령상의 여러 제약을 받기에 사회 일반의 보수 수준에 비춰 낮다는 특징을 지닌다.

보수 체계는 공사(公私) 조직을 불문하고 봉급(기본급)과 수당(부가급)으로 구성된다. 봉급은 직책, 능력, 자격에 따라 일률적으로 받는 금액을 말하며, 수당은 특별한 사정에 따라 받는 금액을 말한다. 보수행정의 합리화 정도가 낮거나, 계급제를 채택하고 있는 나라에서, 특히 공무원의 보수 체계는 수당의 종류가 많다는 특징을 지닌다.

공무원 보수 가운데 기본급은 근속급(연공급), 직무급, 직능급의 서로 다른 속성에 따라 결정된다. 근속급은 연공(seniority)과 같은 인적 요소 기준에 의한 임금 형태로서 속인급 혹은 연공급이라고도 한다. 근속 연수에 따라 임금 수준이 결정되는 근속급은 개개인의 생활을 유지·보전하고 폐쇄적인 노동시장에서 일정한 노동력을 확보하려는 목적 차원에서 유용한 제도다. 직무급은 개개인이 맡고 있는 직무(job)가 지니는 상대적 가치를 평가하여 임금을 결정하는 방식(job-based pay)으로 선진국에서 많이 채택하고 있는 제도다. 다시 말해서, 직무의 곤란도(괴로움과 어려운 정도), 책임도 등의 '직무 가치'를 상대적으로 분석·평가하여 그 결과에 따라 보수를 결정하는 것으로, '동일 직무에 대한 동일 보수(equal pay for equal work)' 원칙에 근거한 속직급(屬職給)의 한 형태다. 직무급 제도가 정착되기 위해서는 직무가 표준화되고 객관화되어야 하므로 직무분석과 직무평가가 이뤄져야 한다. 그리고 직능급은 직무 수행 능력을 기준으로 한 것(ability-based pay)으로, 연공급의 속인적 요소(사람에 대한 임금)와 직무급의 속직적 요소(일에 대한 임금)를 결합한 '혼합 형태'라고 할 수 있다.

공무원에 대한 주요 금전적 보상 체계 가운데 하나가 공무원 연금제도(government employees pension program)다. 공무원 연금제도는 공무원들에 대한 사회보장제도의 하나로, 사회보험(social insurance)의 원리에 의해 운영되는 장기소득보장시스템이다. 공무원 연금제도는 군인연금, 사립학교 교직원연금, 국민연금제도 등과 같이 사회보험제도의 일종이다.

공무원 연금제도는 기금제(pre-funding system, funded plan, actuarial reserve plan, accumulation of fund)와 비기금제(terminally funded plan, cash disbursement plan, pay-as-you-go financing, unfunded system)로 나눠 볼 수 있다. 기금제는 기금을 장기적으로 적립해 두어 이 기금의 운용과 투자를 통해 나오는 이자와 수익을 재원으로 하여 연금을 지급하는 방식을 말한다. 미국과 우리나라는 기금제를 활용하고 있다. 기금제는 보험적립제라고도 한다. 이에 반해 비기금제는 미리 기금을 적립해 두지 않고 필요한 재원을 세출예산에 계상하여 지출하므로 현금지출제라고도 한다. 영국과 프랑스 등이 비기금제를 운영하고 있다.

기금제를 채택하는 경우 그 소요 재원을 확보하는 방법을 기준으로 하여 기여제

(contributory system)와 비기여제(non-contributory system) 두 가지로 나눠 볼 수 있다. 기여제란 기금 조성 비용을 정부와 공무원이 공동으로 부담하는 제도를 말하며, 비기여제란 기금 조성의 비용을 정부가 단독으로 부담하는 제도를 말한다. 그러나 실제 기여제를 택하느냐 비기여제를 택하느냐의 문제는 경제적이라기보다 심리적인 문제라고 할 수 있다. 왜냐하면 비기여제라 하더라도 공무원이 기여해야 할 금액만큼을 정부가 공무원의 보수를 줄여서 충당하면 기여제와 비슷한 결과가 나오기 때문이다(이종수 외, 2011).

우리나라의 공무원 연금 재정은 날로 악화되고 있다. 이러한 상황에서는 기여금을 점진적으로 늘리고 수혜 범위를 축소해야 할 것이다. 또한 연금기금에 대해 지속적으로 관리혁신을 해 나가야 할 것이다.

제5절 공무원의 행동규범과 규율

1 공무원의 정치적 중립

공무원의 정치적 중립성(political neutrality)은 공무원이 당파적 정치활동에 개입해서는 아니 된다는 당파적 중립성(political party neutrality)을 의미한다. 공무원의 정치적 중립 규범은 19세기 말 실적주의 인사행정이 도입된 이래 정치·행정 관계 설정의 기본틀로 기능해 왔다.

공무원들에게 정치적 중립이 요구되는 근거는 다음과 같다(오석홍, 1993: 672-673).

(1) 민주국가에서의 공무원은 국민 전체에 대한 봉사자로서 공익을 옹호하고 증진시키는 임무를 수행하므로 정치적으로 불편부당해야 한다.

(2) 정치적 개입에 의한 부정부패와 낭비를 방지하기 위해 공무원의 정치적 중

립은 필요하다.

(3) 정권 교체에도 불구하고 행정 업무의 계속성과 전문성을 확보하기 위해 공무원의 정치적 중립은 필요하다.

(4) 공무원집단이 안정된 중립적 세력으로 기능함으로써 정치 체제 내의 세력 균형을 도모하기 위해 공무원의 정치적 중립은 필요하다.

(5) 신분 보장을 통해 직무 수행의 능률성을 확브하기 위해 공무원의 정치적 중립은 필요하다.

역사적으로 엽관주의의 폐해가 컸던 국가는 공무원의 정치적 중립을 엄격하게 요구하고 있으나, 그렇지 않은 국가는 비교적 관대하다. 대체로 유럽의 국가들은 공무원의 정치활동에 대해 관대한 반면, 한국과 미국의 경우에는 공무원에 대해 엄격하게 정치적 중립을 요구하고 있다. 영국에서는 정책결정과 관련이 깊은 고급 공무원에 대해서는 정치적 중립을 강하게 요구하나 하위직으로 내려갈수록 완화하여 최하위 계층에 대해서는 어떠한 제약도 두지 않고 있다. 가장 엄격하게 공무원의 정치활동을 규제하고 있는 국가 가운데 하나인 우리나라에서는 대학교수 등 일부 특수분야의 공무원을 제외하고는 공무원의 정당 가입 자체를 금지하고 있다.

우리나라의 국가공무원법(제65조)에서 금지하고 있는 공무원의 정치활동은 다음과 같다.

① 공무원은 정당 기타 정치단체의 결성에 관여하거나 이에 가입할 수 없다.

② 공무원은 선거에서 특정 정당 또는 특정인의 지지나 반대를 하기 위하여 다음의 행위를 하여서는 아니 된다.

㉮ 투표를 하거나 하지 않도록 권유 운동을 하는 것

㉯ 서명운동을 기도·주재하거나 권유하는 것

㉰ 문서 또는 도서를 공공시설 등에 게시하거나 게시하게 하는 것

㉱ 기부금을 모집하게 하거나 공공자금을 이용 또는 이용하게 하는 것

㉲ 타인으로 하여금 정당 기타 정치단체에 가입하게 하거나 또는 가입하지 아니하도록 권유운동을 하는 것

③ 공무원은 다른 공무원에게 제1항과 제2항에 위배되는 행위를 하도록 요구하거나 또는 정치적 행위의 보상 또는 보복으로서 이익 또는 불이익을 약속해서는 아니 된다.

공무원의 정치적 중립 규범과 연관하여 생각해 볼 문제 가운데 하나는 '정책적 중립'의 문제다. 직업공무원에게 요구되는 '중립적 역량(neutral competence)'은 정책과정에서의 전문적 판단과 중립적 관점의 투입을 기대하는 '정책적 중립'의 의미로 해석되어야 할 것이다.

1921년 설치된 미국의 예산처(Bureau of the Budget: BoB)[2]는 중립적 역량을 뜻하는 전문성과 비당파성의 요새(要塞)라는 평판을 받아왔다. 예산처의 주된 사명은 정부 내에서 절약과 능률을 추구하는 것인 바, 이는 재정이 많이 소요되는 새로운 정책을 추진하려는 대부분의 대통령의 욕구와 조화되지 않는다. 닉슨(Richard M. Nixon)과 레이건(Ronald W. Reagon) 두 대통령은 특히 정치적 당파성이 강한 인물을 관리예산처장으로 임명함으로써 관리예산처의 활동이 더욱 분명하게 그들의 정치적 목표를 향하도록 만들었다(Wolf, 1999: 143).

공무원의 정책적 중립성은 정부사업의 절약과 능률성의 확보를 위해 필수불가결한 요건이다. 그러나 현실적인 정치틀 속에서 공무원들이 정책적 중립성을 유지하기는 여간 힘든 일이 아닐 것이다.

2 공무원노동조합 활동

공무원노동조합(government employees' union)은 공무원들이 자주적으로 단결하여 근로 조건의 유지 개선과 복지 증진, 기타 경제적·사회적 지위의 향상을 목적으로 조직되는 공무원집단의 단체로 정의될 수 있다.

공무원은 사기업체의 근로자와는 신분이 다르나 공무원집단의 집단적 이익을 표

2) 1970년 관리예산처(Office of Management and Budget: OMB)로 개칭됨.

출하여 복지 증진을 도모하기 위해 노동조합을 조직한다. 공무원은 주권자의 공복(公僕)으로서 공적 업무를 수행한다는 특수성을 갖는다. 따라서 헌법에 보장된 국민 기본권으로서의 단결권, 단체교섭권 및 단체행동권은 공무원들의 경우에 일정한 제약을 받는다(이종수, 2013b).

우리나라에서는 그동안 사실상 노무에 종사하는 공무원에 대해서만 노동권이 제한적으로 허용되어 왔으나, 1999년의 '교원의 노동조합 설립 및 운영 등에 관한 법' 및 '공무원직장협의회의 설립・운영에 관한 법률'과 2006년 1월 시행된 '공무원의 노동조합 설립 및 운영 등에 관한 법률'에 따라 교원 및 6급 이하 일반직 공무원도 '노동조합'과 '공무원직장협의회'를 결성할 수 있게 되었다. '사실상 노무에 종사하는 공무원'은 과학기술정보통신부 소속 현업기관의 작업 현장에서 노무에 종사하는 기능직 공무원[3]을 말한다(국가공무원 복무규정 제28조).

공무원노동조합의 효용성은 공무원의 집단적 의사 표시의 수단이 된다는 점에서, 참여 의식・가치 인정・귀속감 등의 충족을 통해 동기부여 효과와 아울러 사기의 앙양을 기할 수 있다는 점에서, 행정의 민주화와 행정 발전에 기여할 수 있다는 점에서, 실적제의 강화 기능을 수행한다는 점에서, 그리고 공무원들의 올바른 직업윤리 확립과 부패 방지에 기여할 수 있다는 점에서 찾을 수 있다.

그러나 공무원노동조합에 반대하는 사람들은 공무원노동조합이 장기적으로 공익을 해치게 된다는 논거에서 반대한다. 이들은 먼저 주권자의 공복으로서 공적 업무를 수행하는 특수성 때문에 공무원들의 단체활동이 허용되어서는 안 된다고 주장한다. 그리고 공무원노동조합은 전체 국민의 이익보다는 공무원집단의 부분 이익을 추구하므로 공익을 해치게 된다는 논거에서, 또한 실적주의 인사 원칙을 저해하고, 행정의 능률성을 저해할 수 있다는 점에서 공무원노동조합에 반대한다.

어느 나라에서나 공무원노동조합의 단체구성권과 단체교섭권은 폭넓게 허용되

---

3) 이전의 체신노조에 속했던 공무원을 지칭한다. 이전에는 '체신노조'와 함께 철도노조, 국립의료원 노조의 조합원들도 '사실상 노무에 종사하는 공무원'의 범주에 속했으나, 철도청과 국립중앙의료원이 행정기관에서 '공사' 및 '법인'으로 바뀜에 따라, 이들 노조도 '공무원노동조합'에서 '공공노조'로 바뀌고, 현재는 '체신노조'에 속했던 공무원들만 사실상 노무에 종사하는 공무원'으로 남아 있다.

고 있으나, 단체행동권은 극소수의 국가를 제외하고는 대부분의 국가에서 부인되고 있다. 그 이유는 공공 업무를 수행하는 특수성을 지닌 공무원들의 파업은 공익을 크게 침해할 수 있다는 우려 때문에서다.

3 공무원의 신분 보장과 징계

1) 공무원의 신분 보장

공무원은 법에 정하는 사유에 의하지 않고는 퇴직당하거나 신분상의 불이익을 받지 않는다. 즉, 공무원은 법령에 의하지 않고는 면직 · 휴직 · 직위해제와 같은 신분상의 불이익을 당하지 않도록 제도적 뒷받침을 받고 있다. 공무원의 신분을 이와 같이 법률로 보장하는 이유는 신분의 안정을 통해 행정의 일관성과 능률성을 향상시키고 국민에 대한 봉사의 질을 높이기 위해서다.

즉, 공무원의 신분을 보장하는 취지는 신분 보장을 통해 행정의 능률성을 확보하고 국민에 대한 봉사의 질(質)을 높이는 데 있는 것이지, 무능한 공무원에 대해서까지 신분을 보장하고, 공무원 개인이나 집단의 사익을 보호하는 데 있지 않다. 따라서 공무원의 신분 보장은 일정한 한계 내에서 이뤄질 수밖에 없다. 그러나 정치적 상관들이 공무원의 신분 보장을 지나치게 흔들 경우 행정의 능률성과 안정성, 그리고 합리성을 크게 훼손할 수 있다는 점에서 공무원의 신분 보장은 중요한 의의를 지닌다고 할 수 있다.

우리나라의 국가공무원법과 지방공무원법은 모두 공무원의 신분 보장을 명시하고 있다. 국가공무원법 제68조는 "공무원은 형(刑)의 선고, 징계 처분 또는 이 법에 정하는 사유에 의하지 아니하고는 그 의사에 반하여 휴직, 강임 또는 면직을 당하지 아니한다. 다만, 1급 공무원과 직무 등급이 가장 높은 등급의 직위에 임용된 고위공무원단에 속하는 공무원은 그러하지 아니하다"고 규정, 공무원의 신분 보장을 명시하고 있다. 2급 이하의 공무원에 대해 신분 보장을 하는 것은, 그들을 직업공무원으로 봐온 전통적 시각 때문이다.

그러나 우리나라의 현실은 법제상으로는 공무원의 신분이 보장되고 있으나, 실질적으로는 공무원의 신분을 위협하는 수단들이 많이 이용되고 있다. 특히 새로운 정권의 출범 초기에 취약한 정권의 정통성을 보완하기 위해 실시되는 대량 숙정과 구조조정, 정식 징계 절차를 거치지 않는 직위해제, 그리고 국가공무원법상의 제도가 아니면서도 사실상의 강제퇴직의 효과를 갖는 권고사직 등의 비공식적 징계 수단들은 공무원의 신분 보장을 크게 위협하고 있다. 또한 정실 인사의 수단으로 활용되거나 구성원을 좌천·해임시키는 수단으로 악용되는 전보도 공무원의 신분을 위협하는 수단이 된다.

우리나라 공무원의 신분보장제도를 개선하기 위해서는 공무원의 신분 보장을 근본적으로 위협하는 대량숙정, 직위해제, 권고사직 등의 비공식 징계 수단의 사용을 억제해야 할 것이며, 소청심사제도를 활성화하는 한편 인사 이동의 기준을 객관화·표준화하여 인사권자가 자의적으로 전보권을 행사하는 것을 방지해야 할 것이다(이종수 외, 2005).

2) 공무원의 징계

징계(懲戒)는 공무원의 의무 위반에 대한 제재를 의미한다. 즉, 징계는 법령, 규칙, 명령 위반자에 대한 처벌을 뜻한다. 징계는 공구원이 맡은 바 직무를 좀 더 성실하게 수행하고 행동규범을 준수하게 하기 위한 통제활동으로, 의무 위반자에 대한 제재를 통해 공무원들의 잘못된 행태를 교정하려는 데 주목적이 있다. 징계는 교정의 목적도 있지만 예방의 목적도 아울러 지닌다. 또한 징계를 적극적 측면에서 보면, 단순한 처벌이 아닌 교육훈련의 의미도 지닌다.

우리나라는 공무원법에 징계의 사유를 법령의 위반, 직무상의 의무 위반 및 태만, 위신 손상행위 등으로 규정하고, 그러한 사유가 발생했을 경우에는 징계 의결에 따라 파면·해임·강등·정직·감봉·견책 등의 징계를 하도록 규정하고 있다. 그러나 징계 사유가 추상적이고 모호하게 규정되어 있기 때문에 징계 사유의 발생을 파악하는 것도 힘들며, 실제로 징계 사유가 발생해도 극소수만 징계를 받게 된다.

징계의 원인으로는 개인의 윤리 의식의 결여나 지식 부족 또는 직위의 부적합,

부적절한 욕망의 추구 및 정서적 요인 등이 복합적으로 작용하겠지만, 불합리한 제도와 조직의 부당한 정책, 감독자의 감독 소홀 또한 징계 사유의 발생을 조장할 수 있다. 따라서 징계의 예방적 기능을 달성하기 위해서는 정부 차원에서 징계 사유 발생 가능성이 있는 부분을 미리 점검하고 대처해야 하며, 조직을 참여 지향 체제로 운영하고 구성원 개개인의 특성을 고려해서 직무를 부여해야 할 것이다.

공무원의 그릇된 행동을 사전에 예방하고 교정하기 위해 징계제도는 올바르게 운영되어야 한다. 징계가 꼭 필요한 경우에 이를 방임하거나, 징계권을 함부로 남용하는 권위주의로는 징계 본래의 효과를 거둘 수 없다. 근무 규율을 확립하고 행정의 능률성을 확보하기 위해서는 어떠한 조직이든 징계제도를 필요로 한다. 그러나 과거 행동의 처벌을 위주로 한 징계보다는 미래 행동의 교정이 강조되어야 할 것이며, 일탈행동의 교정을 위한 여러 노력이 선행적으로 이뤄진 뒤, 징계는 마지막 수단으로 강구되어야 할 것이다.

징계 처분을 받은 공무원이 그 처분에 불복하여 이의를 제기할 경우, 이를 심사해서 구제하는 절차가 행정기관에 마련되어 있다. 그것이 소청심사(訴請審査)제도다. 소청심사제도는 징계 처분이나 강임·휴직·직위해제 또는 면직처분과 같이 그의 의사에 반하는 불이익 처분을 받은 공무원이 그에 불복하여 이의를 제기하는 경우, 이를 심사해서 구제하는 절차다. 소청심사제도는 소송구조상 사법부에 '행정소송'을 제기하기에 앞서 반드시 거쳐야 하는 전심 절차로서 행정부 내에서 공무원의 신분을 보장하기 위한 하나의 제도적 장치다. 소청심사위원회는 중앙부처로서의 행정안전부, 각 시·도 등에 각각 설치되어 있다.

연습문제

A.

A국가의 지방자치단체는 새로운 스마트 행정 정책을 추진하면서 계급제와 직위분류제를 혼합하여 운영 중이다. 그러나 정책 수행 과정에서 순환보직을 경험한 직원들은 적용에 어려움을 겪고, 특정 직무에서의 전문성 부족에 대한 문제가 발생하였다. 한편 직위분류제를 도입한 부서는 높은 전문성을 보였으나 타 부서와의 협력 과정에서 마찰이 발생했다.

1. 계급제와 직위분류제의 특징과 차이를 설명하고, 각각의 장 · 단점을 사례를 통해 분석해 보세요.
2. 계급제와 직위분류제를 혼합 운영할 때 발생할 수 있는 문제에 대해 논의해 보세요.
3. 직위분류제와 계급제 간의 효율적인 조화를 이루기 우한 전략에 대해 논의해 보세요.

B.

B시청은 신규 공무원을 채용할 때 공개경쟁채용과 경력경쟁채용을 병행하고 있다. 하지만 경력직으로 채용된 직원들이 기존 직원들과의 갈등으로 인해 조직 내 분열이 심화되고 있다. 신규 직원들은 기존 직원들이 자신들을 배척한다고 느끼고, 기존 직원들은 경력직이 승진 기회를 빼앗는다고 주장한다.

1. 공개경쟁채용과 경력경쟁채용의 정의와 장 · 단점을 B시청의 사례를 기반으로 구체적으로 작성해 보세요.
2. 신규 경력직 직원들이 조직에 원활하게 적용하고 기존 직원들과 협력할 수 있도록 하기 위한 방안에 대해 논의해 보세요.
3. 공개경쟁채용과 경력경쟁채용을 병행하는 방식의 효과를 극대화하기 위해 B시청이 도입할 수 있는 개선된 채용 운영 방안에 대해 논의해 보세요.

Chapter 07

예산과 재정의 관리

정부의 재정활동을 깊이 있게 이해하기 위해서는 정부 예산의 세출 측면뿐만 아니라 세입 측면도 함께 다뤄야 한다. 정부 및 기타 공공단체가 공공 욕구를 충족시키기 위해 필요한 자원을 조달하고 관리·사용하는 경제활동을 재정(public finance)이라고 한다. 즉, 재정활동은 정부가 국민들로부터 세금을 징수하여 국방, 교육, 도로건설 등 각종 사업을 시행하는 것을 말한다. 정부의 재정활동의 주된 도구는 정부예산이다. 이러한 관점에서 여기서는 예산의 개념과 기능, 그리고 원칙 등을 살펴보고자 한다.

제1절 예산의 기초적 이해

1 예산의 개념과 기능

1) 예산의 개념

예산(budget)은 일정 기간[1] 동안의 정부의 수입·지출의 예정적 계산서이자 사업계획서다. 예산은 정부의 가장 중요한 문서의 하나로서 정책결정의 결과와 우선순위, 사업의 목적, 그리고 정부가 제공하는 서비스의 전반적인 수준을 나타낸다. 정부예산은 (1) 일정한 회계연도의, (2) 화폐 단위로 표시한, (3) 세입세출에 관한 계획이라고 할 수 있다.

이것을 좀 더 구체적으로 살펴본다면 (1) 결산이 사후 수지(收支)의 집계인데 대해 예산은 사전에 예상되는 경비 및 수입에 관한 계획안이다. (2) 예산은 단순한 재정설명서와 달리, 화폐 표시를 수반하는 수지 간의 균형이 고려되어 있으며, (3) 정

1) 예산에서 일정 기간이라고 하는 것은 소위 회계연도이며, 1회계연도 간의 수입을 세입이라고 하며 1회계연도 간의 지출을 세출이라고 하므로, 예산은 1회계연도에 있어서의 세입·세출의 예정적 계산이라고 할 수 있다.

치단체의 수입·지출의 예정적 계산이라는 점에서 기업이나 가계 수지의 예정적 계산과는 다르다(유훈, 1984: 503). (4) 예산은 국민들이 납부하는 조세와 사용자 부담금 등 공공의 재원으로 편성 운영되기 때문에 이는 법률에 근거하여 집행되어야 한다.

2) 예산의 기능

예산의 기능은 보는 관점에 따라 다양하게 제시되고 있는데, 여기서는 크게 정치적 기능, 관리적 기능, 경제적 기능 등 세 가지로 나눠 살펴보고자 한다.

(1) 정치적 기능

예산은 국민이 그 대표기관인 의회를 통해 정부를 통제하는 수단의 하나다. 예산제도는 의회제도와 병행해서 발달한 제도이며, 어떤 의미에서 의회제도 자체가 재정의 민주적 통제를 위해 발달했다고 해도 과언이 아니다. 예산의 정치적 기능을 강조한 대표적 학자로는 윌다브스키(Aaron Wildavsky, 1930~1993)가 있다.

(2) 관리적 기능

예산은 행정부가 가용 자원을 동원하여 국가 발전을 수행해 나가는 각종 사업계획을 관리하는 기능을 가지고 있다.

(3) 경제적 기능

① 경제 안정 기능

국민 경제에 결정적 영향을 미치는 예산은 경제안정화에 기여하는 재정정책의 도구로서 기능을 가진다.

② 경제 성장 촉진 기능

예산은 발전도상 국가는 물론 선진국에서도 경제 성장의 수단으로서 인식되고 있다. 특히 정부가 경제 발전의 주동적인 역할을 담당하는 유도 발전 정책의 경우 자본 형성을 위한 예산의 직접적인 역할이 더욱 강조된다.

③ 소득재분배 기능

예산은 상속세, 소득세 등의 세율 조정과 사회보장적 지출 등을 통해 소득재분배 기능을 수행한다.

④ 자원배분 기능

예산은 발전 목표의 달성을 극대화시키기 위한 합리적 자원배분 수단으로 기능하고 있으며, 특히 시장경제가 제대로 작동하지 않는 경우 예산의 자원배분 기능은 더욱 강화된다.

2 예산의 원칙

1) 입법부 중심 원칙

(1) **예산 공개의 원칙**: 심의, 의결된 예산 및 결산은 국방·국가정보 등 국가 안보에 관련된 사항을 제외하고는 모두 공개되어야 한다.

(2) **예산 명료성의 원칙**: 예산은 모든 국민이 쉽게 이해할 수 있도록 편성되어야 한다.

(3) **예산 사전 의결의 원칙**: 예산은 집행하기에 앞서 국회의 의결을 거쳐야 한다.

(4) **예산 엄밀성의 원칙**: 예산과 결산은 엄밀하게 일치되어야 한다.

(5) **예산 한정성의 원칙**: 예산의 각 항목은 상호 명확한 한계를 지녀야 한다. 예산 한정성의 원칙은 다음과 같은 세 가지 내용을 지닌다. ① 예산의 목적 외 사용 금지, ② 계상된 금액 이상의 지출 금지, ③ 연도 경과 금지 등이다.

(6) **예산 통일성의 원칙**: 특정한 세입과 특정한 세출을 직결시켜서는 안 된다는 것으로 non-affection의 원칙이라고도 한다.

(7) **기타 입법부 중심 예산의 원칙**: 이 밖에도 예산 단일성의 원칙, 예산 완전성의 원칙 등이 있다.

2) 행정부 중심 원칙

과거 입법부 중심의 통제 지향적 예산 원칙은 정부의 기능과 책임이 확대됨에 따라 새로운 사태에 적응하기 어렵다는 점이 밝혀지게 되었다. 행정부는 현대의 복잡하고 어려운 정치적 · 사회적 · 경제적인 여러 문제를 해결하는 수단으로서 예산을 활용하지 않을 수 없게 되었으며, 예산 원칙도 이러한 원칙에서 재조명되지 않을 수 없게 되었다. 다음에서는 이러한 행정부 중심 원칙들 중에서 중요한 것을 중심으로 간단히 소개하고자 한다.

(1) **계획의 원칙:** 예산은 행정부의 사업계획을 반영하는 것이므로 예산의 편성은 행정부 수반의 전체 사업계획의 수립과 밀접한 관련성을 갖지 않으면 안 된다.

(2) **예산 수단 구비의 원칙:** 정부가 책임 있게 예산을 편성 · 심의 · 집행하기 위해서는 적절한 수단을 구비해야 한다.

(3) **다원적 절차의 원칙:** 예산은 정부의 다양한 활동을 나타내주는 만큼 이러한 활동의 능률적인 수행을 위해서는 다양한 절차가 필요하다.

(4) **시기 신축성의 원칙:** 예산은 경제 사정 등 객관적 정세의 변동에 대응할 수 있는 조항을 포함해야 한다.

(5) **예산기구 상호성의 원칙:** 예산의 편성 · 집행은 행정수반의 지휘를 받아야 하나 능률적인 예산 운영을 위해서는 모든 부처와 그 산하기관의 적극적인 협력을 필요로 한다.

(6) **기타 행정부 중심 예산의 원칙:** 이 밖에도 ① 책임의 원칙, ② 보고의 원칙, ③ 재량의 원칙 등이 있다.

3 예산의 종류와 분류

1) 예산의 종류

예산 운영 과정에서의 회계 책임, 능률성, 대응성 등을 높이기 위해 예산은 여러 종류로 구분 운영된다. 예산은 (1) 세입 · 세출의 성질, (2) 예산 절차상의 특징, (3)

예산 운영 기술상의 특징에 따라 분류될 수 있다. 예산 운영 과정에서 (1) 세입 · 세출의 성질에 따른 예산 종류는 안정성 및 회계 책임과 관계가 깊으며, (2) 예산 절차상의 특징에 따른 종류는 불확실성의 완화와 관계가 깊고, (3) 예산 운영상의 특징에 따른 종류는 행정적 · 경제적 능률성과 관계가 깊다(신무섭, 1993).

(1) 세입 · 세출의 성질에 따른 구분: 일반회계 · 특별회계

정부에서 수행하는 사업의 성질에 따라서 예산을 일반회계와 특별회계로 구분할 수 있다. 일반회계는 정부사업 가운데 국민의 기본 욕구를 충족시키기 위한 것으로 그 세입을 주로 조세수입으로 충당한다는 특징을 지닌다. 특별회계는 사업적 성격이 농후하거나 일반회계와 분리하는 것이 능률적일 것으로 판단되는 것으로서 세입은 주로 자체수입, 일반회계로부터의 전입금 등으로 구성된다.

(2) 예산 절차상의 특징에 따른 구분

행정부의 예산 편성, 입법부의 예산 심의 과정에서 예산환경의 변화와 결정의 지체 등으로 각기 다른 양태나 의미를 지니는 예산이 나타나게 된다.

① 예산 편성 절차에 따른 구분: 본예산 · 수정예산 · 추가경정예산

본예산 또는 당초예산은 정기국회 심의를 거쳐 확정된 최초 예산을 말한다. 그리고 수정예산은 행정부가 입법부의 승인을 얻기 위해 예산안을 입법부에 제출한 이후에 국내 · 외의 사회경제적 여건의 변화로 예산안의 내용 중 일부를 변경할 필요성이 있을 때 제출하는 예산안을 말한다. 그리고 추가경정예산은 입법부를 통과, 이미 성립된 예산에 대해 행정부가 추가적으로 다시 편성 내용을 변경 · 제출하여 입법부의 승인을 받은 것을 말한다.

② 예산 불성립 시 예산 집행을 위한 장치: 잠정예산, 가예산, 준예산

예산은 다음 회계연도 개시일 전까지 의결되어야 하지만, 불가피한 사유로 국회가 의결하지 못해 예산이 성립되지 못하는 경우가 발생한다. 이때 우리나라는 준예산을 이용하도록 되어 있으나, 아직 한 번도 사용한 적은 없다. 우리나라의 헌법 제

54조는 새로운 회계연도가 개시될 때까지 예산안이 의결되지 못한 때에 정부는 국회에서 예산안이 의결될 때까지 ㉮ 헌법이나 법률에 의하여 설치된 기관 또는 시설의 유지·운영, ㉯ 법률상 지출 의무의 이행, ㉰ 이미 예산으로 승인된 사업의 계속의 경우, 전년도 예산에 준하여 집행할 수 있도록 규정하고 있다. 미국·일본·영국·캐나다는 잠정예산제도를 채택하고 있다. 잠정예산은 일정 금액(최초 4, 5개월분)에 해당되는 예산의 국고 지출을 허용하는 제도다.

2) 예산의 분류

예산의 분류란 국가의 세입과 세출을 일정한 기준에 따라서 유형별로 구분해 이를 체계적으로 배열하는 것을 말한다. 예산은 그 분류 기준(목적)에 따라 여러 가지로 나눌 수 있다. 조직별 분류, 기능별 분류, 품목별 분류, 경제 성질별 분류, 사업계획별 분류, 활동별 분류 등이 있다. 여기서는 이러한 분류 방법 가운데 중요한 기능별 분류, 품목별 분류, 경제 성질별 분류만을 간단히 살펴보고자 한다.

우리나라에서는 세출예산 과목을 소관별로 장, 관, 항, 세항, 목으로 구분하며, 각 단계별로 다른 분류 방법을 사용하여 전체적으로 예산 분류를 체계화시키고 있다. 우선 소관은 조직별 분류에 해당된다. 그리고 장, 관, 항은 기능별 분류의 대분류, 중분류, 소분류에 해당된다. 세항에서는 사업계획으로서 단위사업이 나타난다. 그리고 목은 품목별 분류에 해당된다. 따라서 현재 우리나라는 조직별, 기능별, 품목별 분류를 결합하여 사용하고 있다. 반면 세입예산의 경우 관, 항, 목으로만 구분하고 있다.

(1) 기능별 분류

예산의 기능별 분류란 정부의 주요 기능을 기준으로 하여 예산을 분류하는 방법이다. 우리나라는 세출예산을 방위비·교육비·사회 개발비·경제 개발비·일반행정비·지방재정교부금·채무 상환 및 기타 등으로 기능별로 분류하고 있다. 이 분류 방법의 가장 큰 이점은 정부의 사업계획 수립과 입법부의 예산 심의를 쉽게 해준다는 점이다. 이 밖에도 국가사업에 대한 국민의 이해를 쉽게 할 뿐 아니라 행정부가 예산 집행의 신축성을 발휘할 수 있게 함으로써 예산지출의 효율성을 높일 수 있다.

그러나 입법부의 예산통제가 어렵게 되며 회계 책임을 분명히 할 수 없다는 결점이 있다. 무엇보다도 예산의 기능별 분류에 대해서는 주요 기능이 정부의 각 기능을 포괄하고 있기 때문에 부처별 사업계획의 내용을 파악하기 어려워 합리적인 예산 집행이 곤란하다는 단점이 지적되고 있다.

(2) 품목별 분류

품목별 분류는 예산을 급여, 수당, 정보비 등 지출 대상에 따라 분류하는 것을 말한다. 우리나라의 예산 과목은 소관(조직), 장, 관, 항, 세항, 목으로 분류되는데, 목이 품목별 분류에 해당된다. 이 분류 방법은 행정부의 세출예산을 엄격히 통제하는 통제 중심의 예산 분류 형태로서 행정부의 예산 집행의 재량을 엄격히 제한하고 있다.

품목별 분류는 통제 중심의 방법이긴 하나 회계책임과 회계검사, 그리고 입법부의 대행정부 통제를 쉽게 해주는 장점이 있다. 반면에 예산 집행의 신축성이 거의 없으며, 국가사업의 국민 경제적 영향을 파악하기 어려운 결점이 있다.

(3) 경제 성질별 분류

경제 성질별 분류는 예산을 경상계정과 자본계정으로 분류하는 것과 같이, 예산지출이 국민경제에 미칠 영향을 기준으로 하여 분류하는 방법을 말한다.

경제 성질별 분류는 재정이 거시경제 지표인 고용, 물가, 국제수지 등에 어떠한 영향을 미칠 것인가를 파악하는 데 적합한 분류 방식이다. 즉, 경제 안정과 경제 성장, 국민소득분배 등의 국민 경제적 관점에서 예산이 편성될 수 있도록 국가정책의 수립・결정에 유용한 자료를 제공해주는 방법이다. 이러한 장점에도 불구하고 예산지출 통제가 어렵고 회계책임의 소재가 불분명하다는 흠이 있다.

4 재무행정의 법적 근거

한국의 예산회계 관련 법은 1951년에 제정된 '재정법'이 그 시초라고 할 수 있다. 1961년에는 '재정법'을 폐지하고 대신 '예산회계법'을 제정하였다. 이후 수많은 개정을 거쳐 2006년까지 시행되었으나 2006년 '국가재정법'이 공포되어 2007년 1월 1일부터 시행되었으며, 예산회계법은 폐지되었다. 현재 재무행정의 법적 기초는 '국가재정법'이라고 할 수 있다.

제2절 예산 과정

예산은 행정부의 편성과 국회의 심의 과정을 거쳐 결정되고, 행정부가 집행한다. 그리고 국회에서 결산 심의를 함으로써 예산 과정은 끝난다. 예산 과정의 정치적 성격은 세 가지 차원의 의미를 가진다. 첫째는 예산이 결정되는 과정에서 다양한 이해관련 당사자의 이익(interest)이 조정된다. 둘째는 이러한 조정과 타협의 과정에서 점증주의적 행태가 나타난다. 셋째는 이러한 이해관계의 입장을 예산을 늘리려는 주창

[그림 7-1] 예산 과정

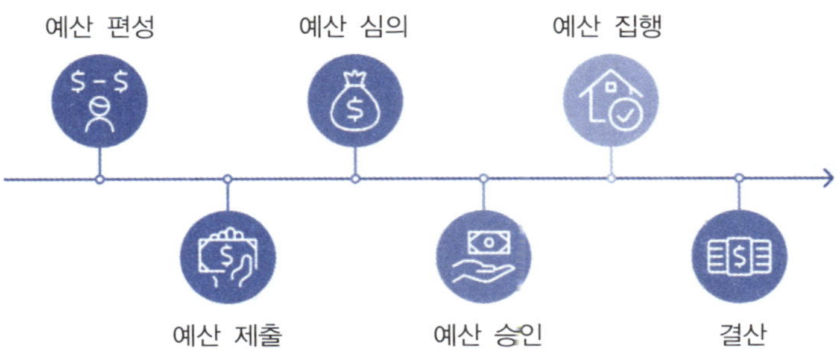

자와 예산을 지키려는 옹호자 간의 관계로 파악할 수 있다. 이 경우 누구의 이해가 어떠한 과정을 통해 조정되는가를 파악하게 해준다.

1 예산 편성

우리나라는 행정부가 예산을 편성하여 입법부에 제출하는 '행정부 제출 예산제도'ㅎ를 채택하고 있다. 우리나라 행정부는 다음 회계연도 90일 전까지 예산을 편성하여 국회에 제출하도록 되어 있다. 기획재정부가 각 부처로 예산편성지침서를 시달하고 국회에서 본예산이 승인되기까지 필요한 절차들을 이행하는 제반 시기를 예산순기라고 한다.

우리나라 중앙정부의 예산 편성은 다음의 네 단계를 통해 이뤄진다. (1) 기획재정부 예산실을 중심으로 재정 운영 계획을 수립하고 각 부처에 예산편성지침서를 시달하는 단계, (2) 중앙부처가 개별 사업들을 확정하고 예산을 요구하는 단계, (3) 예산실에서 각 부처의 예산요구서를 사정하는 단계, 그리고 (4) 정부의 예산안에 대해 국민의 이해와 지지를 호소하는 단계로 구성된다.

기획재정부 예산실에서는 매년 3월 31일까지 각 부처에 예산편성지침을 시달한다. 이에 근거해서 개별 부처에서는 예산 요구서를 5월 31일까지 기획재정부에 제출한다. 이러한 예산 요구에 대해 국가 전체적인 중요성, 그리고 개별 사업에 대한 평가를 전제로 개별 부처와 기획재정부 간 조정 과정, 즉 사정이 이뤄진다. 이들 절차와 조정이 끝나고 나면, 당정회의, 국무회의 심의, 그리고 대통령의 승인을 받아 국회에 제출한다.

2 예산 심의

정부가 편성한 예산안은 국회가 심의하여 확정한다. 국회에서 본격적으로 예산심의 작업을 수행하기 전에 우선 국정감사가 실시된다. 예산 심의의 측면에서 국정감사는 예산 운영에 대한 현장조사 및 자료 수집의 의미가 있다.

국정감사가 끝나면 상임위원회(상임위)의 예비심사가 진행된다. 사실상 국회의 예산 심의 활동은 상임위 예비심사에서 시작된다. 하나의 상임위에 30여 명의 의원이 속해 있기 때문에 일반적으로 소위원회를 구성하여 최종 합의를 구한다.

상임위의 예비심사를 거친 정부 예산안은 예산결산특별위원회(예결위)에 회부된다. 여기서는 기획재정부 장관이 정부 예산안에 대하여 제안 설명을 하고 예결위 전문위원이 예산안 검토 보고를 한다. 그 다음 예결위에서는 정책 질의를 하고 부별 심사를 실시한다. 마지막으로 계수조정소위원회에서 계수 조정을 하면서 실질적으로 예산안 심의가 마무리되고, 그 결과가 국회 본회의에서 승인되는 절차를 거친다.

3 예산 집행

예산이 국회에서 확정되면 회계연도 개시와 함께 집행 단계에 들어간다. 예산의 집행이란 성립된 예산을 실행에 옮기는 과정을 말한다. 예산 집행은 두 가지 의미를 함축하고 있다. 첫째, 행정부는 국회가 최종 승인한 대로 예산을 집행해야 한다는 통제 지향적 예산 집행의 의미가 있다. 둘째, 예산이란 일년 전에 성립한 것이기 때문에 실제 집행 과정에서는 상황 변화가 발생할 수 있는 바, 행정부는 국회가 승인해준대로 집행하되 상황 변화에 따라 적절히 융통성 있는 집행이 필요하다는 점이다.

국회가 최종 승인한 대로 예산이 집행되도록 하기 위해서는 예산 집행에 대한 통제 장치가 있어야 한다. 예산 집행에 대한 통제 장치로는 다음과 같은 것이 있다.

(1) 배정과 재배정 제도다. 이는 예산 집행을 분기별 및 월별로 통제하여 수입과 지출의 균형을 유지하고 자금의 흐름과 사업의 진도를 일치시키려는 제도다.

(2) 정원 및 보수를 통제하여 경직성 경비의 증대를 억제한다.

(3) 계약의 방법과 절차에 대한 규정을 마련해 일정액 이상의 계약에 대해서는 상급 기관의 승인을 얻도록 하여 수입과 지출의 균형을 유지하고 사업의 품질을 통제한다.

(4) 기록과 보고제도를 체계화하여 예산 집행 과정을 투명하게 한다.

또한 예산이 융통성 있게 집행되도록 하기 위해서도 여러 제도적 장치가 마련되어 있다. 앞서 밝혔듯이 예산의 집행에는, 행정부를 통제하려는 재정민주주의 이념과 상황 변화에 신축적으로 대응하여 재량으로 운영할 수 있게 하는 신축성 개념이 혼재되어 있다. 예산 집행에서 신축성을 유지하기 위한 대표적 장치로는 다음과 같은 것이 있다.

(1) 예산의 신축적 집행을 폭넓게 인정하는 총괄예산제도가 있다. 이는 구체적으로 용도를 제한하지 아니하고, 포괄적인 지출을 허용하는 것이다. 예컨대, 교부금이나 포괄보조금과 같은 형식이다.

(2) 목적 외 사용을 금지하는 한정성 원칙의 예외적인 장치로서의 예산의 이용(移用)과 전용(轉用)이 있다. 예산의 이용은 입법 과목(장, 관, 항) 사이의 상호 융통으로 국회와 기획재정부의 승인을 얻어야 한다. 전용은 행정 과목(세항, 목) 간의 재원 이전이며, 기획재정부의 승인을 통해 가능하다

(3) 정부조직 등에 관한 법령의 제정·개정·폐지로 인해 그 직무 권한에 변동이 있을 때 예산도 이에 따라서 변동시키는 예산이체 제도가 있다.

(4) 예산을 당해 회계연도에 집행하지 않고 다음 연도에 넘겨 차기 회계연도의 예산으로 사용하는 이월제도가 있다. 이월제도는 명시이월과 사고이월로 나뉜다. 명시이월이란 세출예산 중 연도 내에 지출하지 못할 상황이 예측될 때에는 미리 국회의 승인을 얻어 다음 연도에 사용할 수 있게 한 것이다. 사고이월은 회계연도 독립이라는 원칙에 예외적인 장치로, 해당 연도 내에 지출원인행위를 하고, 불가피한 사유로 인해 연도 내에 지출하지 못한 경비와 지출원인행위를 하지 않은 부대 경비에 한해 인정된다.

(5) 완공에 수년이 소요되는 대규모 공사·제조·연구개발사업의 경우에 총액과 연부금을 정해 인정하는 계속비 제도가 있다.

(6) 예측할 수 없는 예산 외의 지출 또는 예산 초과 지출에 충당하기 위해 세입·세출예산 외에 '상당하다고 인정'되는 금액의 예비비를 계상할 수 있다.

'예산 외의 지출'이란 예산에 계상되지 않은 신규 소요를 말하며, '예산 초과 지출'이란 예산에 계상된 경비 중 일부가 부족한 경우 해당 소요 예산으로 충당이 불가능한 추가 소요를 말한다.

(7) 당해 예산에 반영되지 않았지만 예산 집행과 동일한 효과를 창출할 수 있도록 인정하는 국고채무부담행위제도가 있다. 이는 차관(借款), 국공채 등과 같이 국가채무에 포함된다. 국고채무부담행위란 국고의 부담을 야기하는 채무를 체결할 권한을 부여하는 것이다. 채무를 부담할 권한만 부여받는 것이며, 지출에 대해서는 다시 국회의 의결을 얻어야 한다.

(8) 회계연도 개시 전에 대통령이 정하는 바에 의해 기획재정부 장관이 예산을 배정하는 '회계연도 개시 전 예산 배정'이 있다. 회계연도 전에 배정할 수 있는 경비는 외국에 지급하는 경비, 선박에 속하는 경비, 교통이나 통신이 불편한 지방에 지급하는 경비, 각 관서에서 필요로 하는 부식물의 매입 경비, 정보비, 여비 등이 있다.

(9) 국회 의결에 의해 예산이 성립한 이후 상황 변화로 인해 사업을 변경하거나 새로운 사업을 추진해야 하는 경우 추가경정예산을 편성하여 국회 의결을 받아 예기치 못했던 사태에 대처할 수 있드록 하고 있다.

(10) 수입 지출의 특례가 있다. 수입의 특례로는 과년도 수입과 지출금의 반납이 있으며, 지출의 특례로서는 자금의 전도, 선금급, 개산급, 도급경비, 과년도 지출, 수입대체 경비 등이 있다.

4 결산

결산이란 일 회계연도의 국가 수입과 지출의 실적을 확정적 계수로 표시하는 행위다. 이로써 행정부의 책임을 해제시키고 감사원의 권한이 발동하는 계기가 된다. 결산의 기능은 예산의 범위 내에서 재정활동을 했는지를 확인하고, 그 결과를 장래의 재정 운영에 반영하는 것이다.

결산 절차는 행정부와 입법부의 절차로 나눠 진행된다. 우선 행정부의 개별 집행 부서는 예산 지출을 마감한 뒤 세입결산보고서, 세출결산보고서, 계속비결산보고서, 국가의 채무에 관한 계산서를 다음 연도 2월 말까지 기획재정부 장관에게 제출해야 한다. 기획재정부 장관은 세입세출결산에 각 중앙관서의 세입세출결산보고서, 계속비결산보고서 및 국가의 채무에 관한 계산서를 첨부하여 이를 다음 연도 6월 10일까지 감사원에 제출해야 한다.

감사원은 세입세출결산서를 검사하고 그 보고서를 다음 다음 연도 8월 20일까지 기획재정부에 제출한다. 감사원의 검사는 예산 집행을 무효, 취소시키는 것이 아니며, 회계상의 비위에 대한 시정 조치를 구하는 행위다. 정부는 감사원의 검사를 거친 세입세출결산을 다음 회계연도 개시 120일 전까지 국회에 제출한다.

결산의 최종적인 과정은 국회의 심의를 거침으로써 끝난다.

제3절 예산 개혁의 정향

재정관리자들은 예산이 적절히 운영된다면 지출의 통제, 관리 및 능률성, 계획 등의 세 가지 주요한 기능을 수행하는 것으로 믿고 있다. 지출의 통제와 관련된 기능에 사용되는 예산 기법은 민간부문의 예산과 크게 다르지 않지만 나머지 두 가지 관리 및 계획 기능을 수행하는 데는 민간부문의 예산과 상이한 접근 방법이 요구된다. 쉬크(A. Schick)는 미국 예산 개혁의 단계를 그 정향(orientation)에 따라 통제 지향, 관리 지향, 기획 지향으로 구분했다. 국내 학자 중에는 여기에 감축 지향, 참여 지향을 추가하여 설명하기도 한다(이종수 외, 2012).

1 통제 지향

지출의 통제와 관련하여 정부는 이용 가능한 재원의 한도를 엄수하며 예산 운영의 합법성을 준수해야 하는데, 정부의 지출은 의회에서 승인한 세출의 권한 내에서 이뤄져야 한다.

1920년대 초 서구의 예산 운영 제도에서는 품목별 지출이 중요한 방법이었는데, 품목별 예산제도는 전형적인 통제 지향적 예산제도다. 품목별 예산제도에서는 구체적인 지출 소요액의 기록과 이후의 집행에 초점이 맞춰지는데, 이는 가장 효과적인 재정통제 수단이 된다. 품목별 예산제도는 재무회계 시스템의 발전과 병행하여 재정통제의 목적을 효과적으로 수행했다.

2 관리 지향

관리 지향적 예산제도는 각 기관에서 구입하는 투입 요소나 자원보다 정부활동의 성과에 초점을 맞추는 것이다. 사업에 소요되는 자원은 목적을 달성하기 위해 투입하는 수단에 불과하기 때문에 예산에서 가장 중요한 일은 사업 또는 성취해야 할 서비스, 그리고 사업이나 서비스의 비용이 얼마인가를 파악하는 일이다.

1949년 미국의 후버위원회는 이러한 접근 방법을 통해 성과주의 예산제도를 제안했다. 1940년대와 1950년대에 풍미한 성과주의 예산의 요소들은 아직까지 남아 있어 재정관리의 효과적인 수단으로 작용하고 있다.

3 기획 지향

예산은 기획의 기능을 수행한다. 예산 개혁에서 기획 지향은 PPBS(Planning Programming Budgeting System)를 통해 추구되었다. PPBS는 국가사업의 장기적인 목표, 즉 기획(planning)과 단기적인 예산(budgeting)을 구체적인 사업계획(programming)을 통해 유기적으로 연결시킴으로써 예산 배분에 관한 의사결정을 합리적으로 하기 위한 예산제도를 말한다.

PPBS는 1942년 미국의 The Controled Materials Plan에서 비롯된 것으로, 1961년 케네디(John F. Kennedy) 행정부의 맥나마라(R. McNamara) 국방장관이 미국 국방 예산에 처음 도입했으나, 1972년 폐지되었다.

4 감축 지향

1970년대 이후부터 서구에서는 물가 상승과 재정 적자, 그리고 경기 침체의 영향으로 성장의 한계가 인식됨에 따라 정부재정의 팽창에 대항하는 조세저항운동이 발생했다. 이에 따라 재정 낭비를 줄이고 능률성을 제고하기 위해 중장기 사업에 소요되는 예산을 매해 영기준(zero base)에서 다시 검토하는 영기준 예산(zero base budgeting: ZBB) 제도를 도입하는 등 감축관리가 추진되었다.

1970년대 미국 닉슨(Richard M. Nixon) 행정부에 의해 도입된 목표관리(MBO) 예산제도도 1960년대에 대폭 늘어난 '위대한 사회(Great Society)' 건설 관련 복지예산을 감축하기 위한 감축 지향적 예산제도라 할 수 있다.

5 참여 지향: 의회와 주민 참여

전통적인 예산 개혁은 주로 예산 편성의 주체인 행정부가 예산 기능의 변화에 적합한 새로운 예산제도를 도입하는 데 초점이 두어졌다. 그런데 정부의 지출을 통제하고 책임성을 높이기 위한 예산 개혁에서 의회와 시민사회의 비중이 점차 증대되고 있다. 의회에서는 성과 지향적인 정책 운영을 위해 더욱 강도 높은 입법을 추진했고 시민사회에서는 예산 운영에서의 감시운동 등을 통해 성과에 대한 감시와 평가활동을 강화하고 있다. 즉, 실제적인 정부서비스의 수요자인 주민들과의 유기적인 협력 관계가 중요해지면서 행정부 스스로도 예산 과정에서의 시민 참여를 적극

유도하게 되었다.

연습문제

1. 정부 예산의 원칙 중 입법부 중심 원칙과 행정부 중심 원칙의 주요 내용을 설명하고, 이 두 원칙이 충돌할 가능성이 있는 상황과 이를 해결하기 위한 방안을 논의해 보세요.
2. 정부의 예산 집행 과정에서 융통성과 통제성의 균형을 유지하기 위한 제도적 장치를 논의해 보세요. 예를 들어, 배정과 재배정 제도, 이월제도, 계속비 제도 등을 포함하여 논의해 보세요.
3. 예산 과정의 마지막 단계인 결산의 중요성을 설명하고, 결산 절차가 재정 운영의 투명성과 효율성을 확보하는 데 어떻게 기여할 수 있는지 논의해 보세요.
4. 예산 과정에서 시민 참여를 강조한 참여 지향 예산 개혁의 필요성을 논하고, 이 개혁이 정책 투명성과 책임성을 높이는 데 기여하는 방법과 구체적인 사례와 함께 논의해 보세요.

Chapter 08

지방자치

제1절 지방자치의 의의

1 지방자치의 개념과 유형

지방자치의 개념은 "특정한 국가 내에서 일정한 지역의 주민들이 그 지역공동체의 사무를 주민들의 의사에 의해 결정하고 처리하는 제도"라고 할 수 있다(이종수 외, 2012). 즉, 국가 내의 일정한 지역의 주민이 주체가 되어 공동의 복리 증진을 위해 주민 스스로 업무를 처리하는 것을 의미한다고 하겠다.

그러나 각국의 자치 형태는 지방자치가 생성·발달되어 온 역사적 배경에 따라 크게 다르다. 미국과 독일 등 연방국가의 자치제도와 일반적인 지방자치단체로 구성된 한국, 일본 등의 자치제도는 서로 다르다. 연방국가의 주(州, State)는 상당한 독립성과 제한된 주권을 가지고 있다는 점에서 양자의 성격은 근본적으로 다르다. 그러나 이러한 지방자치의 역사적 다원성에도 불구하고 유럽에서 성립된 지방자치제도는 크게 두 가지 대립적인 유형으로 나눌 수 있다. 하나는 영국을 중심으로 발전한 주민자치이고, 다른 하나는 독일과 프랑스를 중심으로 발전한 단체자치가 바로 그것이다.

주민자치는 지역 주민의 의사와 책임 아래 스스로 또는 주민이 선출한 대표자를 통해 그 지역의 공공사무를 처리하는 것을 뜻한다. 즉, 지방정치에의 주민 참여, 자치단체와 주민과의 관계에 중점을 두는 제도로서 민주주의의 원리를 표현하는 지방자치의 사상이다. 따라서 그것은 정치적 의미의 자치라는 개념으로 규정되고 있다.

한편 단체자치란 국가와 별개의 법인격을 가진 지방자치단체가 국가로부터 상대적으로 독립된 지위와 권한을 부여받아 일정한 범위 내에서 중앙의 통제를 받지 않고 독자적으로 자치입법권, 자치조직권, 자치행정권을 가지고 스스로 자기 책임 하에 행정을 수행하는 제도를 말한다. 즉, 정치는 기본적으로 중앙정부가 하는 것으로 보며, 국가가 지방자치단체에 일정한 범위의 자치를 허용하는 것도 지역 주민이 국가를 위해 정치의 일부분을 담당하는 것으로 본다. 그리고 지방자치단체의 자치권의 본질도 그것을 주민이 향유하는 당연한 권리가 아니라 국가에 의해 수여된 전래적 권리로 인식한다. 따라서 지방자치단체가 자치사무를 처리하는 경우에도 그것이 국가로부터의 수여물이라는 이론적 토대 위에서 중앙정부의 통제를 받도록 하고 있는 것이다. 단체자치는 이를 법률적 의미의 자치라고도 하며, 자치단체의 법인화와 자치권의 범위나 성격 등을 규명하는 데 중점을 두는 제도다.

2 지방자치의 필요성

지방자치행정의 필요성은 정치적 측면과 행정기술적 측면으로 나눠 볼 수 있다.

1) 정치적 측면

지방자치는 민주주의의 기초로 간주되고 있다. 그것은 지방자치가 지역의 민주화와 지역 주민의 민주적 훈련 등을 통해 민주주의의 구현에 결정적인 역할을 한다고 보기 때문이다. 지방자치의 정치적 의미를 구체적으로 살펴보면 (1) 민주주의의 실천 원리, (2) 민주정치의 훈련장, (3) 중앙 정국의 불안정과 혼란의 완화 등을 지적할 수 있다.

2) 행정기술적 측면

지방자치는 민주주의의 기초라는 측면에서뿐만 아니라 행정의 효율성이라는 측면에서도 경시할 수 없는 귀중한 가치를 지닌다. 구체적으로는 (1) 지역 특성에 부응하는 행정의 구현, (2) 중앙과 지방 업무의 기능적 분화를 통한 행정의 효율화, (3) 행정의 실험실 역할 수행 등을 지적할 수 있다.

제2절 중앙정부와 지방자치단체의 관계

1 중앙정부와 지방자치단체 간의 관계 유형

중앙과 지방의 관계에 관한 대표적인 유형론으로는 라이트(Wright, 1978)의 것을 들 수 있다. 그는 중앙정부와 지방자치단체 간의 관계 유형을 분리권위형(the seperated-authority model), 포괄권위형(the inclusive-authority model), 중첩권위형(the overlapping-authority model)의 세 가지로 구분했다.

분리권위형은 중앙정부와 지방자치단체와의 관계가 서로 독립적이고 자치적으로 운영되는 것을 의미한다. 미국의 연방정부와 주정부와의 관계를 이와 유사한 예로 볼 수 있다. 포괄권위형은 지방이 중앙에 전적으로 의존하는 계서적 관계를 갖는 것이다. 우리나라 혹은 미국의 주정부와 지방자치단체와의 관계를 예로 들 수 있다. 지방자치단체는 국가의 재량권으로 창조할 수도 폐지될 수도 있으며, 법적인 보장에 좌우된다는 '딜런의 규칙'[1)]이 이를 설명하고 있다. 중첩권위형은 중앙과 지방이 상호의존적인 관계를 가지고 있음을 뜻한다.

중앙과 지방의 관계에 관한 좀 더 구체적인 모델도 여러 가지가 있다. 먼저 대리자모형(agent model)을 들 수 있는데, 이 모형에서 지방은 중앙의 단순한 대리자에 불과하기 때문에 지방은 중앙의 감독 하에 국가정책을 집행한다고 본다. 이와 상반되는 입장에 있는 것이 동반자모형(partnership model)이다. 이 모형에서는 지방은 고유한 권능을 가지고 있어 중앙과는 독자적인 결정을 내릴 수 있기 때문에 상하 관계를 상정할 수 없다고 본다. 이 양자 간의 절충 모형이 교환모형(exchange model)이다. 이것은 중앙과 지방이 상호의존 관계에 있다는 것을 의미한다(Elcock, 1982: 3-7).

---

1) 딜런의 규칙(Dillon's Rule)은 미국의 주정부와 지방정부의 관계에서 시·군 등의 지방정부는 주정부의 피조물로서 명백하게 부여된 자치권만을 행사하게 되며, 주정부는 지방정부를 폐지할 수 있다는 원칙을 말한다. 이 원칙은 지방정부가 주정부에 포함되거나 주정부에 의존하는 것을 상정하고 있다(이종수, 2013c).

[그림 8-1] 중앙정부와 지방단치단체 간의 관계 유형

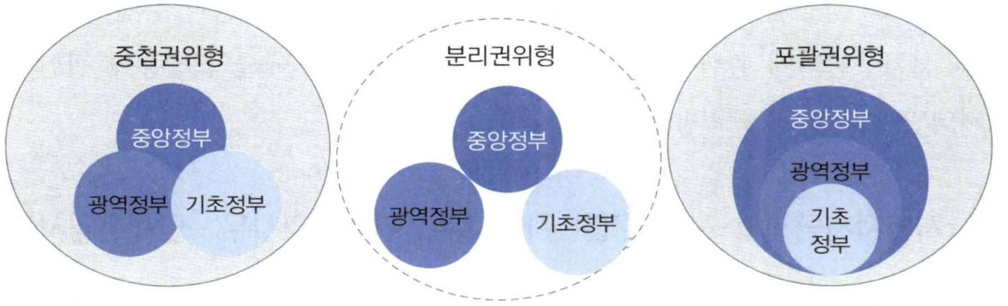

2 중앙정부와 지방자치단체 간의 기능 배분

중앙과 지방 간의 기능 배분은 국가에 따라 다양한 양태를 보여주고 있다. 우리나라의 중앙과 지방의 관계는 대리자 모형에 가깝기에 중앙과 지방 간의 기능 배분도 중앙의 입장에서 이뤄진다고 하겠다.

1) 법규에 규정된 기능 배분의 기준

우리나라의 지방자치법(제11조)은 지방자치단체가 처리할 수 없는 국가사무를 다음과 같이 규정하고 있다. (1) 외교, 국방, 사법(司法), 국세 등 국가의 존립에 필요한 사무, (2) 물가정책, 금융정책, 수출입정책 등 전국적으로 통일적 처리를 요하는 사무, (3) 농산물·임산물·축산물·수산물 및 양곡의 수급 조절과 수출입 등 전국적 규모의 사무, (4) 국가종합경제개발계획, 국가하천, 국유림, 국토종합개발계획, 지정항만, 고속국도·일반국도, 국립공원 등 전국적 규모나 이와 비슷한 규모의 사무, (5) 근로 기준, 측량 단위 등 전국적으로 기준을 통일하고 조정하여야 할 필요가 있는 사무, (6) 우편, 철도 등 전국적 규모나 이와 비슷한 규모의 사무, (7) 고도의 기술을 요하는 검사·시험·연구, 항공관리, 기상행정, 원자력 개발 등 지방자치단체의 기술과 재정 능력으로 감당하기 어려운 사무

그리고 지방자치단체의 사무를 제9조에서 다음과 같이 예시하고 있다. (1) 지방

자치단체의 구역, 조직, 행정관리 등에 관한 사무, (2) 주민의 복지 증진에 관한 사무, (3) 농림·상공업 등 산업 진흥에 관한 사무, (4) 지역 개발과 주민의 생활환경 시설의 설치·관리에 관한 사무, (5) 교육·체육·문화·예술의 진흥에 관한 사무, (6) 지역민방위 및 지방소방에 관한 사무

2) 지방자치단체의 사무 구분: 자치사무 · 기관위임사무 · 단체위임사무

자치사무(自治事務)란 지방자치단체의 존립 목적에 속하는 본래적인 사무, 즉 주민의 복리 증진을 위한 사무를 의미한다. 이와 같은 사무는 지방자치단체가 자신의 의사(意思)와 책임 및 부담 하에 자주적으로 처리해야 한다는 의미에서 자치사무라고도 하며, 또한 고유사무, 공공사무라고도 한다.

기관위임사무는 그 성질이 지방적 이해관계보다 전국적 이해관계가 큰 사무로서 국가 또는 상급 자치단체로부터 당해 지방자치단체의 장(長)에게 위임된 사무를 말한다. 기관위임사무의 예로는 호적·경찰사무 등이 있다. 국가위임사무는 기관위임사무가 일반적이며 단체위임사무는 예외적인 경우에 한하고 있다.

그리고 단체위임사무는 지방자치단체의 본래의 사무가 아니고 지방자치단체가 지방세법, 도로법, 하천법 등 개별 법령의 규정에 의해 국가 또는 다른 자치단체로부터 위임받아 처리하는 사무를 말한다. 단체위임사무로는 도세(道稅)징수위임사무, 도로수선공사와 유지위임사무, 하천의 보수공사와 유지위임사무 등이 있다.

3) 사무배분의 유형

(1) 개별적 수권 방식

지방자치단체가 처리해야 할 사무를 개개의 지방자치단체별로 개별적 법률에 의해 배분하는 방식으로 개별적 지정주의 방식이라고도 한다.

(2) 포괄적 수권 방식

이는 모든 자치단체가 법률에 의해 금지된 사항이나 국가 또는 다른 단체에 배

타적으로 배정된 사무를 제외하고는 어떠한 사무도 처리할 수 있도록 포괄적으로 배분하는 방식으로서 개괄적 위탁주의 방식이라고도 한다.

(3) 절충식

이는 개별적 수권 방식과 포괄적 수권 방식의 특징을 절충한 방식으로 일본의 경우가 이에 해당한다.

4) 중앙 기능 지방 이양의 원칙

우리나라는 1999년 8월 대통령 직속으로 지방이양추진위원회를 설치하여 중앙행정 권한의 지방 이양을 확대하고 있다. '중앙행정 권한의 지방 이양 촉진 등에 관한 법률'에 담긴 사무배분의 주요 원칙을 보면 다음과 같다.

(1) **자치단체 의사존중의 원칙**: 중앙정부의 권한 이양 시 이양의 수요자인 자치단체의 입장을 우선적으로 반영할 것

(2) **관련 사무 일괄 이양의 원칙**: 중앙정부의 권한을 이양할 때, 사소한 집행적 단위사무 위주의 이양을 탈피하여 기능 위주의 일괄 이양을 할 것

(3) **기초자치단체 우선의 원칙**: 주민생활과 관련된 사무는 가급적 많은 사무가 기초자치단체에 배분되도록 할 것

(4) **행정적 · 재정적 지원 병행의 원칙**: 권한 이양 시 자치단체에 부담이 되지 않도록 행 · 재정적 지원을 의무화할 것

(5) **차등 이양의 원칙**: 권한 이양 시 자치단체의 규모 등 여건에 따라 차등 이양할 수 있도록 함.

(6) **권한 환원의 원칙**: 지방자치단체로 이양된 사무라도 부득이한 경우 위원회의 의결로 중앙으로 환원 조치가 가능하도록 규정

제3절 지방자치단체의 기관 구성

지방자치단체는 집행기관과 의결기관으로 구성된다. 집행기관과 의결기관의 관계는 지방자치의 유형에 따라서 수레의 양 바퀴와 같이 서로 독립시키는 분립형과 하나로 통합시키는 통합형이 있다.

1 지방정부의 유형: 기관통합형과 기관대립형

지방정부의 유형은 기관통합형(council system or parliamentary system)과 기관대립형(chief system or presidential system)으로 크게 나눠 볼 수 있다. 그 밖에 기관통합형과 기관대립형의 혼성 형태로서 절충형과, 비도시지역의 기초자치단체에서 채택되고 있는 직접민주주의 형태의 주민총회제도(popular assembly system)를 지방정부의 유형으로 들 수 있다(이달곤, 2004: 289; 임승빈, 2005: 21-33).

기관통합형은 의결기관인 의회가 동시에 집행기관이 되는 지방정부의 유형이다. 대표적인 예로는 영국의 의회형(parliamentary system)과 미국 일부 지역의 위원회형(commission form), 그리고 프랑스의 의회의장형 등이 있다. 이 유형은 중앙정부의 의원내각제와 유사하며, 의회의 장이 자치단체의 장을 겸하게 된다(임승빈, 2005: 22-25).

기관대립형은 대통령제와 같이 의결기관과 집행기관이 분리되어 상호 견제와 균형을 이루는 정부 형태를 말한다. 한국 · 미국 · 프랑스 등 대통령제 국가에서는 주로 기관대립형을 채택하고 있다. 대부분의 경우 의회의원과 집행기관의 장은 각기 주민에 의해 직접 선출된다. 이 유형은 의결기관과 집행기관의 권한의 균형을 추구하고 있으나, 일반적으로는 집행부 우위의 권력구조가 많다.

절충형은 기관통합형과 기관대립형의 장점을 취해 두 유형을 혼합한 유형을 말한다. 절충형의 구체적 사례로는 북유럽의 참사회형과, 미국의 주민총회(town meeting), 일본의 정촌총회(町村總會) 등 주민총회형을 들 수 있다.

〈표 8-1〉 지방정부의 유형

구분	기관통합형	기관대립형	절충형
정의	의회가 집행기관의 역할을 겸하는 지방정부 형태	의회와 자치단체장이 분리된 형태	기관통합형과 기관대립형의 장점을 혼합한 형태
운영 방식	의회가 자치단체의 장을 겸하며 의결과 집행을 모두 담당	의회와 집행기관이 분리되어 상호 견제와 균형을 추구	의회와 집행기관의 관계가 유연하게 조정되며, 협력과 견제가 병행됨.
장점	의회와 집행부가 통합되어 효율적이고 신속한 행정 수행 가능	의회와 집행기관 간 권한 분리로 민주정치의 견지와 균형 구현	통합과 분리의 장점을 결합하여 유연하고 균형 잡힌 행정 가능
단점	견제와 균형이 희생 가능, 정치적 독점 가능	의결기관과 집행기관 간 갈등 발생 가능 행정 지연 및 비효율성 가능	운영 방식이 복잡하고 조정 비용 발생 체계 구축 및 유지 어려움.
현 상황	우리나라는 채택되지 않음	우리나라는 기관대립형 채택 의결기관과 집행기관 분리	일부 상황에서 주민총회 형태가 활용되지만 일반적이지 않음.

우리나라의 경우는 기관대립형을 채택하고 있다. 우리나라의 지방자치단체는 사법권을 지니지 못하고 있어 지방정부가 아닌 지방자치단체로 불리고 있다.

기관통합형과 기관대립형은 각각 상반되는 장·단점을 가지고 있다(조창현, 1993: 160-176). 기관통합형은 의회와 집행부가 통합되어 있기 때문에 임기 동안 효율적으로 지방자치 행정을 실현하고 책임을 지는 면에서는 장점을 지니지만, 정치 상황에 따라서는 의회와 집행기관 간의 견제와 균형을 통한 민주정치의 이익을 희생해야 한다는 단점을 가지고 있다. 반면 기관대립형은 집행부와 의회의 기구가 병존함에 따르는 비효율성과 양 기관의 마찰로 인한 피해가 있을 수 있다.

2 집행기관과 의결기관

1) 지방자치단체의 집행기관

지방자치단체의 집행기관은 법률적으로는 지방자치단체의 장을 의미하나, 실질적으로는 자치단체장을 보조하는 보조기관으로서의 소속 행정기관 및 하부 행정기관을 총칭하는 개념으로 사용된다. 지방자치단체의 장은 자치단체를 대표하며, 지방자치단체의 사무를 관리·집행하고, 소속 행정관청과 관할 자치단체에 대한 지도·감독권, 소속 직원에 대한 임면 및 지휘·감독권, 지방의회에의 출석발언권, 규칙제정권, 기타 지방의회에 대한 각종 권한을 갖는다.

지방자치단체의 집행기관은 매우 광범하고도 포괄적인 지위와 권한을 가지고 있다. 요약하면, 해당 자치단체의 기관(機關)으로서의 지위와, 국가기관으로서의 지위를 동시에 가지고 있다. 그리하여 지방자치단체의 집행기관은 해당 자치단체의 사무(고유사무 및 단체위임사무)뿐만 아니라 국가사무(기관위임사무)도 동시에 처리하는 이중적 지위와 권한을 가지고 있다. 집행기관은 오늘날과 같이 양적으로 확대된 행정업무를 수행하기 위해 거대화되고 있으며, 또한 질적으로 복잡해진 행정 업무를 전문적으로 처리하기 위해 많은 단위기관으로 분화되고 있다.

2) 지방자치단체의 의결기관

지방자치단체의 의결기관으로서의 지방의회는 주민에 의해 선출되는 지방의원으로 구성되는 합의제 의사결정기관이다. 지방의회는 지방자치법 등 각종 법령이 정하는 바에 따라 지방자치단체의 행정 전반에 걸쳐 다양한 형태로 사무처리에 대해 관여할 수 있고, 또한 지방자치단체의 의사(意思)를 결정하고 집행기관의 사무처리를 감시하는 권한을 가진다.

배론(J. Barron), 크롤리(G. Crawley), 우드(T. Wood) 등은 지방의회가 수행하는 역할을 (1) 행정감시자(집행기관 감시자), (2) 정책결정자, (3) 고충처리자로 나눠 설명한다(Barron et al., 1991). 행정감시자의 역할은 행정 과정에 대한 감시를 통해 행정의 불법과 일탈을 방지하는 역할을 의미한다. 정책결정자의 역할이란 주민의 이익을 수렴, 결집, 조정하여 정책의 수립 및 자원의 배분을 결정하는 역할을 뜻한다. 그리고 고충처리자의 역할이란 당해 자치단체 주민들의 애로 사항과 고충처리를 도와주는 역할을 하는 것을 의미한다.

이러한 역할은 지방자치단체의 대리인(agents) 및 수탁자(trustees)로서의 지방의회의 지위로부터 비롯된다고 볼 수 있다. 이것은 또한 주민을 주인(principals)으로 보고 지방의회를 대리인(agents)으로 보는 주민-의회 관계를 상정하고 있는 것이다(Pratt & Zeckhauser, 1975).

제4절 지방자치단체의 사무

1 사무배분의 의의

공공사무는 주민과 가장 가까운 기초자치단체에서 처리되어야 하고 기초자치단체에서 처리될 수 없는 사무는 상급 정부와 중앙정부에서 처리되어야 한다. 이렇듯 사무를 중앙정부와 광역자치단체, 기초자치단체에 나누는 것을 사무배분이라 한다.

2 사무배분의 방식

1) 개별적 수권 방식

사무를 지방자치단체별로, 사무종목별로 국가의 특별법에 의하여 개별적으로 일일이 법률로 지정하여 배분하는 방식으로 영국, 캐나다 등 주민자치 하에서 취하는 방식이다.

2) 포괄적 수권 방식

법률이 금지한 사항이나 중앙정부가 처리해야 할 사항을 제외하고 지방자치단체의 구별 없이 모든 자치단체에 사무를 포괄적으로 배분하는 방식으로 독일, 프랑스 등 단체자치 하에서 취하는 방식이다.

3) 절충적 수권 방식

개별적 수권 방식의 단점(경직성)과 포괄적 수권 방식의 단점(사무 구분의 모호성과 중앙정부의 통제)을 보완하는 방식으로 사무를 예시하되, 모든 자치단체에 포괄되는 사무를 배분하는 방식으로 일본, 우리나라 등이 해당한다(방성은, 2012).

3 사무배분의 원칙

1) 행정책임 명확화(불경합)의 원칙

사무는 가능한 한 엄격히 구분하여 사무의 처리와 소속의 책임이 명확하도록 배분하여야 한다는 원칙이다.

2) 능률(경제성)의 원칙

모든 사무는 자치단체의 재정적 · 행정적 능력을 감안하여 최소의 비용으로 최대의 효과를 가져올 수 있는 수준의 행정 단위에 배분하여야 한다는 원칙이다.

3) 기초자치단체 우선의 원칙

지역사회에 밀착되어 있고 주민에 보다 가까운 기초자치단체에 우선 배분하고 광역과 기초의 경합 시 기초자치단체에 우선 배분하여야 한다는 원칙이다.

4) 현지성의 원칙

사무는 지역 주민의 요구와 지역의 행정수요에 일치하도록 지역적 특수성을 고려하여 배분하여야 한다는 원칙이다.

5) 종합성의 원칙

특정 기능을 수행하는 특별지방행정기관(일선기관)보다 종합적 기능을 수행하는 자치단체에 배분하여야 한다는 원칙이다.

6) 경비부담 능력의 원칙

사무는 경비가 자체수입으로 충당될 수 있도록 배분하여야 한다는 원칙이다. 그러므로 사무를 배분할 때는 그에 따른 재원도 동시에 지방으로 배분되어야 한다.

4 우리나라의 사무배분 원칙

1) 국가사무처리 금지의 원칙

지방자치단체의 국가사무처리를 제한한다. 국가의 존립·유지에 필요한 사무, 전국적·종합적 기획이 필요한 사무, 사회정책적 사무(실업, 공적 부조 등)는 국가가 처리하여야 한다는 원칙이다.

2) 비경합의 원칙(상호 중복 금지의 원칙)

시·도와 시·군·구는 그 사무를 처리함에 있어 서로 경합하지 아니하도록 한다(지방자치법 제10조).

3) 기초자치단체 우선의 원칙

그 사무가 서로 경합되는 경우에는 시·군·구에서 우선적으로 처리한다는 원칙이다(지방자치법 제10조).

4) 일괄성의 원칙

자치단체가 그 사무를 자기의 책임 하에 종합적으로 처리할 수 있도록 관련 사무를 포괄적으로 배분하여야 한다는 원칙이다(지방분권촉진에 관한 특별법 제6조).

5) 보충성의 원칙

국가는 지역 주민과 밀접한 관련이 있는 사무는 원칙적으로 시 · 군 · 구의 사무로, 시 · 군 · 구가 처리하기 어려운 사무는 시 · 도의 사무로 시 · 도가 처리하기 어려운 사무는 국가의 사무로 각각 배분하여야 한다는 원칙이다(지방분권촉진에 관한 특별법 제6조).

5 우리나라의 사무배분 현황

1) 국가사무

지방자치단체는 다음 각 호에 해당하는 국가사무를 처리할 수 없다. 다만, 법률에 이와 다른 규정이 있는 경우에는 국가사무를 처리할 수 있다(지방자치법 제11조).

(1) 외교, 국방, 사법(司法), 국세 등 국가의 존립에 필요한 사무

(2) 물가정책, 금융정책, 수출입정책 등 전국적으로 통일적 처리를 요하는 사무

(3) 농산물 · 임산물 · 축산물 · 수산물 및 양곡의 수급조절과 수출입 등 전국적 규모의 사무

(4) 국가종합경제개발계획, 국가하천, 국유림, 국토종합개발계획, 지정항만, 고속국도 · 일반국도, 국립공원 등 전국적 규모나 이와 비슷한 규모의 사무

(5) 근로 기준, 측량 단위 등 전국적으로 기준을 통일하고 조정하여야 할 필요가 있는 사무

(6) 우편, 철도 등 전국적 규모나 이와 비슷한 규모의 사무

(7) 고도의 기술을 요하는 검사 · 시험 · 연구, 항공관리, 기상행정, 원자력 개발 등 지방자치단체의 기술과 재정 능력으로 감당하기 어려운 사무

2) 지방자치단체사무(지방자치법 제9조)

① 지방자치단체는 관할 구역의 자치사무와 법령에 따라 지방자치단체에 속하는 사무를 처리한다.

② 제1항에 따른 지방자치단체의 사무를 예시하견 다음 각 호와 같다. 다만, 법률에 이와 다른 규정이 있으면 그러하지 아니하다.

3) 시 · 도(지방자치법 제10조)

가. 행정처리 결과가 2개 이상의 시 · 군 및 자치구에 미치는 광역적 사무

나. 시 · 도 단위로 동일한 기준에 따라 처리되어야 할 성질의 사무

다. 지역적 특성을 살리면서 시 · 도 단위로 통일성을 유지할 필요가 있는 사무

라. 국가와 시 · 군 및 자치구 사이의 연락 · 조정 등의 사무

마. 시 · 군 및 자치구가 독자적으로 처리하기어 부적당한 사무

바. 2개 이상의 시 · 군 및 자치구가 공동으로 섵치하는 것이 적당하다고 인정되는 모의 시설을 설치하고 관리하는 사무

4) 시 · 군 및 자치구(지방자치법 제10조)

① 제1호에서 시 · 도가 처리하는 것으로 되어 있는 사무를 제외한 사무. 다만, 인구 50만 명 이상의 시에 대하여는 도가 처리하는 사무의 일부를 직접 처리하게 할 수 있다.

② 제1항의 배분 기준에 따른 지방자치단체으 종류별 사무는 대통령령으로 정한다.

③ 시 · 도와 시 · 군 및 자치구는 사무를 처티할 때 서로 경합하지 아니하도록 하여야 하며, 사무가 서로 경합하면 시 · 군 및 자치구에서 먼저 처리한다.

6 사무의 종류

1) 법상 구별

(1) 법적 성질에 따라 자치사무, 단체위임사구, 기관위임사무로 구분된다.

① 자치사무와 위임사무(지방자치법 제9조 제1항): 지방자치단체는 그 관할 구역의

'자치사무'와 '법령에 의하여 지방자치단체에 속하는 사무'를 처리한다. → 법령에 의하여 자치단체에 속하는 사무=단체위임사무

② 기관위임사무(지방자치법 제102조): 시·도와 시·군·구에서 시행하는 국가사무는 법령에 다른 규정이 없는 한 시·도지사와 시장·군수·구청장에게 위임하여 행한다.

(2) 행정실무적으로 자치사무를 고유사무, 단체위임사무를 지방사무, 기관위임사무를 국가사무라 한다.

2) 고유사무

지역 주민의 공공복리를 증진하기 위해 자치단체가 자기의 의사와 책임 하에 처리하는 사무를 말한다(지방자치법 제9조).

3) 단체위임사무

(1) 자치단체의 본래의 사무가 아니라 법령의 특별한 규정에 의하여 국가 또는 상급 자치단체로부터 위임받아 처리하는 사무를 말한다.

(2) 지역적 이해관계와 국가적 이해관계가 공존하고 있는 사무로 국고보조금(부담금 성격)의 형태로 지방자치단체와 재원을 공동부담한다.

예) 재해구호, 생활보호, 보건소, 예방접종, 전염병 예방, 공과금 징수, 하천 유지, 국도 유지 등

(3) 지방의회가 간여할 수 있다.

4) 기관위임사무

(1) 법령의 규정에 의하여 국가 또는 상급 지방자치단체로부터 자치단체의 장에게 위임된 사무로서 국가가 지방에 하급 지방행정기관을 설치하여 직접 처리해야 하지만, 이를 자치단체의 집행기관에 위임하여 국가의 하급 행정기관과 동일한 지위에서 처리하도록 하는 사무를 의미한다.

(2) 기관위임사무는 포괄적 위임인 반면, 단체위임사무는 개별적 법령을 근거로 한다. 전국적인 통일을 요하는 사무로 소요 경비는 전부 국가에서 보조금(교부금 성격)으로 부담한다.

예) 경찰, 병사, 국세조사, 의약사 면허 및 각종 인허가, 여권발급, 근로 기준 설정, 외국인 등록, 호적사무, 인구조사사무 등

(3) 원칙적으로 지방의회가 간여하지 못한다.

연습문제

1. A지방자치단체는 중앙정부로부터 국가사무를 위임받아 수행하고 있다. 그러나 위임된 업무의 범위가 광범위해지면서, 지방정부의 재정적·행정적 부담이 가중되고 있다. 예를 들어, 국책사업인 대규모 환경 복원 프로젝트가 지방자치단체에 위임되었으나, 이에 필요한 인력과 예산 지원이 부족해 사업이 지연되고 있다. 국가사무의 지방 위임 과정에서 발생하는 지방정부의 재정적·행정적 부담을 분석하고, 위임사무 수행 시 중앙정부와 지방정부 간 역할 분담의 중요성을 논의하고 효율적인 협력 방안을 논의해 보세요.

2. B도시는 기관대립형을 채택하고 있는데, 의결기관(지방의회)과 집행기관(시장) 간의 갈등으로 주요 정책이 지연되면서 주민들의 불만이 커지고 있다. 기관대립형의 정의와 특징을 설명하고, 발생한 문제의 원인을 분석하고 이를 보완하기 위한 정책적 대안을 논의해 보세요.

3. C시청은 단체위임사무와 자치사무 간 경계가 불분명하여 지방의회와 집행기관 간의 마찰이 발생했다. 지방의회는 집행기관이 단체위임사무를 처리하는 과정에서 충분한 협의가 이뤄지지 않았다고 주장한다. 단체위임사무의 정의와 특징을 설명하고, 발생한 문제의 원인을 분석해 보세요. 단체위임사무 처리 시 지방의회와 집행기관 간 협력을 강화하기 위한 방안을 논의해 보세요.

Chapter 09

행정개혁

제1절 행정개혁의 의의와 접근 방법

1 행정개혁의 의의

행정개혁(administrative reform)은 행정 체제를 더 나은 상태로 변화시키는 것을 말한다. 행정개혁은 특정한 행정가치를 달성하기 위해 이뤄지는 계획된 변화(planned change)로, 동태적 특성을 지닌다.

케이든(Caiden, 1969: 65)은 행정개혁을, "저항에 맞선 행정 변화의 인위적 유도(artificial inducement of administrative transformation, against resistance)"로 정의한다. 케이든(G. E. Caiden)에 의하면, 행정개혁은 자연스럽게 이뤄진 변화가 아니라는 점에서 인위적(artificial)이며, 설득과 주장, 그리고 제재의 위협과 연관되기에 유도된(induced) 것이며, 결과 상태가 현재 상태보다 항상 더 나으리라는 믿음에 근거하여 추진되기에 도덕적 의미를 지닌다는 것이다.

행정개혁은 (1) 미시적 차원의 행정개혁과, (2) 거시적 차원의 행정개혁으로 그 유형을 나눠 볼 수 있다. 미시적 차원의 행정개혁은 "행정 체제 내부의 합리화(internal administrative rationalization)"를 의미한다. 이는 행정조직의 구조 변경, 새로운 기술·방법의 채택·적용, 행정인의 가치관·신념·태도를 변화시켜 행정조직의 효율성을 제고하고자 하는 좁은 의미의 행정개혁을 말한다. 이에 반해 거시적 차원의 행정개혁은 정책 체제와 정책 기조의 변혁을 통해 정부 전체의 효율성을 제고하고자 하는 노력으로 규정할 수 있다.

오늘날 공·사 부문을 막론하고 조직 현상에서 개혁은 풍토병과 같다. 그러나 개혁이란 극히 소수만이 할 수 있고, 극히 소수만이 그것을 견뎌낼 수 있으며, 극히 소수만이 그 뒤에까지 살아남을 수 있다(Fishman, 1997). 개혁은 그만큼 힘든 것이다. 하버드대학 경영대학원의 연구 결과에 의하면, 개혁을 추진한 선두기업 가운데 단지 30%만이 손익계산상의 개선을 이룬 것으로 나타났다(Pascale et al., 1997; Dover, 2004).

사기업체의 개혁 성과가 이렇게 빈약함에도 불구하고, 여러 나라에서는 사기업의 개혁 모델을 따라 공공부문의 개혁을 추구하고 있다. 공공부문의 개혁은 더 어려운 작업이라고 할 수 있다.

행정개혁은 결코 쉬운 작업이 아니다. 적지 않은 혁신 노력들은 정부의 효율성 증대라는 당초의 목적을 달성하기보다는 엄청난 사회경제적 비용만 초래한 채, 오히려 기존의 제도적 장치마저 못 쓰게 망가뜨리는 부작용을 낳았을 뿐이라는 경험적 증거들이 적지 않다.

2 행정개혁의 접근 방법과 대상 영역

행정개혁의 접근 방법은 학자에 따라 다양하게 범주화된다.

휴즈와 보우디치(Huse & Bowditch, 1977)는 '조직 개혁'의 접근 관점을 (1) 구조설계 관점(structural-design perspective), (2) 일의 흐름 관점(work-flow perspective), (3) 인간 관점(human perspective), (4) 통합 체제 관점(integrated systems perspective)의 네 가지 유형으로 나누고 있다.

행정개혁의 접근 방법은 일반적으로 대상 영역을 기준으로 하여 다음과 같이 유

[그림 9-1] 행정개혁 접근 방법

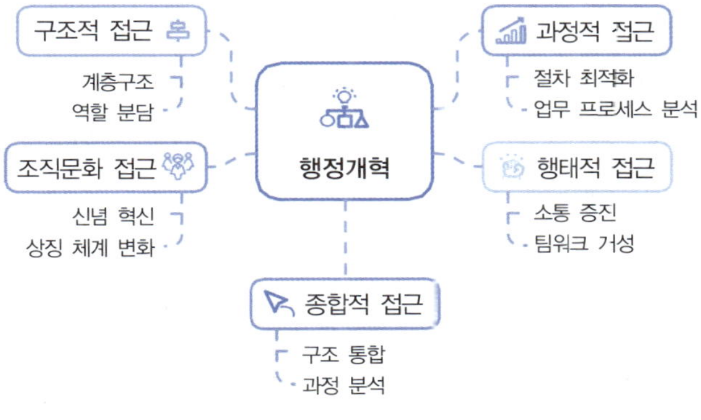

형화한다. (1) 조직의 구조적 설계 변경에 초점을 두는 '구조적 접근(structural approach)', (2) 조직 내의 운영 과정 또는 일의 흐름의 개선에 초점을 두는 '과정적 접근(procedural approach)', (3) 개혁의 초점을 조직구성원인 인간에 두는 '행태적 접근(behavioral approach)', (4) 조직의 상징 체계, 신화, 의례를 바꾸고 그에 따라 조직구성원의 행동 양식과 관행, 그리고 신념을 혁신하고자 하는 '조직문화 접근(organizational culture approach)', (5) 그리고 개혁 대상의 구성 요소들을 포괄적으로 고려하는 '종합적 접근(integrated approach)'으로 유형을 나눠 볼 수 있다.

제2절 성공적 행정개혁 전략

1 행정개혁과 저항의 극복

행정개혁을 성공적으로 추진하기 위해서는 무엇보다 개혁에 따르는 저항을 슬기롭게 극복해야 된다. 케이든은 혁신 작업에 수반되는 저항에 초점을 두어, 행정개혁을 "저항에 맞서 인위적으로 유도하는 행정 변혁"으로 정의하고 있다(Caiden, 1969: 8). 행정개혁은 인위적으로 기존의 질서를 타파하고 새로운 질서를 구축하려고 하는 것이기에 개혁에는 무릇 저항이 따르게 마련이다. 개혁이 추구하는 새로운 질서란, 다른 말로 하면 권력 · 부 · 명예 등 사회적 가치의 분배 기준을 바꾸는 것을 말한다. '유형화된 가치배분 기준'인 제도를 바꾸려 할 때, 그러한 변화를 통해 손해를 보게 되는 개인 및 집단은 개혁에 저항하게 마련이다.

일반적으로 행정개혁에 따르는 저항의 원인으로는 기득권의 침해, 타성으로 인한 저항, 개혁 내용의 불확실성, 고객집단의 저항 등을 든다. 그 밖에 개혁이 수반하는 혁신의 과부하(過負荷), 변혁에 따른 혼돈과 불안 및 정신적 고통도 저항의 원인이 된다. 개혁추진자의 특성과 저항자의 특성 또한 저항에 큰 영향을 미치는 요인이 된다. 행정개혁에 대한 저항은 대개의 경우 개혁 목표 및 내용과 관련하여 야기된다. 즉, 개혁으로 인해 이익 및 권한을 상실할 우려가 있거나, 개혁 성과를 불신하거나 또는 개혁안의 내용이 바람직하지 못하거나 불확실한 경우 저항이 야기된다. 어떤 유형의 혁신이든 개혁에는 승자(수혜자)와 패자(손해보는 자 및 비용부담자)가 있게 마련이다. 행정개혁으로 인해 불이익을 받는다고 느끼거나 지위가 상실된다고 느끼는 사람들은 개혁에 저항한다.

개혁에 대한 저항을 극복하기 위해서는 앞서 살펴본 저항의 원인을 제거하면 될 것이다. 저항의 극복 방법에 대해 학자들은 다양한 전략을 제시한다. 저항 극복의 방법은 일반적으로 (1) 강제적 방법(coercive method), (2) 공리적·기술적 방법(utilitarian-technical method), (3) 규범적·사회적 방법(normative-social method) 등으로 나뉜다. 강제적 방법은 저항자에 대해 물리적 제재나 불이익의 위협을 가하는 방법을 말한다. 공리적·기술적 방법은 이익 침해에 대해 기술적 조정을 하거나 보상을 함으로써 저항을 회피하는 전략이다. 규범적·사회적 방법은 상징 조작 및 설득의 방법을 통해 개혁 대상집단의 심리적 저항 요인을 약화시키는 전략을 말한다.

2 행정개혁의 성공적 관리전략

개혁은 체제의 문제이기에, 행정개혁이 성공하기 위해서는 포괄적 접근이 필요하다. 그리고 조직 혁신은 조직이 변하는 것이 아니라 사람이 변하는 것이다. 즉, 정부 또는 조직 자체가 변하는 것이 아니기에, 조직구성원들의 생각과 행태가 변하도록 해야 개혁이 성공하는 것이다.

개혁이 성공하기 위해서는 여러 가지 요건이 필요하다. 학자들은 이러저러한 논거에서 개혁의 다양한 성공 요건을 제시하고 있다.

던포드(Durnford, 2004)는 성공적 혁신의 기초로 다음의 다섯 가지를 제시하고 있다.

(1) 최고관리층의 선도(the leader is critical to success)

(2) 간부 집단의 헌신(commitment of the top team is a priority)

(3) 강력한 비전의 창출(creating a powerful vision is vital)

(4) 반복된 의사전달(communicate, communicate, communicate)

(5) 혁신촉진자의 육성 및 훈련(create and train the facilitators of change)

그리고 워싱턴과 그 동료들(Washington et al., 2004)은 혁신의 다섯 가지 구성 요건을 다음과 같이 제시하고 있다.

(1) **비전**(vision): 당신은 어디로 가려고 하는가?

(2) **리더십**(leadership): 누가 당신을 그곳으로 인도할 것인가?

(3) **전략 계획**(change plan): 어떻게 그곳에 도달할 것인가?

(4) **정치 계획**(political plan): 어떻게 다른 사람의 지지와 도움을 동원할 수 있을 것인가?

(5) **강렬한 혁신 열망**(burning platform): 왜 나는 바뀌어야 하는가?

제3절 각국의 행정개혁

1 우리나라 역대 정부의 행정개혁

우리나라는 1948년 정부 수립 이후 정치적·경제적·사회적 변동을 겪으면서 수많은 행정개혁을 단행해 왔다. 대부분의 경우 행정개혁은 정부기구의 개편을 중심으로 진행되었다.

이승만 대통령의 제1공화국(1948~1959)은 헌법 제정 등 국가의 기본 제도를 수립하고 행정 체제의 기반을 구축한 정부 형성의 시기였다. 4·19 혁명을 계기로 출범한 제2공화국(1960~1961)은 민주화를 위한 다양한 정치·행정개혁을 시도했다. 의회에 양원제가 도입되고, 시 · 읍 · 면장까지 주민 직선에 의해 선출되는 지방자치제가 전면적으로 도입되었다. 그러나 제2공화국의 이러한 혁신 노력은 새로운 체제가 제대로 실험되고 뿌리내리기 이전에 5 · 16 군사쿠데타에 의해 좌절되고 말았다.

5 · 16 쿠데타에 의해 탄생한 박정희 행정부(1961~1979)는 행정 체제의 합리화를 위한 다양한 행정개혁을 추진했다. 수십 차례에 걸쳐 정부조직을 개편하고 인사행정 · 기획 · 심사분석 등 여러 분야에 걸쳐 새로운 절차와 기법을 도입했다. 1979년 10 · 26 사태 이후 일련의 격동기를 거쳐 1981년 3월 출범한 전두환 대통령의 제5공화국 정부(1980~1987)는 20여 년에 걸친 압축 성장 기간 동안 누적되어 온 행정 체제의 부작용을 제거하고 정부 주도 성장정책의 패러다임을 바꾸기 위한 행정개혁을 추진했다. 그러나 성립 과정에서의 정통성 결여라는 태생적 한계 때문에 전두환 행정부의 개혁 작업은 그렇게 성공적이지 못했다. '6월 민주항쟁' 등 민주화 열기 속에서 태동한 노태우 행정부(1988~1992)는 정치 · 사회적 민주화를 위한 제한된 개혁을 시도했다. 그러나 3 · 4 · 5공화국과 같이 군부 지배 체제의 맥을 이었다는 한계 때문에 별다른 정치 · 행정적 변화를 가져오지 못했다.

'문민정부'의 기치를 내건 김영삼 행정부(1993~1998)는 권위주의 체제를 해체하고 민주주의를 제도화하기 위한 다양한 개혁을 시도했다. 김영삼 행정부는 정치공작과 인권 탄압의 상징이었던 국가안전기획부와 국군기무사 등 억압기구의 축소와 정치간여 금지 등 탈정치화를 도모하는 개혁을 추진했으며, 아울러 금융실명제 및 부동산실명제 도입 등의 경제개혁 조치를 취했다. '국민의 정부'의 기치를 내세운 김대중 행정부(1998~2002)는 출범을 전후하여 불어닥친 외환위기 극복을 위해 시장 메커니즘을 회복하고 경제규제를 혁파하기 위한 정부혁신을 추진했다. 김대중 행정부는 그러나 지나치게 다양한 추진 주체에 기인된 추진력의 분산 · 약화 등으로 당초 기대와는 달리 개혁 성과의 한계를 나타냈다. '참여정부'의 기치를 내건 노무현 행정부(2003~2007)는 국민 참여와 지방분권, 그리고 국가 균형 발전을 위한 다양한 개혁 정책을 추진했다. 그러나 노무현 행정부의 정부혁신에 대해 '올바른 목표, 그릇된 수단(right goal, wrong method)'이라고 일부 학자들이 비판하듯이, 개혁 목표 달성을 위한 구체적 전략의 결여와 개혁 역량의 부족으로 큰 성과를 거두지 못했다는 평가를 받고 있다.

우리나라 역대 정부의 행정개혁은 그다지 성공적이지 못했다. 우선 명확한 비전과 의지도 없이 규범적 구호만으로 개혁 정책을 가장(假裝)하고, 뚜렷한 이론적 기반이 없이 상충적일 수 있는 여러 처방을 복합적으로 제시함으로써 개혁 목표와 선호체계에 혼란을 초래하고 일관성을 상실했다는 한계를 지적할 수 있다. 또한 문화적 정합성을 고려하지 않은 채 검증되지 않은 외국의 이론과 개혁 사례를 껍질만 형식적으로 도입한다든지, 조직문화가 상이한 기업조직의 개혁 논리를 정제하지 않은 채 공공조직에 그대로 적용하려 함으로써 개혁에 한계를 드러내지 않을 수 없었다고 평가할 수 있다.

그리고 지나치게 잦은 '개혁의 과잉' 또한 개혁에 대한 내성을 기르고 개혁 피로감을 초래하게 된 점을 지적할 수 있다. 개혁 강박관념에 빠진 새 정권이 집권 초기 성급하게 추진하는 어설픈 개혁은 제도와 행태를 개선하기는커녕 그나마 작동하던 기존 제도마저 망가뜨리는 부작용을 초래한다. 그것도 막대한 사회경제적 부담을 초래하면서. 섣부르고 잦은 제도 변경은 문제가 많으며, 새로운 제도나 정책의 효과가 충분히 발휘될 수 있도록 충분한 숙성 기간을 갖도록 하는 것이 중요하다(최종원, 2003). 5년 간의 집권 기간 동안 네 차례나 정부조직을 개편하고, 바로 전 해에 만든 중앙부처를 그 이듬해에 또 다시 바꾸는가 하면, 심지어는 행정기관의 명칭만을 바꾸고도 개혁을 했다는 식의 알맹이 없는 정부혁신은 개혁에 대한 국민의 신뢰만 떨어뜨릴 뿐이다.

2 외국의 행정개혁

1) 영국의 행정개혁

영국에서는 절대군주제가 확립된 16세기 이후까지도 체계화된 관료제가 발달되지 않았으며, 19세기 중엽까지 국왕이나 귀족들이 관직을 미끼로 자신의 정치 세력을 확대하는 이른바 정실주의에 의해 관료가 임명되었다. 따라서 영국에서의 행정개혁은 실적주의제도가 확립되기 시작한 19세기 중엽 이후에 시도되었다고 할 수 있다.

19세기 영국의 행정개혁은 1848년 재무부에 설치된 노스코트-트레벨리언위원회(Northcote and Trevelyan Commission)가 획기적인 계기가 되었다. 글래드스턴(W. E. Gladstone) 수상의 적극적 후원 하에 활동한 이 위원회는 1853년 「공무원제도 개편에 관한 보고서(Report and Papers Relating to the Reorganization of the Civil Service)」를 의회에 제출했다.

이 보고서는 (1) 정실주의를 폐지하고 공개경쟁 채용시험에 의거하여 공무원을 채용할 것, (2) 행정사무를 지적 사무(intellectual work)와 일상사무(routine work)로 나눠 이에 대응하는 두 종류의 시험을 실시할 것, (3) 지적 사무를 담당할 상급 공무원의 시험은 일반 능력에 관한 시험으로 역사 · 어학 · 자연과학 등 일반 교양과목에 치중할 것, (4) 공무원 임용 절차를 능률화 · 간소화하기 위해 시험을 관장할 독립적인 중앙인사위원회를 설치할 것, (5) 시험을 정기적으로 실시하며 성적주의에 의한 임용과 승진제도를 실시할 것, (6) 공무원의 지위를 상급 · 하급의 2등급으로 구분하고 상급 공무원의 임명은 19~25세, 하급 공무원의 임명은 17~21세로 제한할 것, (7) 시보 기간을 설정할 것, (8) 부처 간 순환보직제를 실시할 것, (9) 연차 증봉과 연금제도를 둘 것 등을 건의했다. 이 노스코트-트레벨리언 보고서는 당시 정실주의의 혜택을 누리던 정치인들의 큰 저항을 불러일으켰으나, 1855년 및 1870년의 추밀원령을 통해 영국의 실적주의 인사제도 확립의 획기적 계기를 마련했다.

영국에서는 20세기 들어 중앙정부 행정기구에 대한 개혁이 다시 추진되었다. 1914년의 공무원제도에 관한 왕립위원회 보고서, 1917년의 재무부위원회 보고서(The Report of the Committee on the Treasury), 1918년의 홀데인위원회 보고서(Haldane Committee Report), 1929년의 장관권한위원회 보고서(The Committee on Ministers' Powers or Donoughmore Committee), 1965~1968년의 풀턴위원회(Fulton Committee) 활동 등을 들 수 있다(김수영, 1996: 263).

영국은 또한 1979년 이후 대처(Margaret Thatcher) 수상의 주도 아래 재무관리개혁(Financial Management Initiatives: FMI) 등 광범한 행정개혁을 추진했다. 1973년 및 1978년의 석유위기를 겪으면서 심각한 경제 및 재정 타격을 받은 영국 정부는 1979년부터 정부기구의 축소 및 기능 재편, 인력 감축, 공기업 민영화 등 강력한 구조조정 작업을 추진했다. 그리고 넥스트 스텝 프로그램(The Next Steps Programs)을 통해 책임운영기관 제도를 도입하고, 공공서비스의 질 향상을 위한 경쟁제도 도입, 시민헌장제(Citizen's Charter Program), 의무경쟁입찰제(Compulsory Competitive Tendering System: CCT),[1] 시장성 테스트(Market Testing),[2] 금전적 가치(value for money) 진단 등 다양한 개혁 조치들을 추진했다.

2) 미국의 행정개혁

건국의 역사가 길지 않은 미국은 유럽 대륙과 같은 관료제적 전통을 경험하지 않았다. 미국에서는 1820년 대통령이 임명하는 공직자의 임기를 대통령의 임기와 일치시키는 4년 임기법(Four Years' Law)이 제정되면서 인사제도상의 엽관주의 개혁의 법적 기초가 마련되었다. 그리고 1883년 펜들턴법(Pendleton Act)이 제정되면서 실적주의 개혁이 시작되었다. 펜들턴법의 주요 내용은 다음과 같다(안희수, 1976: 388-389).

(1) 독립적이며 초당적(超黨的)인 인사위원회를 설치한다.
(2) 공무원의 임용은 공개경쟁 채용시험에 의한다.
(3) 시험에 합격한 공무원에 대해서는 시보 임용 기간(probation term)을 둔다.
(4) 공무원의 정치활동은 금지된다.

펜들턴법 제정 이후, '연방정부 사무처리 방법에 관한 특별위원회(Cockrell Com-

---

1) 의무경쟁입찰제도는 지방정부의 직영사업으로 특정 서비스를 공급하고자 할 때는 반드시 먼저 해당 서비스의 공급에 대해 경쟁 입찰을 실시하도록 하는 제도다. 의무경쟁입찰제도는 기존에 서비스 공급에 참여하고 있던 공무원 팀(지방정부 관련 부서)을 민간부문과의 경쟁 입찰에 참여할 수 있게 허용했다는 점에서 민간위탁과 구분된다. 영국에서는 2000년부터 이 제도를 '최고가치 정책(Best Value)'으로 전환했다. '최고가치 정책'은 서비스를 단순히 저렴한 비용으로 제공하는 것만이 능사가 아니라는 점을 강조하고 있다.

2) 시장성 테스트는 정부부문에 경쟁성 도입 여부 및 그 정도를 결정하기 위한 사전 검증 절차다. 즉, 입찰 등 공정한 경쟁 절차를 통해 정부기관과 민간 또는 정부기관 간에 경쟁을 시험적으로 도입해 봄으로써 그 효과에 따라 내부시장화 또는 민간위탁 등의 개혁 방안을 결정하게 된다.

mittee)'(1887년), '행정조직 기타에 관한 합동위원회(Dockery-Cockrell Commission)'(1893년)가 구성되는 등 미국 연방정부 수준에서 대규모적인 행정개혁이 일어났다.

20세기 들어 일명 브라운로위원회로 불리는 '행정관리에 관한 대통령위원회(President's Committee on Administrative Management)'(1936년)의 개혁, 제1 · 2차 '후버위원회'(1947년 및 1953년)의 개혁이 추진되었다. 후버(Herbert Hoover) 전 대통령을 위원장으로 하여 1947년 설치된 제1차 후버위원회는 가장 중요한 정부업무 활동의 능률적 수행을 위해 경비를 최소한으로 절약하고, 업무 · 활동 및 기능의 중복을 제거하며, 업무 · 활동 및 기능을 통합하고, 불필요한 기능 및 업무를 폐지하며, 업무 · 활동 및 기능의 범위에 관한 명확한 규정을 통해 업무 처리의 절약과 능률 봉사를 목적으로 설치되었다.

1953년의 제2차 후버위원회가 건의한 구체적 개혁안은 다음과 같다. 즉, 64개에 달하는 대통령 직속기관 중 31개 기관을 제외한 나머지를 대통령이 지정하는 부처의 관리 하에 둘 것, 엽관제와 실적제를 조화시키는 등의 공무원제도 개혁, 동력 · 우편 · 저금 등 약 500개의 정부기업을 민간부문에 이양하는 정부 기업의 혁신, 문서관리의 간소화 등의 개혁 조치를 건의했다. 후버위원회의 건의에 따라 500여 개의 국영기업체가 민영화되고 성과주의 예산제도가 확대 실시되는 한편 행정의 능률화가 이뤄지는 등 관리혁신에 크게 기여했다.

미국의 클린턴(Bill Clinton) 행정부는 또한 1993년부터 국정성과평가(National Performance Review: NPR) 개혁을 추진했다. 1993년 2월 취임한 클린턴 대통령은 취임 직후 향후 3년 간 각 연방기관별로 인원을 4% 이상씩 감축하는 등 연방공무원 10만 명을 감축하도록 지시했다. 또한 각 부처 공무원을 중심으로 국정성과평가(NPR)팀을 구성하여 광범한 정부혁신을 추구했다. 고어(A. Gore) 부통령 주도 하에 운영된 NPR은 '정부재창조'의 기치 아래 새로운 관리 시스템을 도입해 관료적 형식주의를 제거하고 집행 부서의 재량권 확대와 절차의 간소화를 추진했다. NPR은 국민을 최우선으로 하는 정부 창조를 지향하면서 불필요한 지출을 줄이고, 고객에 대해 봉사하며, 직원의 권한을 강화하고, 지역사회가 자신들의 문제를 해결하도록 지원하며, 탁월한 실력을 함양한다는 작업 원칙을 내세웠다.

3) 일본의 행정개혁

일본의 근대적 정부 체제는 1868년 메이지유신(明治維新)을 계기로 확립되었다. 메이지유신을 계기로 막부(幕府)시대가 종말을 고하고 태정관(太政官)을 권력의 중추기구로 하는 근대적 정부 체제가 구축되었다. 당초 태정관은 의정관·행정관·사회관·군무관·외국관·형법관·신지관 등 7관으로 나뉘어 있었으나, 1868년 태정관에는 좌·우대신, 대납언, 참의를 두고, 그 아래 민부·대장·병부·형부·관내·외무의 6성(省)이 설치됨으로써 태정관이 국정의 중추기구가 되었다. 태정관제도는 1885년 폐지되었다.

일본의 행정 체제는 제2차 세계대전이 끝난 뒤 근본적으로 개혁되었다. 신헌법의 채택, 행정조직관계법 및 국가공무원법의 제정으로 국민 주권의 원리, 삼권분립의 원칙, 국회의 최고성과 의원내각제도의 원칙이 천명되고 천황의 관제대권(官制大權)이 부인되었으며,[3] 공무원은 국민 전체의 봉사자로 규정되었다. 그리고 종래의 중앙집권적 지배 체제가 타파되고 지방자치제가 도입되었다.

일본은 1980년대 이후 강력한 정부혁신을 추진했다. 국제수지 흑자가 확대되는 시대적 배경 속에서 일본 경제를 국제사회와 조화시키기 위한 경제 구조조정의 필요성과, 다른 한편에서는 악화되는 국가재정을 재건하기 위한 행정개혁의 필요성이 대두되었다. 재정재건의 실현은 1981년 설치된 '제2차 임시행정조사회'(제2차 임조)를 중심으로 검토되었다. 또한 1983년의 '제1차 임시행정개혁추진심의회'(제1차 행혁심)와 1987년의 '제2차 임시행정개혁추진심의회'(제2차 행혁심)를 통해 공적 규제 완화를 통한 경제 구조조정에 관한 논의가 전개되었다. 1985년 및 1987년에는 전후(前後) 일본의 행정개혁 중 최대 성과의 하나로 내세우는 3공사, 즉 전매공사·전신전화공사·일본국유철도의 민영화가 이뤄졌다.

---

3) 오늘날의 행정조직법 및 국가공무원법 등에 상당하는 법제는 천황의 관제대권(官制大權)에 속하는 것이라 하여 칙령 내지는 추밀원령에 의해 정해지던 이전의 제도가 바뀌게 되었다(西尾勝, 1993). 전후 일본국 헌법 제65조는 "행정권은 내각에 속한다"고 규정하여 궁내청을 포함해 모든 행정기관이 예외없이 내각 속으로 들어오게 되었다(회계검사원 등은 제외). 따라서 전전의 통치구조에 존재한 궁중의 내대신, 궁내대신, 원로, 추밀원군령기관과 같이 내각으로부터 독립한 정부기관의 존속을 허용하지 않게 되었다.

1996년에는 중앙성청(中央省廳)의 1/2 축소, 대장성 해체 등 중앙정부의 전면 개편, 특수법인의 민영화와 통폐합, 행정정보공개법 제정 등을 총선공약으로 내세운 하시모토 개혁이 추진되었다. 하시모토 내각은 21세기를 맞아 정치·경제·사회의 변혁에 효과적으로 대응하기 위해 행정, 재정, 사회보장, 경제, 금융, 교육 등에 걸친 6대 개혁을 추진했다. 하시모토 류타로(橋本龍太郎) 총리를 회장으로 하는 행정개혁회의가 1997년 12월 3일 공표한 최종 보고 속에는 행정의 목적·기능을 축으로 중앙성청(中央省廳)을 재편성하여 그 수(數)를 절반으로 축소하여 행정의 폐해 및 중복을 배제하며 더 높은 시점(視點)과 넓은 시야에 서서 정책 입안을 가능하게 한다는 내용을 담고 있다.

당시 1부(府) 22성청(省廳)으로 구성된 일본 중앙성청(中央省廳)의 수를 그 절반인 1부 12성청으로 정리하겠다는 하시모토 개혁안은 오부치(小淵惠三) 내각에 의해 1999년 7월 제2차 중앙성청 등 개혁관련 법률로 제정·공포되었다. 1990년대와 2000년대에 걸쳐 추진된 일본의 행정개혁의 특징은 행정 운영에서는 '정치 주도의 확립'과 '행정조직의 슬림화'로 요약할 수 있다.

연습문제

1. A국가의 중앙정부는 행정개혁을 추진하며 행정조직의 효율성을 높이기 위해 조직구조를 변경하고, 디지털 기술을 도입하였다. 그러나 개혁 추진 과정에서 조직구성원들의 저항이 심화되었다. 특히 개혁 목표와 변화 필요성에 대한 충분한 설명이 이뤄지지 않아 구성원들은 변화에 대한 불안과 반감을 느꼈다. 행정개혁의 정의와 미시적·거시적 차원의 차이를 설명하고, 개혁이 실패한 이유를 분석하세요. 행정개혁 추진 시 조직구성원들의 저항을 줄이기 위한 효과적인 방안에 대해 논의해 보세요.

2. B국가의 중앙정부는 공공서비스의 효율성과 투명성을 높이기 위해 대규모 행정개혁을 추진하였다. 개혁의 주요 내용은 조직구조 단순화와 디지털 행정 시스템 도입으로, 정부 내 업무 절차를 간소화하고, 디지털 기술을 통해 시민들에게 더 나은 서비스를 제공하는 것을 목표로 하였다. 개혁 초기에는 강력한 리더십 아래 개혁 방향이 설정되었으나, 소통 부족, 비현실적인 목표 설정, 성과관리 체계의 부재로 인해 개혁 추진이 어려움을 겪게 되었다. 이 사례를 바탕으로 행정개혁 과정에서 명확한 비전과 목표 설정이 중요한 이유를 설명하고, 이를 효과적으로 달성하기 위한 방안을 제안해 보세요. 또한 소통 부족, 성과관리 체계 부재가 개혁에 미친 영향을 분석하고 성공적인 개혁을 위한 전략 방안에 대해 논의해 보세요.

Chapter 10

미래 행정의 모색

제1절 세계화와 행정

1 세계화의 의의

오늘날 전 세계적으로 확산되고 있는 세계화(globalization)는 각국의 경제, 사회 및 행정에 큰 영향을 미치고 있다. 세계화란 통신기술의 발달과 무역·자본의 흐름 등으로 세계 시장이 공간적·제도적으로 통합되고, 각국의 제도 및 정책의 유사성이 증가하는 과정이라고 할 수 있다(이종수, 2010: 231). 세계화는 자본주의적 생산 및 교환의 기본 단위가 되는 기업조직과 경영의 공간적 범위가 전 지구적으로 확대되는 것을 의미하는 경제적 측면의 세계화를 지칭하는 경우가 많다. 그러나 세계화의 가장 핵심적인 함의는 국가 간 상호 관계가 강화되고, 복합적인 상호의존성이 심화되는 것을 말한다(Denhart, 1999).

'개방(openness)'으로서의 세계화는 개별 국가의 관세장벽과 규제 등 보호주의 장치의 제거를 통해 금융·상품 거래의 신속화는 물론 통신 및 문화의 교류를 용이하게 하는 대규모의 국경 개방을 의미한다(Brown, 1992). 그러한 '국경 없는 세계'는 통합된 세계 경제, 세계 정부, 동질적 세계 문화, 그리고 함축적이긴 하나 '세계적 행정체제(global system of public administration)'로 특징지을 수 있을 것이다(Scholte, 1997). 최근 들어 인터넷 등 다양한 정보기술 수단들이 이러한 세계화에 크게 기여하고 있다. 행정의 세계화는 "세계적으로 생각하고 지방적으로 행동하라(Thinking globally and acting locally)"는 금언으로 요약될 수 있다(Farazmand, 1999).

2 세계화의 행정적 함의

세계화는 국가사회 전반에 걸쳐 다양한 영향을 끼치고 있다. 세계화는 각국의 행정 및 제도의 혁신을 자극하는 긍정적 효과를 초래하는가 하면, 다른 한편에서는 개별 국가의 주권을 약화시키고 민주주의를 위협하며 공동체의 상실을 초래하고, 지구적 권력구조의 집중화를 초래하며, 기업 및 정부 엘리트의 집중화를 강화하고, 저개발국의 강대국에의 예속을 강화하는 등 부정적 영향을 초래하기도 한다. 다음에서는 세계화가 각국 행정에 미치는 함의를 고찰하고자 한다(Farazmand, 1999; 이종수, 2010).

(1) 세계화는 국민국가적 정책의 무력화를 초래한다. 세계무역기구(WTO)로 상징되는 세계화는 개방화를 강요함으로써 특히 개별 국가의 산업 성장 정책 및 무역규제와 같은 국민국가적 경제정책을 무력화시킨다.

(2) 세계화는 국제적 표준(global standard)에 적합하도록 행정제도를 바꾸는 행정개혁을 촉진한다. 세계화가 추진됨에 따라 각국은 관세 및 비관세 장벽을 철폐하고 각종 규제를 완화하며, 세제(稅制) 등 재정제도와 금융제도 등을 개방화에 적합하도록 바꿀 것을 국제사회로부터 요구받게 된다.

(3) 세계화는 또한 민간화를 통해 공공 영역을 축소할 것을 처방하며, 공공서비스 생산에서 민·관 공동생산 및 파트너십을 강조한다.

(4) 세계화는 행정의 전문화를 촉진한다. 즉, 세계화의 도전에 대해 행정은 전문화로 응답하지 않으면 안 되게 되었다.

(5) 세계화는 정부부문의 분권화를 촉진하는 데 반해, 사기업 부문에서는 기업권력의 대규모적 집중화와 조직구조의 집권화를 초래하고 있다.

(6) 세계화는 민주주의의 확산을 촉진한다는 긍정적 평가와 아울러 민주적 절차를 위협하고 공동체를 파괴한다는 부정적 평가를 받기도 한다.

(7) 세계화는 지구공동체(global community) 문제에 대한 공동 대처를 촉구한다. 세계화는 환경오염, 기아와 같은 전 지구적 문제에 대한 관심을 환기하고 공동 대책의 마련을 촉구하는 분위기를 형성한다.

제2절 미래 사회의 도전

지난 20여 년 간 전례 없이 급격한 변화와 도전을 겪은 우리 사회와 정부는 21세기의 변화된 환경 속에서 더욱 심각한 국내·외의 여러 도전에 직면하게 될 것이다.

향후 우리 사회의 발전에 영향을 미칠 메가트렌드(mega trend)는 다음과 같이 예측될 수 있다. 먼저 경제적 측면에서는 2008년 미국 월가(Wall Street)의 금융 시스템 붕괴로 전 세계적 경기 후퇴가 초래된 것과 같이 지구화된 경제 체제는 세계 경제의 불안정성을 더욱 증대시킬 것으로 전망할 수 있다. 또한 경제·산업 측면에서 국제경쟁(global mega competition)이 더욱 심화되고 자국의 기술과 산업을 보호하기 위한 국가 간 대립이 본격화되며 다국적 기업의 세계 시장에 대한 영향력이 증대될 것으로 예측할 수 있다. 그리고 WTO 체제에도 불구하고 경제 블록 간 보호주의가 강화되고 개발도상국의 에너지 수요 급증으로 에너지 자원을 둘러싼 갈등이 증대될 것으로 전망된다. 이러한 상황에서 국가경쟁력의 원천이 되는 과학기술의 육성과 창의성 있는 인적 자원의 개발이 한층 더 중요한 국가적 과제로 대두될 것이다.

사회적 측면에서는 '삶의 질'이 중시됨으로써 분배와 형평을 중시하는 사회적 요구가 증대될 것으로 전망된다. 특히 구조적 실업과 사회양극화 현상이 중요한 도전으로 부상할 것으로 예측된다. 산업구조의 고도화로 경제 규모는 비록 커진다 하더라도 '일자리 없는 성장(jobless growth)'이 지속되고, 리프킨(Jeremy Rifkin)이 예언했듯이 로봇과 정보통신기기들이 인간의 노동력을 급격하게 대체함으로써 '노동자 없는 세계'가 눈앞에 다가오고 있다. 또한 사회구성원의 80%가 불안정한 고용 상태에 놓이게 되는 20% 대 80%의 양극화 사회에 대비, 경제적 부를 나누는 새로운 분배 방식을 모색하는 것이 중요한 사회적 과제로 대두될 것이다(이종수, 2010: 300-302).

제3절 미래 행정의 과제

1 미래의 행정가치

미래의 행정은 어떤 가치를 추구해야 하는가? 대답하기 어려운 질문이다. 하지만 1980년대 이후 영국과 미국의 신공공관리론이 추구해 온 가치를 답습한 한국의 행정이 어떤 결과를 만들어 냈는지를 조금이라도 숙고해 보면 충분하지는 못해도 약간의 단서는 찾을 수 있다. 신공공관리론은 경쟁과 효율성을 중시하는 시장경제 체제의 원리를 행정에 도입하려 했다. 이에 따라 행정은 행정서비스의 질을 개선하고 국민의 삶의 질 향상보다는 서비스의 경제성을 추구하는 데에 초점을 맞추어 행정개혁을 시도했고, 이는 어찌 보면 지금까지도 진행 중이다. 결과적으로 공공 영역에서도 민간의 가치, 사적 가치(private value)가 공공가치(public value)를 대체하기에 이르렀다. 당연히 사회의 양극화는 더욱 심해졌으며, 이는 극심한 사회의 분열과 갈등을 낳고 있다. 사회 정의와 형평성을 무시하고 효율성만을 추구한 정부의 정책은 투명할 수가 없다. 시민이 의사결정에 참여해 정책결정에 영향을 미치는 것을 허용하면 효율적 정책집행에 방해가 되므로, 이를 배제하고 행정의 독단적 의사결정과 집행이 많아진 것이다. 투명하지 못한 행정은 시민으로 하여금 정부를 더욱 불신하게 만든다.

그렇다면 원래의 질문으로 돌아가서 미래의 행정은 어떤 가치를 추구해야 할까? 기본으로 돌아갈 필요가 있다. 공공가치를 대체한 사적 가치의 추구를 행정에서 축소할 필요가 있다. 행정이 추구하는 공공가치의 본질은 사회 정의의 실현과 형평성의 추구이다. 이 토대 위에 필요한 경우 사적 가치를 일정 부분 추구할 수 있을 것이다. 의사결정 과정에서 시민의 참여를 보장해 정부의 투명성을 높이고, 정책의 집행은 사회적 약자를 보호하고 분배의 정의를 실현하는 것에 초점을 맞추어야 한다. 행정의 많은 부분은 경제성과 능률성만으로 측정이 불가하다. 특히 안전과 재난 부문이 그렇다. 신공공관리를 적극적으로 받아들인 행정은 안전과 재난 부문에서까지 능률성을 강조하며 사회적 불평등을 낳았다. 최근 발생한 대부분의 사회적 재난이 사회적 강자보다 약자에게 발생한 것을 상기하자. 행정이 하는 일 중 사회적 약자의 보호가 필요한 부분은 적극적으로 사회적 정의를 실현하는 데에 초점을 맞출 필요가 있다. 경제적 경쟁의 원리가 도입된 행정서비스라 할지라도 처음부터 다시 고민을 시작할 필요가 있다. 과연 사회적 후생을 높이는 길은 무엇인가? 국민이 행복한 삶을 살도록 하는 행정의 역할은 무엇인가? 공공가치의 회복에 달려 있다고 해도 과언이 아니다.

2 미래의 정책

전 지구적으로 인터넷에 연결된 인구는 2010년 18억 명에서 2015년 29억 명으로 증가했고, 2017년 현재 세계 총인구의 40억 명이 인터넷을 사용하고 있는 것으로 조사되고 있다. 디아만디스(P. Diamandis)는 글로벌 경제의 가장 극적 변화는 2016~2020년 사이에 발생하는 양적 변화에 있을 것으로 전망하고 있다. 지구 인구의 3분의 2가 휴대폰을 소유하고 있는 현실에서 미래 세계는 이른바 '연결된 세계'로 변모해 가고 있다. 실제 전 지구적 연결을 위한 4대 프로젝트 — facebook과 Intert.org의 'Aquila', 테슬라의 자동차의 'Space X', Goole의 'Project Loon', Vergin Group과 Qualcomm의 'OneWeb' — 가 진행 중이며, 20세기에는 상상할 수 없었던 변화들이 새로운 세기 들어 다채롭게 전개되고 있다. 2016년 화제를 모았던 'AlphaGo'의 진화는 인류의 미래에 대해 분명 다른 시선을 갖도록 유도하고 있으며, "미래는 예측되는 것이 아니라 상상에 의해 결정된다"는 표현으로 현실을 대변한다.

과학적인 원리에 근거한 합리적인 의사결정을 통해 더 나은 미래상의 정립이라는 정책학의 지향성에 대해 우리는 라스웰(Lasswell, 1951)을 통해 "사회 변동의 흐름 속에 미래 탐색을 위한 가치와 행동의 복합체"로 살핀 바 있다. 이를 원용해 이 책에서도 정책의 정의를 "문제 해결을 위해 사회 변화를 전제로 한 정부의 활동"으로 소개하고 있다. 하지만 그간의 정책연구가들이 언급하고 있는 미래와 우리의 미래는 분명 다른 양상으로 전개되고 있으며, 정책학이 대두되어 활발히 연구되어 왔던 시기와 비교할 때 과학적 원리에 의한 미래 예측은 더욱 어려워지고 있다. 심지어 정부의 활동으로 한정하고, 정책결정의 주체로서 소개하고 있는 '국가'의 미래마저도 예측 곤란한 상황에 직면해 가고 있는 것이 현실이다.

스마트 뉴딜, 협력의 경제(collabonomics), 공유경제(sharing economy), 빅데이터(big data), 디지로그(digilog), 플랫폼(platform), 클라우드(cloud), 드론(drone) 등과 같은 개념들은 등장과 동시에 상용화로 이어지고 있으며, 글로벌 시장 조사업체 가트너(Gartner)에서 제시한 디지털 휴머니즘(digital humanism) 기술(웨어러블, IoT, 3D 프린팅 등)의 변화는 매년 추이를 달리하고 있다. 인공지능(AI)의 발달과 함께 감성마저도 로봇(robot)으로 대체되어 가고 있는 추이를 주시하면서 정책연구의 현재와 미래를 조망하는 작업이 필요한 시점이다.

지난 100년 간 인류가 구축한 과학기술 변화의 역사는 미래의 정책환경을 변모시키고 있으며, 그 속도는 더욱 가속될 것으로 전망된다. 미래 예측의 합리성을 전제로 한 정책연구의 방향은 좀 더 역동적이고 교란적인 상황에 직면하게 될 것이며, 전통적인 이론과 절차적 접근에 의한 논거들은 지속 가능한 환류(feedback)가 전제되지 않고서는 낡은 과거로 기록될 것이다. 우리가 직면해 경험하고 있는 새로운 변화는 이미 공공부문을 변화시키고 있으며, 국가 중심적 사고에 집약해 왔던 공공정책의 방향도 이제는 의도하지 않은 결과에 대한 대처 능력으로 평가되고 수정되어야 한다. 그럼에도 불구하고 민주주의를 지향하는 정책연구의 미래는 인본주의라는 본질 가치에 충실하면서도 시민사회와의 소통과 협력에 초점을 두고 수립되고 진행된다면 정책연구의 고유성은 더욱 강조될 것으로 전망된다.

Tip

빅데이터, 인공지능(AI), 사물인터넷(IoT)과 같은 첨단 기술은 정책 설계와 집행 방식을 혁신적으로 변화시키고 있다. 이러한 기술은 정책의 예측 가능성을 높이고, 문제 발생 이전에 효과적인 해결책을 제시할 수 있는 기반을 제공한다. 특히 초개인화 정책(hyper-personalized policy)은 개별 시민의 요구를 반영하여 맞춤형 서비스를 제공함으로써 정책의 효율성과 만족도를 높일 수 있다. 또한 디지털 트윈(digital twin)과 같은 시뮬레이션 기술은 정책 실패를 줄이고, 더 나은 대안을 설계할 수 있는 기회를 제공한다. 그러나 기술 의존도가 높아질수록 데이터 윤리와 개인정보 보호 문제가 중요한 과제로 떠오르고 있다. 빅데이터 활용 과정에서 발생할 수 있는 차별이나 불공정성을 방지하기 위해 투명성과 신뢰를 확보하는 정책 설계가 필요하다.

특히 디지털 전환이 모든 시민에게 혜택을 제공하기 위해서는 디지털 포용성을 강화해야 한다. 소외 계층을 대상으로 디지털 교육과 지원을 확대하고, 디지털 격차를 줄여야 한다. 따라서 미래의 정책은 기술혁신과 윤리적 책임, 시민 포용성을 기반으로 설계되어야 하며, 이를 통해 행정의 효율성과 사회적 신뢰를 동시에 강화할 수 있다.

3 미래의 조직

많은 학자들이 제4차 산업혁명과 미래 사회의 변화를 전망하면서 기술혁신에 따라 산업구조, 고용구조가 변화할 것이라 예측하고 있다. 제4차 산업혁명 시대의 핵심 가치는 기술혁신이다. 공공조직의 미래도 기술혁신과 함께 변화할 것이다. 그러므로 기술혁신에 대한 이해와 매력적인 조직의 비전 제시는 매우 중요하다(이창원, 2017: 8-11). 제4차 산업혁명은 정보기술로 인해 자동화와 연결이 극대화된 초연결성(hyper-connected)과 초지능화(hyper-intelligent)를 통해 "모든 것이 상호 연결되고 좀 더 지능화된 사회로 변화"시킬 것이다(김진하, 2016). 이러한 특징과 기술의 혁신은 조직의 구조와 조직구성원의 행태에 많은 영향을 미칠 것이다. 첫째, 인공지능(AI), 사물인터넷(IoT), 클라우드 컴퓨팅 등 ICTs 기술을 조직에 접목해 정보 시스템의 장점을 최대한 조직구조 설계와 운영에 활용하는 조직 형태로 발전되어 나갈 것이다. 둘째, 세상에서 활동하는 사람들과 조직들은 거미줄처럼 서로 연계되어 거대하고 복잡한 네트워크를 형성해 나갈 것이다. 셋째, 구성원들에게 새로운 지식・능력을 끊임없이

창조해 낼 수 있는 지적 역량을 극대화하는 조직구조로 변화할 것이다. 넷째, 조직은 환경과 상황에 따라 끊임없이 다양한 형태로 변환하는 변이적·다원적 조직의 모습을 띨 것이다(하승미, 2015).

제4차 산업혁명에 의한 조직의 변화와 혁신은 창조적 철학의 확립과 이에 바탕을 둔 조직 시스템의 구축을 필요로 한다. 공공조직은 그동안 수직적 형태의 전통적 관료제 조직의 비효율과 창조적 리더십의 부재로 많은 어려움을 겪었다. 또한 경쟁화된 관료조직에서는 인간의 존엄성을 존중하고 보호하는 데는 점점 무감각해져 온 것이 주지의 사실이다. 그러므로 인본주의 사상과 철학이 창발성과 혁신을 가져오므로 인간 존중의 조직모델이 필요하다. 조직은 공동의 목적과 비전을 공유하는 구성원들의 집합체이므로, 구성원들이 각자 고유의 직무를 맡아 조직의 비전과 목적을 향해 서로 협력할 때 높은 창의성과 혁신을 구현하게 된다.

미래의 조직은 인본주의에 바탕을 둔 창조적 철학과 기술혁신의 영향으로 학습조직화, 네트워크, 지식과 정보의 공유, 구성원의 참여 확대 및 역량 강화를 극대화하는 방향으로 조직설계와 운영이 변화할 것이다. 미래의 조직은 더 이상 사람, 목표(과업), 프로세스, 업무 장소를 엄격하게 구분하는 경계를 사용하지 않을 것이다.

4 미래의 인사행정

제4차 산업혁명 시대의 기술의 혁신과 발전은 '일자리의 변화'와 인력구조의 변화 등과 같은 도전적 과제를 정부에게 부여하고 있다. 기술의 혁신에 따른 공공조직의 변화는 조직 내부 환경도 변화시킬 것이다. 먼저 조직문화를 변화시키고 이에 따라 인력구조의 변화 및 고용구조의 변화, 직무 역량의 변화가 순차적으로 이뤄질 것이다. 또한 이 세 가지 요인은 서로가 서로를 자율적으로 변화시키는 상호 협력 및 상호 조절 역할을 수행할 것이다.

제4차 산업혁명 시대의 일자리 변화는 저숙련 노동자의 고용은 감소되고, IT와 S/W 개발 분야에서 경쟁력을 가진 고숙련 노동자들의 고용을 증가시킬 것으로 예측된다. 이러한 고용구조의 변화는 민간부문뿐만 아니라 공공부문에도 영향을 미치게 되고, 공공조직의 인사행정도 고용 인력의 고숙련 직무 역량 강화에 집중적인 노력을 수행하게 할 것이다(김진하, 2016). 특히 정부의 기능이 더욱 복잡해지고 정부 내 전문적 직무 수요가 증가하게 되면서 직무 역량 강화는 필수적인 요건이 될 것이다. 또한 정보통신기술의 발전과 과학기술의 발전은 정부조직의 직무의 특성과 내용에 다차원적인 변화를 가져오게 할 것이다(이창길, 2013). 이러한 변화 속에서 인사행정에서 요구되는 역량도 변화할 것이다. 그러므로 창의적이고 융합적인 역량을 갖춘 인재의 양성을 위한 교육 시스템의 도입도 필요하다(김진하, 2016). 공공조직의 인사행정에서의 역량은 특정한 상황이나 직무에서 뛰어난 성과를 내게 하는 원인이 되는 개인의 특성이라고 정의할 수 있다. 그러므로 역량모델을 구축해 활용하는 역량중심의 인사행정이 요구된다. 인사행정의 변화는 개인화, 분권화, 균형화로 제시될 수 있으며, 협력적 네트워크를 기반으로 하는 학습 역량 강화가 이어지게 될 것이다. 공공조직에서 요구하는 직무 역량은 컴퓨팅적인 사고 능력을 바탕으로 기본적인 분석 능력과 문제 해결 능력을 갖춘 것이다. 이를 위해서는 역량이 뛰어난 인적 자원의 확보와 역량교육, 그리고 다양한 정보를 체계적으로 관리하기 위한 DB 구축이 필요하다(이창원, 2017). 그리고 이를 통해 조직별 핵심 가치와 역량에 따라 우수한 인적 자원을 확보하고 역량을 개발토록 해야 한다. 또한 정부활동이 분권화되고 자율성이 높아지면서 수평화된 네트워크를 중심으로 협력적인 협력적 거버넌스가 확대될 것이다. 이에 따라 개인 간 또는 부서 간 협력을 중시하는 방향으로 변화할 것이고, 개인 또는 부서에 요구되는 역량이 관계 역량과 내트워크 관계 역량이므로 이에 대한 적극적인 육성과 개발이 필요하다(Witesman & Wise, 2012; 이창길, 2013). 공공조직이 급격하게 변화하는 인사행정 환경에 적절히 대응하기 위해서는 창의적이고 융합적인 역량을 갖춘 인재를 찾아 적재적소에 배치해야 한다. 이를 위해서는 빅데이터, 인공지능 등의 ICT 기술을 활용해 모집, 선발, 역량개발, 그리고 퇴직관리에 이르기까지 공공조직 전체 차원에서의 인적 자원 관리가 필요하다. 제4차 산업혁명 시대의 인사행정은 우수하고 역량 있는 인력을 공급하는 것에서 더 나아가 사회 전체의 일자리 창출을 위한 다각도의 노력도 필요하다(이창원, 2017).

Tip

미래 인사행정에서 디지털 기술의 도입은 효율성과 공정성, 전문화 등에서 혁신적인 변화를 이끌고 있다. 빅데이터와 인공지능(AI)은 채용, 평가, 승진 등 인사관리의 모든 과정에서 중요한 의사결정을 지원하며, 이를 통해 적합한 인재를 신속하고 정확하게 선발하거나, 적합한 인재를 직무를 배치하는 적재적소의 원칙을 구현할 수 있다.

AI 기반 역량 평가 시스템은 지원자의 실제 능력을 객관적으로 분석하고, 편향 없는 채용과 승진 프로세스 운영을 가능하게 한다. 구성원의 데이터를 종합하여 공무원들의 경험관리를 통해 더 나은 복리후생 정책을 수립할 수 있다. 또한 실제 PC 접속시간 등의 업무량 데이터를 분석하여 업무의 쏠림이 발생할 경우 인력 재배치 혹은 보강을 진행할 수 있다.

이러한 기술은 인사행정의 기존 한계를 극복하고 조직의 역량을 체계적으로 관리할 수 있다. 디지털 융합은 공공부문의 경쟁력을 강화하고 공공서비스의 전문화, 효율화, 최적화를 만들 수 있는 수단으로 활용되고 있다. 향후 기술 활용과 윤리적 책임 간의 균형을 유지하고 개인정보 보호와 투명성을 기반으로 지속 가능한 디지털 행정 실현을 위한 노력이 계속되어야 할 것이다.

5 미래의 재정

우리나라는 대외 여건의 악화와 소비와 투자 심리 개선의 지연과 더불어 저출산 및 고령화로 인해 미래 재정에 큰 부담을 줄 것으로 예상된다. 국회예산정책처는 2016년부터 2060년까지의 장기 재정 전망을 통해 생산 가능 인구는 2016년부터 감소하고 총인구는 2030년 이후 감소할 것으로 예측하고 있으며, 이로 인해 저성장 시대가 예상되고 있다.

이로 인해 GDP 대비 총수입 비율은 2016년 24.1%에 2060년 20.7%로 하락하며, 총지출은 인구고령화에 따른 공적연금 등 복지 지출의 증가와 국채 증가로 이자 지출 증가 등이 상승할 것으로 전망되고 있어 재정적자는 지속적으로 증가할 것으로 예측되고 있다.

이러한 전망 속에서 정부의 예산정책은 재정의 효율성도 추구해야 하지만 재정건전성을 높일 수 있는 정책적 노력이 필요하다

재정건전성을 개선하기 위해서는 적극적으로 세입 확충 노력과 더불어 세출 절

감 등에도 노력할 필요가 있으며, 동시에 의무적인 재정준칙의 도입을 검토할 필요가 있다. 재정준칙은 재정수입, 재정지출, 재정수지, 국가채무 등 총량적 재정지표에 대한 법적 구속력이 있고, 구체적인 재정 운용 목표로 재정규율을 확보하기 위해 각국이 도입 운영 중인 제도이다(국회예산정책처, 2016). 이러한 재정준칙 중 가장 많이 적용되고 있는 준칙 중 단일 준칙으로는 채무준칙, 복수준칙으로는 재정수지준칙과 채무준칙이며, 성공적인 재정준칙이 적용되기 위해서는 준칙의 구속력의 확보가 무엇보다 필요하다. 즉, 강제력을 수반하는 지속 가능하고 신뢰를 줄 수 있는 준칙이 설정될 수 있을 것이다.

6 미래의 지방자치

지방분권은 중앙정부의 지시를 이행하는 단순한 하부 기관에서 진정한 의미의 '자치'기관으로 거듭나야 한다는 인식이 광범위하게 퍼지고 있다. 지방자치가 추구하는 최고의 가치가 민주성임을 고려할 때 이는 매우 바람직한 것이라 볼 수 있다. 하지만 바람직한 미래의 지방자치는 저절로 오는 것이 아니다. 거시적인 측면에서 적지 않은 해결 과제가 있다.

첫째, 지방세와 국세의 비율을 조정할 필요가 있다. 지방세는 조세 총액 대비 20%에서 25% 수준에 머무르고 있다. 국회예산정책처의 재정 통계에 따르면, 지방세 징수액은 적지 않게 성장하고 있지만 조세 대비 비율은 2009년 20.5%에서 2015년 24.5%로 매우 적게 증가했음을 알 수 있다. 이 정도 수준의 지방세 징수로는 지방자치단체가 국가 재정에 예속될 수밖에 없다. 그렇다면 바람직한 수준은 어디까지일까? 시대와 상황, 그리고 사무배분에 따라 달라질 것이다. 그렇지만 최소 35%에서 최대 45% 수준까지 지방세의 조세 총액 대비 비율이 성장해야 실질적인 '자치'의 길이 열릴 수 있을 것이다.

둘째, 특별지방행정기관의 수를 줄일 필요가 있다. 특별지방행정기관은 지방자치단체 내의 중앙정부 권한과 권력을 유지 · 확대하는 역할을 해 왔다. 지방공무원과 지방의회 의원들은 지역 내 특별지방행정기관의 영향력 아래에서 움직이는 경우가 적지 않은 것이 현실이다. 특별지방행정기관 중 지방자치단체에서 충분히 감당할 수 있는 영역은 모두 지방사무로 이양하는 것이 필요하다. 예를 들어, 고용 창출이나 노동사무에 관한 사무, 우편물 취급에 관한 사무, 지역 국토 관리에 관한 사무 등은 모두 지방자치단체가 충분히 감당할 수 있다. 지방자치법에 근거해 국가사무로 규정되어 있는 사무를 제외한 모든 사무는 지방자치단체로 이양해야 하고, 당장 이양이 어렵다면 이양에 관한 마스터플랜을 만들어 이양에 대비해 지방자치단체의 역량을 키워 줄 필요가 있다.

셋째, 기관위임사무 역시 줄여 나가고 이를 단체위임사무 혹은 자치사무로 전환할 필요가 있다. 기관위임사무의 수가 많으면 지방자치단체는 중앙정부에 종속될 수밖에 없다. 기관위임사무는 중앙정부의 부처가 지방자치단체의 장에게 위임하는 사무로 일종의 '명령'으로 받아들여진다. 지방의회나 주민 입장에서는 해당 사무에 대한 권한이 거의 없음에도 불구하고 이행에 관한 의무만 발생하고, 이를 집행하는 과정에서 충분하지 못한 예산 지원으로 재정적 손해를 감수하게 된다. 따라서 기관위임사무는 지방의회의 역할을 배제하지 않도록 단체위임사무로 전환해 추진할 필요가 있다. 지방자치단체의 재정적 손해를 끼치지 않는 범위에서 국가의 이해가 큰 사업을 추진할 필요가 있다.

넷째, 주민 참여를 확대해야 한다. 저출산의 여파로 가까운 미래에 지방자치단체의 인구가 많이 줄어들 것으로 예상된다. 이에 지방 소멸에 관한 예측이 심심치 않게 보고서의 형태로 일반 대중에게도 소개되고 있다. 지방 소멸은 지방분권과 자치의 입장에서 매우 우려할 만한 일이다. 하지만 이에 대한 해결책으로 지나치게 지역을 광역화하는 움직임은 바람직하지 못하다. 광역화된 지방자치단체는 저출산 시대에 매우 효율적인 수 있다. 하지만 '자치'를 위한 우리나라 기초지방자치단체의 인구 규모나 크기가 여전히 크다는 측면을 고려해 보면 인구 규모의 감소는 오히려 기회이다. 이를 계기로 주민 참여의 역할과 기능, 방법을 현실화해야 한다. 주요 의사결정이 의회나 집행기관에게만 예속되지 않고 타운 홀 미팅과 같은 주민총회가 개최될 수 있는 여지가 많아질 것이다. 주민 참여의 확대는 행정의 투명성과 신뢰성을 높일 수 있다.

7 미래의 공기업

2011년 이후 공기업과 공공기관은 계속적으로 증가 추세에 있다. 이는 결국 정부의 업무를 공공기관에 위탁함으로써 정부의 업무에 대한 연속성을 추구하고자 한다는 것이다. 그러나 그 이면에는 설립이 용이한 기타 공공기관이 더 많이 늘어나고 있는 추세이며, 특히 공공기관에 대한 취업 의지가 높아 당분간은 공기업에 대한 수요는 줄지 않을 것으로 예측된다.

다만, 2017년 이후 밝혀지고 있는 공공기관의 채용 비리와 공기업의 부실에 대한 부분은 일정 수준 개선이 필요하다.

인구의 증가와 사회의 변화에 따른 정부 업무의 증가에 따라 공공기관이 증가되는 것은 당연한 것이라고 볼 수 있으나 공공기관 본래의 목적보다는 외연 확장에 더 치중하고 있다는 것이 문제이며, 이를 해결하는 방향이 미래 공기업의 모습으로 나타날 것이다.

따라서 미래의 공기업은 두 가지 변화의 방향을 맞게 될 것으로 예측된다.

첫째, 공기업의 민영화가 가속화될 것이다. 지금까지의 공기업은 국민에게 좀 더 안정적으로 공공서비스를 제공하기 위해 만들어졌다면, 미래에는 공기업 자체가 새로운 서비스를 개발하고 운영할 수 있는 민영화로 되어 공공서비스가 아닌 기업서비스를 제공하는 데 그 업무 영역이 더 확장될 것이다. 특히 국민들이 이러한 요구에 더 민감하게 반응할 것이다. 따라서 공기업은 일부 국가사업을 제외하고 필수적으로 민영화가 이뤄질 수밖에 없을 것이다.

둘째, 공기업에 대한 통폐합이 가속화될 것이다. 과거 매우 중요하게 운영되었던 공기업들, 즉 광물자원공사, 석탄공사 등은 시대의 흐름에 따라 비슷한 공사로 통폐합 운영될 것이며, 에너지 관련 공기업, 도시개발 관련 공기업 등도 통합을 통해 그 수를 줄이고 핵심적인 사업에 집중하게 될 것이다.

공기업의 민영화와 통폐합에 대하여 단순하게 접근할 수는 없으나 미래의 사회를 예측할 때 이러한 변화는 자연스럽게 다가올 것으로 보인다.

마지막으로 미래의 공기업은 중앙에서 운영하는 방식보다 지방에서 운영하는 방식이 더 증가될 것으로 예측되며, 공기업이라는 용어 자체가 일반기업의 형식으로 변화할 것이다. 결국 공기업은 성장산업의 기틀이 되는 중요한 공기업만 살아남을 것이며, 미래 제4차 산업혁명 등에 대비한 공기업의 신설도 예측된다.

연습문제

A.

초연결성과 초지능화 시대는 공공조직의 구조와 구성원 역량에 큰 변화를 요구한다. 기존의 수직적이고 경직된 조직구조는 유연하고 학습 중심의 조직으로 변화해야 하며, 구성원들은 지속적인 기술 학습과 변화를 수용하는 능력을 갖춰야 한다. 또한 기술혁신이 조직의 효율성을 높일 가능성이 크지만, 인간 중심의 조직문화를 유지하지 않으면 구성원의 심리적 만족도와 창의성이 저하될 위험도 존재한다.

1. 초연결성과 초지능화가 공공조직의 구조와 운영 방식에 미치는 긍정적 영향을 설명하고, 이러한 기술적 특성이 구성원 역량 변화에 요구하는 점에 대해 논의해 보세요.
2. 미래 조직설계에서 유연성과 인간 중심 문화를 조화롭게 유지하기 위해 조직이 고려해야 할 주요 요소에 대해 논의해 보세요.
3. 기술 중심의 조직 변화가 가져올 수 있는 부작용을 분석하고, 이를 최소화하기 위한 구체적인 조직설계 방안을 논의해 보세요.

B.

디지털 기술의 발전은 공공정책의 설계와 집행 과정에서 효율성과 신속성을 높이고, 시민들에게 맞춤형 서비스를 제공할 수 있는 가능성을 열어준다. 그러나 기술 격차와 개인정보 보호, 알고리즘 편향과 같은 윤리적 문제가 동시에 대두되고 있다. 이러한 상황에서 디지털 휴머니즘 기술은 인간 중심으로 활용하여 디지털 혁신과 사회적 신뢰를 동시에 강화하는 방향성을 제시한다.

1. 디지털 기술이 공공정책 설계와 집행 과정에 미치는 긍정적 효과를 설명하고, 디지털 휴머니즘이 중요한 이유에 대해 논의해 보세요.
2. 기술 격차와 윤리적 문제가 공공정책의 신뢰성과 형평성에 미치는 영향을 분석하고, 이를 해결하기 위한 정책적 방안에 대해 논의해 보세요.
3. 디지털 기술과 인간 중심 정책의 조화를 이루기 위해 공공 부문에서 추진해야 할 장기적 전략에 대해 논의해 보세요.

참고문헌

[국내 문헌]

강신택(2002). 포스트모더니티의 행정이론. 윤영진 · 김태룡 외. 『새행정이론』. 서울: 대영문화사.

______(1995). 『사회과학연구의 논리』(개정판). 서울: 박영사.

국민권익위원회(2010). 청렴 선진국 실현을 위한 2010년도 반부패 · 청렴정책추진지침.

김동욱 외(2024). 『디지털플랫폼 정부의 미래』. 서울: 윤성사.

김세균 · 백창제 · 임경훈 편(2005). 『현대정치의 이해』. 서울: 도서출판 인간사랑.

김수영(1996). 『총합행정개혁론』. 서울: 도서출판 법률계.

김신복(1991). 『발전기획론』. 서울: 박영사.

김영종(1995). 『행정철학』. 서울: 법문사.

김종술(1999). 포스트모더니즘을 통해서 본 행정학의 이해. 『정부학연구』, 5(1).

김태룡(2012). 『새한국행정론』. 서울: 대영문화사.

______(2007, 2010). 『행정이론』. 서울: 대영문화사.

남궁근(2004). 『행정조사방법론』. 서울: 법문사.

대통령자문 지속가능발전위원회(2004). 갈등관리시스템 구축방안 연구보고서.

민 진(2012). 『조직관리론』. 서울: 대영문화사.

박동서(1997). 『한국행정론』. 법문사.

박완기(2007). 『행정학』. 서울: 박영사.

박우순(2002). 『행정학의 새로운 패러다임』. 서울: 법문사.

______(1996). 『현대조직론』. 서울: 법문사.

박호숙(1999). 『정책결정 과정의 기본 논리와 실제』. 국가전문행정연수원.

백승기(2001). 『정책학원론』. 서울: 대영문화사.

백완기(2007). 한국 행정과 공공성. 『한국사회와 행정연구』, 18(2): 1-22.

소영진(2003). 행정학의 위기와 공공성 문제. 『정부학 연구』, 9(1).

신무섭(1993). 『재무행정학』. 서울: 대영문화사.

심준섭(2006). 행정학 연구의 대안적 방법으로서의 방법론적 다각화(triangulation): 질적 연구방법과 양적 연구방법의 결합. 한국행정학회 『2006년 동계학술세미나 자료집』.
안병만(2008). 『한국정부론』(제5판). 서울: 다산출판사.
안병영(2000). 21세기 국가 역할의 변화와 국정관리. 사회과학원. 『계간사상』, 봄호.
안희수(1976). 공무원제도의 사적 발전. 윤근식 외. 『현대정치와 관료제』. 서울: 대왕사.
양창삼(1992). 『조직이론』. 서울: 박영사.
엄석진 외(2021). 『AI와 미래행정』. 서울: 박영사.
오석홍(2008). 『조직이론』. 서울: 박영사.
______(1998). 『행정학』. 서울: 나남.
______(1993). 『인사행정론』(신정판). 서울: 박영사.
______(1990). 『조직이론』. 서울: 박영사.
유민봉(2010). 『한국행정학』. 서울: 박영사.
유 훈(1995). 『정책학원론』. 서울: 법문사.
______(1992). 정책수단에 관한 고찰. 서울대 행정대학원. 『행정논총』, 30(2).
이달곤(2004). 『한국지방정부론』. 서울: 박영사.
이종범 외(1994). 『딜레마이론: 조직과 정책의 새로운 이해』. 서울: 나남출판.
이종수(2013a). 『새행정개혁론』. 서울: 대영문화사.
______(2013b). 『한국행정의 이해』. 서울: 대영문화사.
______(2012). 『새행정윤리』. 서울: 대영문화사.
______(2010). 『새 미래의 행정』. 서울: 대영문화사.
______(2009a). 한국의 정치 행정 맥락의 분석. 서울행정학회. 『한국사회와 행정연구』, 20(3): 17-39.
______(2009b, 2013c). 『행정학사전』. 서울: 대영문화사.
______(2008). 우리나라 역대 행정부의 정책체제의 특징에 관한 고찰. 한국행정사학회. 『한국행정사학지』, 23: 77-103.
이종수 외(2005, 2012). 『새행정학』. 서울: 대영문화사.
______(2011). 『새인사행정론』(전정7판). 서울: 대영문화사.
이창길(2013). 『인적자원행정론』. 서울: 법문사.
이창원(2017). 『새조직론』. 서울: 대영문화사.
임승빈(2005). 『지방자치론』. 서울: 법문사.
정용덕(2002). 『현대국가의 행정학』. 서울: 법문사.
정정길(2002). 행정과 정책연구를 위한 시차적 접근방법: 제도의 정합성을 중심으로. 『한국행정학보』, 36(1).
제갈돈 · 이환범 · 제갈욱 · 송건섭(2017). 『정부와 행정』. 대구: 도서출판 대명.

조만형(1999). 포스트모더니즘과 행정이론. 서울행정학회. 『1999년도 하계학술대회 발표논문집』.

조성한(2005). 거버넌스 개념의 재정립. 한국행정학회. 『동계학술대회 발표 논문집』.

조창현(2006). 포스트모더니즘, 패러다임, 합리화 그리고 정부혁신: 포괄적 가치규범 체계의 가능성을 중심으로. 한국행정학회. 『추계학술대회 발표논문집』.

______(1993). 『지방자치론』. 서울: 박영사.

주재복 · 한부영(2006). 『갈등유형별 협력적 로컬 거버넌스의 구축방안』. 한국지방행정연구원.

차문중 편(2005). 『기업환경 개선을 위한 규제개혁 연구: 규제의 영향과 개혁정책 분석』. 한국개발연구원 연구보고서 2005-08.

차하순(1983). 『형평의 연구』. 서울: 일조각.

최종원(2003). 시차이론과 행정개혁. 『한국행정학보』, 37(2): 289-305.

하태권(2005). 서론. 하태권 외. 『현대 한국정부론』. 서울: 법문사.

한국행정연구원(2007). 『갈등사례별 원인 분석 및 대응방안 연구』.

西尾 勝(1993). 『行政學』. 東京: 有斐閣. 강재호 옮김(1997). 『일본의 행정과 행정학』. 부산: 부산대학교출판부.

[국외 문헌]

Ackermann, A.(2003). The Idea and Practice of Conflict Prevention. *Journal of Peace Research*, 40(3): 339-347.

Ackoff, R. L. et al.(1981). *A Prologue to National Development*. Philadelphia: University of Pennsylvania Social Systems Sciences Department.

Adams, J.(1963). Toward an Understanding of Inequity. *Journal of Abnormal and Social Psychology*, 67.

Allen, Hubert J. B.(1990). *Cultivating the Grass Roots: Why Local Government Matters*. Hague: International Union of Local Authorities.

Allison, Graham T.(1971). *Essence of Decision: Explaining the Cuban Missile Crisis*. Boston: Little, Brown and Co.

Anderson, James E.(1979). *Public Policy Making*(2nd ed.). New York: Holt, Reinhardt and Winston.

Aristotle(1962). *Nichomachean Ethics*. Trans, with Introduction, and Notes, by Martin Ostwald. New York: Bobbs-Merrill.

Arthur, John & William H. Shaw(1978). *Justice and Economic Distribution*. Englewood Cliffs: Prentice-Hall Inc.

Baker, R. F., R. M. Michaels, & E. S. Preston(1975). *Public Policy Development.* New York: John Wiley & Sons.

Barron, J., G. Crawley, & T. Wood(1991). *Councillors in Crisis.* Macmillan.

Bass, Bernard M. & Bruce J. Avolio(1994). *Improving organizational effectiveness through transformational leadership.* Thousand Oaks, CA: Sage.

Bhargava, Vinay K. & Emil P. Bolongaita, Jr.(2004). *Challenging Corruption in Asia: Case Studies and a Framework for Action.* Washington, D.C.: The World Bank.

Blake, R. & J. Mouton(1964). *The Managerial Grid.* Houston, T.X.: Gulf.

Brown, Seyom(1992). *International Relations in a Changing Global System: Toward a Theory of World Polity.* Boulder, CO: Westview Press.

Burns, T. & G. M. Stalker(1961). *The Management of Innovation.* London: Tavistock.

Caiden, G. E.(1977). Administrative Corruption. *PAR,* 37(2).

______(1969). *Administrative Reform.* Chicago: Aldine Publishing Company.

Chandler, J. A.(1991). *Local Government Today.* Manchester: Manchester University Press.

Christensen, Tom & Per Lægreid(eds.)(2006). *Autonomy and Regulation: Coping with Agencies in the Modern State.* Northampton, Massachuetts: Edward Elgar Publishing, Inc.

Churchman, C. West(1968). *The Systems Approach.* New York: Dell Publishing Co. Inc.

Daft, R.(1998). *Organization Theory and Design*(6th ed.). Cincinnati: South-Western.

Denhardt, J. V. & R. B. Denhardt(2003). *The New Public Service: Serving, not Steering.* New York: M. E. Sharpe.

______(2000). The New Public Service: Serving Rather than Steering. *PAR,* 60(6): 549-559.

Denhardt, R. B.(1999). *Public Administration: An Action Orientation*(3rd ed.). New York: Harcourt Brace College Publishers.

Dewey, John(1927). *The Public and Its Problem.* Athens: Swallow Press.

D'Holbach, Paul Henri Thiry Baron(1776). *La Morale universelle, ou les Devoirs de l'homme fondés sur la nature, Théorie de la morale,* II, Amsterdam, Rey.

Dover, Phil(2004). Change Agents at Work. http://www.babsoninsight.com/contentmgr/showdetails.php/id/570

Dunn, W. N.(1981). *Public Policy Analysis: An Introduction.* Englewood Cliffs, New Jersey: Prentice-Hall.

Durnford, Trevor(2004). Building the Foundation for Successful Change. http://www.isixsigma.com/library/content/c040329a.asp

Dye, Thomas R.(1981, 1975, 1972). *Understanding Public Policy.* Englewood Cliffs: Prentice-

Hall, Inc.

Easton, David(1965). *A Framework for Political Analysis*. Chicago: The University of Chicago Press.

______(1965). *A Systems analysis of political life*. New York: John Wiley & sons.

Elcock, Howard(1982). *Local Government: Politicians, Professionals and the Public in Local Authorities*. London: Methuen & Co. Ltd.

Emery, Fred E.(1968). Concepts, Methods, and Anticipations. Michael Young(ed.). *Forecasting and the Social Science*. London: Social Science Research Council.

Farazmand, Ali(1999). Globalization and Public Administration. *Public Administration Review*, 59.

Farmer, D. J.(1995). *The Language of Public Administration: Bureaucracy, Modernity, and Postmodernity*. Tooscaloosa, Alabama: The University of Alabama Press.

Finer, Herman(1966). Administrative Responsibility in Democratic Government. Peter Woll (ed.). *Public Administration and Policy*. New York: Harper & Row, Publishers.

______(1941). Administrative responsibility in democratic government. *Public Administration Review*, 1: 335-350.

Fishman, Charles(1997). Change: Few can do it. Few can sustain it. Few can survive it. Fast Company. April/May. Issue 08. http://www.fastcompany.com/magazine/08/change.html

Fletcher, P. J.(1967). Public Administration. In H. V. Weiseman(ed.). *Political Science*. London: Routledge & Kegan Paul.

Fox, Charles J. & Hugh T. Miller(1995). *Postmodern Public Administration: Toward Discourse*. Thousand Oaks, CA: Sage Publications.

Frankena, William(1967). Values and Valuation. P. Edward(ed.). *Encyclopedia of Philosophy*. New York: Macmillan.

Frederickson, George H.(1989). *Finding the Public in Public Administration*. Department of Public Administration, University of Kansas.

Friedrich, Carl Joachim(1966). Public Policy and The Nature of Administrative Responsibility. Peter Woll(ed.). *Public Administration and Policy*. New York: Harper & Row, Publishers.

______(1940). Public policy and the nature of administrative responsibility. In Carl J. Friedrich(ed). *Public Policy*. Cambridge: Harvard University Press.

Gant, George(1979). *Development Administration: Concept, Goals, Methods*. Madison, Wisconsin: University of Wisconsin Press.

Giddens, Anthony(1998). *The Third Way: The Renewal of Social Democracy*. 한상진 · 박찬

욱 옮김(1999). 『제3의 길』. 서울: 생각의나무.

Golembiewski, R. T.(1977). Public Administration as a Developing Discipline. Part 1. *Perspective on Past and Present*. New York: Marcel Dekker, Inc.

Gore, W.(1964). *Administrative Decision Making: A Heuristic Model*. New York: Wiley.

Gould, David J.(1983). The Effects of Corruption on Administration Performance: Illustration from Developing Countries. in *World Bank Staff Working Papers*(No.580). Washington, D.C.: The World Bank: 1-41.

Groot, Tom & Tjerk Budding(2008). New Public Management's Current Issues and Future Prospects. *Financial Accountability & Management*, 24(1).

Gyford, John, Steve Leach & Chris Game(1989). *The Changing Politics of Local Government*. London: Unwin Hyman Ltd.

Ham, Christopher & Michael Hill(1984). *The Policy Process in the Modern Capitalist State*. Brighton, Sussex: Harvester Press.

Hammerschmid, Gerhard & Renate E. Meyer(2005). New Public Management in Austria: Local Variation on a Global Theme? *Public Administration*, 83(3): 709-733.

Handy, C.(1989). *The Age of Unreason*. Boston, Mass.: Harvard Business School Press.

Harmon, Michael M.(1981). *Action Theory for Public Administration*. New York: Longman.

Hersey, Paul & K. H. Blanchard(1972). *Management of Organizational Behavior*. Englewood Cliffs: Prentice-Hall.

Herzberg, F.(1966). *Work and the Nature of Man*. New York: World Publishing Co.

Hill, Dilys M.(1974). *Democratic Theory and Local Government*. London: George Allen & Unwin Ltd.

Hogwood, B. W. & B. Peters(1983). *Policy Dynamics*. New York: St. Martin's Press.

Holsti, K. J.(1977). *International Politics*(3rd ed.). Englewood Cliffs: Prentice-Hall.

Hood, Christopher(1991). A Public Management for All Seasons? *Public Administration*, 69(1).

House, Robert J. & Jane M. Howell(1992). Personality and charismatic leadership. *The Leadership Quarterly*, 3(2): 81-108.

Huse, Edgar F. & James L. Bowditch(1977). *Behavior in Organizations: A Systems Approach to Managing*(2nd ed.). Addison-Wesley.

Isaak, Alan C.(1981). *Scope and Methods of Political Science: An Introduction to the Methodology of Political Inquiry*. Homewood, Ill.: The Dorsey Press.

Jex, Steve M.(2002). *Organizational Psychology: A Scientist Practitioner Approach*. John Wiley & Sons, Inc.

Johnson, Cathy Mari(1992). *The Dynamics of Conflict Between Bureaucrats and Legislators*. New York: M. E. Sharpe, Inc.

Jones, Charles O.(1977). *An Introduction to the Study of Public Policy*(2nd ed.). North Scituate, Mass.: Duxbury.

Jones, G. N.(1966). Strategies and Tactics of Planned Organizational Change. *Philippine Journal of Public Administration*, 10(4): 320-342.

Jun, Jong S.(2009). The Limits of Post-New Public Management and Beyond. *Public Administration Review*, January/February.

Kaufmann, Daniel(1997). Corruption: The Facts. *Foreign Policy*: 114-131.

Keefer, P. & S. Knack(1997). Why Don't Poor Countries Catch up?: A Cross National Test of an Institutional Explanation. *Economic Inquiry*, 35(3): 590-602.

Kettl, D.(1988). *Government by Proxy: Mismanaging Federal Programs*. Washington D.C.: CQ Press.

Key, Jr., Valdimer Orlando(1964). *Politics, Parties and Pressure Groups*. New York: Thomas Y. Crowell.

Koontz, Harold & Cyril O'Donnell(1959). *Principles of Management: An Analysis of Managerial Functions*. New York: McGraw-Hill Book Co.

Lauman, E. O. & D. Knoke(1987). *The Organizational State: Social Choice in National Policy Domains*. Madison, WI: University of Wisconsin Press.

Lawyer, John(1994). *Negotiation: Theory and Practice*. Henneberry Hill Consultants, Inc.

Leff, Nathaniel H.(1964). Economic Development Through Bureaucratic Corruption. *American Behavioral Scientist*, 8(3): 8-14.

Litterer, Joseph A.(1974). Conflict in Organization: A Re-examination. In Henry L. Tosi & W. Clay Hamner(eds.). *Organizational Behavior and Management: A Contingency Approach*. St. Clair Press.

Lowi, Theodore(1972). *The End of Liberalism*(2nd ed.). New York: Norton.

Luthans, F.(1973). *Organizational Behavior*. New York: McGraw-Hill.

MacRae, D. & J. Wilde(1979). *Policy Analysis for Public Decision*. N. Scituate: Duxbury.

March, J. G. & H. A. Simon(1958). *Organizations*. John Wiley and Sons.

Martell, Luke(2004). National Differences and the Rethinking of Social Democracy: Third Ways in Europe. In Surendra Munshi, Biju Paul Abraham(eds.). *Good Governance, Democratic Societies and Globalisation*. London: Sage Publications Ltd.

Maslow, Abraham H.(1943). A Theory of Human Motivation. *Psychological Review*, 50.

Mathews, David(1988). Afterthoughts, *Kettering Review*, Fall Edition: 51-54.

McCurdy, Howard E.(1977). *Public Administration. A Synthesis.* Menlo Park, Calif.: Cummings.
McGregor, D.(1960). *The Human Side of Enterprise.* New York: McGraw-Hill.
Meier, Kenneth J.(1979). *Politics and the Bureaucracy.* California: Duxbury Press.
Millet, John D.(1947). *The Process and Organization of Government Planning.* New York: Columbia University Press.
Milward, H. B.(1994). Implications of Contracting Out: New Roles for the Hollow State. In P. W. Ingraham, B. S. Romzek & Associates. *New Paradigms for Government: Issues for the Changing Public Service.* San Francisco: Jossey-Bass.
Moe, Terry M.(1985). The Poiticized Presidency. In Chubb, John E., Paul E. & Peterson (eds.). *The New direction in American Politics.* Washington D.C.: Brookings Institution.
Mosca, Gaetano(1939). *The Ruling Class.* New York: McGraw-Hill.
Mosher, F. C.(1982). *Democracy and the Public Service*(2nd ed.). New York: Oxford University Press.
Mueller, D. C.(1979). *Public Choice.* New York: Cambridge University Press.
Naisbitt, John(1988). *Megatrend.* New York: Random House.
Nakamura, R. T. & F. Smallwood(1980). *The Politics of Policy Implementation.* New York: St. Martin's Press.
Nye, J. S.(1970). Corruption and Political Development: A Cost Benefit Analysis. In Heidenheimer. *Political Corruption: Readings in Comparative Analysis.* New York: Rinehart & Winston.
O'Reilly Ⅲ, C. & L. Pondy(1979). Organizational Communication. In S. Kerr(ed.). *Organizational Behavior.* Columbus, Ohio: Grid.
Ostrom, Vincent(1989, 1974). *The Intellectual Crisis in American Public Administration*(2nd ed.). Tuscaloosa: The University of Alabama Press.
Ostrom, Vincent A. & Elinor Ostrom(1971). Public Choice: A Different Approach to the Study of Public Administration. *Public Administration Review,* 13(2).
Pascale, R., M. Millemann, & L. Gioja(1997). Changing the way we change. *Harvard Business Review,* 75(6): 126-139.
Perelman, Chaim(1963). *The idea of justice and the problem of argument.* New York: The Humanities Press.
Peter, Lawrence J. & Raymond Hall(1969). *The Peter Principle.* New York: Bantam Books.
Pollitt, Christopher(1995). Justification by Works or by Faith: Evaluating the New Public Management. *Evaluation,* 1(2). October.

Porter, L. & E. Lawler(1968). *Managerial Attitudes and Performance*. Homewood, IL.: Dorsey Press.

Pratt, J. W. & R. J. Zeckhauser(eds.)(1975). *Principals and Agents: The Structure of Business*. Boston: Harvard Business School Press.

Pressman, Jeffrey L. & Aaron Wildavsky(1979). *Implementation*(2nd ed.). Berkeley: University of California Press.

Presthus, R.(1985). *The Organizational Society*. New York: St. Martin's Press.

______(1975). *Public Administration*(6th ed.). New York: Ronald Press.

Rahim, M.(1986). *Managing Conflict in Organizations* New York: Praeger.

Rangarajan, L. N.(1985). *The Limitation of Conflict: A Theory of Bargaining and Negotiation*. New York: St. Martin's Press.

Reichard, C.(1996). Die New Public Management-Debatte im internationalen Kontext. In C. Reichard & H. Wollmann(eds.). *Kommunalverwaltung im Modernisierungsschub?* Basel: Birkhäuser Verlag.

Rhodes, R. A. W.(1996). The New Governance: Governing without Government. *Political Studies*, 44: 652-667.

______(1983). *Control and Power in Central-Local Government Relations*. Aldershot: Gower Publishing Company Limited.

Richards, Peter G.(1983). *The Local Government System*. London: George Allen & Unwin.

Ripley, Randall B. & Grace A. Franklin(1991). *Congress, the Bureaucracy, and Public Policy*(5th ed.). California: Brooks/Cole Publishing Company.

Rivera-Baitiz, F. L.(2000). Democracy, Governance and Economic Growth. *Review of Development Economics*, 6(2): 225-247.

Robbins, S. P.(1974). *Managing Organizational Conflict: A Nontraditional Approach*. Englewood Cliffs: Prentice-Hall.

Rosenbloom, David H. & Kravchuk(2005). *Public Administration: Understanding Management, Politics, and Law in the Public Sector*. Boston: McGraw-Hill.

Salamon, L. M.(1981). Rethinking Public Management: Third Party Government and the Changing Forms of Government Action. *Public Policy*, 29(3).

Salamon, L. M. & M. S. Lund(1989). The Tools Approach: Basic Analytics. In L. M. Salamon (ed.). *Beyond Privatization: The Tools of Government Action*. Washington D.C.: Urban Institute Press.

Schedler, K. & I. Proeller(2002). The New Public Management: A Perspective from Mainland Europe. In K. McLaughlin, S. P. Osborne, & E Ferlie(eds.). *New Public Management:*

Current Trends and Future Prospects. London and New York: Routledge.
Schmidt, S. M. & T. A. Kochan(1972). *Conflict: Toward Conceptual Clarity, Administrative Science Quarterly*, 3.
Scholte, J.(1997). Global Capitalism and the State. *International Affairs*, 73(3): 427-452.
Shafritz, Jay M., E. W. Russell, & Christopher P. Borick(2007). *Introducing Public Administration*(5th ed.). New York: Pearson Education, Inc.
Sharkansky, Ira(1982). *Public Administration: Agencies, Policies and Politics*. San Francisco: W. H. Freeman.
Sidgwick, Henry(1981). *The Methods of Ethics*(7th [Hackett reprint] ed.). Hackett Publishing Co. (초판은 1874년에 출판됨)
Simon, Herbert A. et al.(1950). *Public Administration*. New York: Alfred A. Knopf.
Smith, B. C.(1985). *Decentralization: The Territorial Dimension of the State*. London: George Allen & Unwin.
Sorauf, F. J.(1962). The Conceptual Muddle. In C. J. Friedrich(ed.). *The Public Interest*. New York: Atherton.
Stahl, O. Glenn(1983). *Public Personnel Administration*(7th and 8th ed.). New York: Harper & Row.
Stanyer, J. & B. Smith(1976). *Administering Britain*. London: Fontana/Collins.
Stogdill, R. M.(1982). *Handbook of Leadership*. New York: The Free Press.
Stoker, Gerry(1988). *The Politics of Local Government*. London: Macmillan Education Ltd.
Suchman E. A.(1967). *Evaluation Research*. New York: Russel Sage Foundation.
Taylor, F.(1911). *The Principles of Scientific Management*. New York: Harper & Row.
Thomas, K. W.(1979). Organizational Conflict. In S. Kerr(ed.). *Organizational Behavior*. Columbus, Ohio: Grid Press.
Toffler, Alvin(1990). *Power Shift: Knowledge, Wealth, and Violence at the Edge of the 21st Century*. New York: Bantam Books.
Walton, R. E.(1975). Criteria for Quality of Working Life. In L. E. Davis & A. B. Cherns (eds.). *The Quality of Working Life(vol. 1): Problems, Prospects and the State of the Art*. The Free Press.
Warren, Charles R. & Leanne R. Aronson(1981). Sharing Management Capacity Is There A Federal Responsibility. *Public Administration Review*, May/June.
Washington, Marvin, Stephen Hacker, & Marla Hacker(2004). Five Components of Successful Change: The importance of Vision Leadership, Strategic Plan, Political Plan, and Burning Platform in undergoing Transformation Projects. in http://mwashington.ba.

ttu.edu/FIVE%20COMPONENTS%20OF%20SUCCESSFUL%20CHANGE-anahuac.pdf

Waterston, Albert(1969). *Development Planning: Lessons of Experience*. Baltimore: Johns Hopkins Press.

Werner, Simcha B.(1983). New Direction in the Study of Administrative Corruption. *PAR*, 43(2): 146-154.

White, Leonard D.(1956). *Introduction to the Study of Public Administration*. New York: The Macmillan Co.

Wolch, J.(1990). *The Shadow State: Government and Voluntary Sector in Transition*. New York: Foundation Center.

Wolf, Patrick J.(1999). Neutral and Responsive Competence: The Bureau of the Budget, 1939-1948, Revisited. *Administration & Society*, 31(1): 142-167.

Woo, J.(2004). Growth, Government Policies and Institutions in the Globalized World Economy. mimeo. DePaul University.

Wright, Deil S.(1978, 1988). *Understanding Intergovernmental Relations*. Pacific Grove, California: Brooks/Cole Publishing Company.

Yukl, G.(1994). *Leadership in Organizations*(3rd ed.). Englewood Cliffs, New Jersey: Prentice-Hall.

찾아보기

ㄱ

ㄴ

ㄷ

ㄹ

ㅁ

ㅅ

ㅇ

ㅈ

ㅊ

기타

저자 소개

박영수

- 한성대학교 행정학전공(행정학박사)
- 연세대학교 사법 · 행정전공(행정학석사)
- 한성대, 한양대 강사
- (전) 세명대학교 경찰행정학과 교수
- (전) 한국기업경영학회 이사
- (현) 동국대학교 법무대학원 PIA탐정 지도교수
- (현) 한국경찰연구학회 이사
- (현) 한국행정학회 정회원
- (현) 한국범죄학연구소 부원장
- (현) 팍스코리아나 연구소 이사

[저서]

『행정학입문』(대영문화사, 2025. 공저)
『범죄수사론』(법문사, 2023. 공저)
『법학개론』(법문사, 2020. 제3판)
『새 미래의 행정』(대영문화사, 2019. 공저)
『경찰관리론』(윤성사, 2017)
『보험범죄 감소방안에 관한 고찰』(한국학술정보, 2012) 외

김영옥

- 한성대학교 대학원(행정학박사)
- (전) 한성대학교 행정학과 외래교수
- (전) 한성대학교 행정대학원 외래교수
- (현) KC대학교 외래교수
- (현) 팍스코리아나 연구소 이사

[저서]

『행정학입문』(대영문화사, 2025. 공저)
『새 미래의 행정』(대영문화사, 2019. 공저)

배향자

- 한성대학교 대학원(정책학박사)
- (전) 한성대학교 행정학과 외래교수
- (전) 중앙경찰학교 외래교수
- (전) 경희사이버대학교 공공안전관리스쿨 외래교수

[저서]

『행정학입문』(대영문화사, 2025. 공저)

이종수

- 서울대학교에서 학사, 석사, 박사학위 취득
- UC. Berkeley Research Associate
- 日本 中央大學校 政策文化硏究所 招聘硏究員
- 한국행정학회 회장 역임
- 서울행정학회 회장 역임
- 한국행정사연구회 회장 역임
- 한국정치학회 이사
- 행정고시, 사법고시, 외무고시 출제위원
- (현) 한성대학교 명예교수

[저서 및 역서]

『행정학입문』(대영문화사, 2025. 공저)
『행정윤리론』(대영문화사, 2025. 공저)
『한국행정의 이해』(대영문화사, 2025. 공저)
『새인사행정론』(대영문화사, 2025. 공저)
『새행정학 3.0』(대영문화사, 2022. 공저)
『새 미래의 행정』(대영문화사, 2019. 공저)
『행정학사전』(대영문화사, 2009. 개정판)
『행정학 외래어사전』(한성대학교출판부, 2009)
『정부혁신의 미래 비전』(한국행정연구원, 2006)
『정부혁신의 메커니즘과 전략』(대영문화사, 2005)
『일본의 행정개혁』(도서출판 한울, 2002)
『한국행정론』(대영문화사, 1998)
『지방자치 이렇게 해야 한다』(한겨레신문사, 1995)
『행정과 가치』(법문사, 1988) 외

정은선

- 전북대학교 대학원(교육학박사)
- 가톨릭대학교 대학원 행정학 박사수료
- (전) 전북대학교 외래교수
- (전) 전주대학교 외래교수
- (현) 가톨릭대학교 부설 한국 탐정연구소 연구위원
- (현) 한국범죄학 연구소 연구위원
- (현) 한국 범죄학회 이사
- (현) (주)바핀파트너스 이사/본부장
- (현) 국제교류전략연구센터(주) 대표이사

[저서]

『행정학입문』(대영문화사, 2025. 공저)

제3판

행정학입문

펴낸날 제1판 제1쇄 2014년 2월 5일
개정판 제1쇄 2019년 8월 30일
제3판 제1쇄 2025년 2월 28일
지은이 박영수 · 김영옥 · 배향자 · 이종수 · 정은선
펴낸이 임춘환
펴낸곳 도서출판 대영문화사
주소 (본사) 사무실: 경기도 고양시 일산서구 주화로 70
우신프라자 307호 (㊙ 10387)
(본사) 물류센터: 경기도 고양시 일산서구 덕산로
107번길 68-50 (㊙ 10205)
등록 1975년 12월 26일 제3-16호
전화 (031) 913-3062, (031) 914-3884~5
팩스 (031) 913-3839
홈페이지 http://www.dymbook.co.kr

ISBN 978-89-7644-989-4
값 23,000원